FETT
NÄPF
CHEN
FÜH
RER

**CON
BOOK.**

Rudi Hofer kam in Norddeutschland zur Welt und wuchs in Süddeutschland auf. Sein beruflicher Weg führte über die Ausbildung zum Grafischen Zeichner zur baldigen Selbstständigkeit und dem Schreiben von Werbe- und Katalogtexten als langjährigem Tätigkeitsschwerpunkt, bis er sich vor über zehn Jahren für einen Umzug auf die Südhemisphäre der Erde entschied.

Zusammen mit seiner Frau Heike lebte er seitdem in der Region Auckland, Neuseeland, wo er, parallel zu neuen Unternehmungen in anderen Branchen wie Luftfahrt und Fitness, als freier Texter tätig blieb. Für CONBOOK verfasste er in dieser Zeit den »Fettnäpfchenführer Neuseeland«. Im April 2016 verstarb Rudi Hofer nach langem Kampf gegen seine Krankheit.

NEUSEELAND

FETTNÄPFCHENFÜHRER

DAS ETWAS ANDERE ENDE DER WELT

RUDI HOFER

4., komplett überarbeitete und aktualisierte Auflage
Aktualisierung unter Mitarbeit von Heike Hofer
© Conbook Medien GmbH, Neuss, 2019, 2014
Alle Rechte vorbehalten

www.conbook-verlag.de

Einbandgestaltung: Weiß-Freiburg GmbH – Graphik & Buchge-
staltung unter Verwendung eines Motivs von © istockphoto.com/
GlobalP
Illustrationen: Rudi Hofer
Satz: Röser MEDIA, Karlsruhe
Druck und Verarbeitung: GGP Media GmbH, Pößneck

Printed in Germany

ISBN 978-3-95889-180-7

Folgen Sie uns!

*Wir informieren Sie gerne und regelmäßig über
Neuigkeiten aus der Welt des CONBOOK Verlags.
Folgen Sie uns für News, Stories und Informatio-
nen zu unseren Büchern, Themen und Autoren.*

 www.conbook-verlag.de/newsletter

 www.facebook.com/conbook

 www.instagram.com/conbook_verlag

Für Heike Hofer

*»When preparing to travel, lay out all your clothes
and all your money. Then take half the clothes
and twice the money.«*

(Susan Heller)

INHALT

PROLOG

Der Musiker und sein deutscher Begleiter verließen das Taxi und betraten die Lobby des Hotels am Lambton Quay in Wellington. Das Einchecken war dank einer freundlichen und humorvollen Rezeptionistin recht kurzweilig und außerdem schnell erledigt.

Die beiden hatten gerade den Lift im dritten Obergeschoss verlassen, als Peter ein lautes und irritierendes, geradezu bedrohlich wirkendes Wummern wahrnahm – dann wurde ihm irgendwie schwummerig, sodass er Mühe hatte, sich auf den Beinen zu halten. Während er mit dem Gleichgewicht kämpfte, ohne zu wissen, was wirklich um ihn herum geschah, nahm er im Augenwinkel wahr, wie Riqi seinen kostbaren Gitarrenkoffer, in dem *Ourtearoa* friedlich schlummerte, fallen ließ und unter einen Tisch des angrenzenden Tagungsraumes hechtete.

Peter blieb starr vor Schreck und Ratlosigkeit mitten auf dem Korridor stehen und ging kurz darauf langsam in die Knie, weil er sich nicht sicher war, ob er länger die Balance halten könnte. Er stützte sich kniend auf seiner Reisetasche ab, als er Riqi laut rufen hörte: »Peter, leg' dich unter den nächsten Tisch! Sofort unter den Tisch!«

Peter fühlte sich in dieser unklaren Situation hoffnungslos überfordert – er konnte mit Riqis Aufforderung rein gar nichts anfangen. Während er auf dem harten Fliesenboden kauerte und die Idee, sich jetzt unter einen Tisch zu werfen, eindeutig für einen albernen Scherz hielt, rief er zurück: »Was soll der Quatsch?«

Aber Riqi legte mit unmissverständlich hörbarem Ernst in der Stimme nach: »Runter unter den anderen Tisch! Mach einfach, was ich sage, verdammt noch mal!«

Als er schließlich aus einer Lautsprecheranlage jemanden quäkend rufen hörte: »*Everybody: drop, cover and hold!* – An alle: sofort runter auf den Boden, Schutz suchen und dort bleiben!«, wurde Peter klar, dass sich hier wohl doch niemand einen Spaß mit ihm erlaubte. Schließlich kroch er wie befohlen unter den nächsten Tisch in Riqis Nähe und hörte unmittelbar leichtes Prasseln und Gläserklirren auf der hölzernen Platte direkt über ihm. Der Begriff »Erdbeben« schoss ihm durch den Kopf. Er wandte sich zu Riqi: »Es ist ein Erdbeben, nicht wahr? Ist es gefährlich?«

»Ja klar ist das ein Erdbeben! Wir sind schließlich in Neuseeland. Ob es gefährlich ist, werden wir gleich wissen ...«

Peter stockte der Atem – nun war er schon viele Wochen in Neuseeland und hatte dabei Erfahrungen gesammelt, die er nie mehr missen möchte. Dass das jetzt alles ein schreckliches Ende unter einem Tisch in einem Business-Hotel in Wellington nehmen sollte, ließ seinen Magen krampfen. Okay, in einigen Momenten hatte er sich sicherlich nicht von seiner besten Seite gezeigt – aber alles in allem fand er seine Performance ganz tapfer.

Peter spürte am ganzen Körper, wie der Boden unter ihm stark vibrierte. Ein beklemmendes Gefühl, das er noch nie zuvor erlebt hatte, überwältigte ihn vollkommen. Schließlich schwanden ihm die Sinne und es wurde ihm schwarz vor Augen. Ihm war, als ob im Traum der Ohnmacht sein kurzes Neuseelandleben an ihm vorbeizog ...

1 EIN ANRUF AUS NEUSEELAND

WIE ALLES BEGANN

»Sag mal, weißt du eigentlich, wie spät es gerade hier in Deutschland ist?«

»Ja, das weiß ich durchaus«, antwortete Riqi recht trocken. Dann ergänzte er präzise, aber dennoch zweideutig: »Es dürfte bei dir ziemlich genau fünf vor zwölf sein. *Did I break your sleep? –* Habe ich deinen Schlaf gestört?«

Es war absolut nicht so, dass Peter Obland sich von diesem Anruf aus Auckland wirklich gestört fühlte, aber das Skype-Signal mitten in der Nacht hatte ihn wie das Klingeln einer Alarmglocke aus seiner Konzentration gerissen, und es brauchte einen kleinen Moment, bis er sich wieder etwas entspannt hatte. Peter war sich nicht sicher, ob er die Webcam dazuschalten sollte, um sich für Riqi sichtbar zu machen – er zögerte, zumal auch sein Gesprächspartner auf dem Bildschirm nicht zu sehen war.

Zum Glück war Riqis lockere Art auch zu dieser späten Stunde sehr wohltuend und Peters kurzer Schreck schließlich schnell verflogen: »Nein, nein, du hast mich natürlich nicht aus dem Schlaf gerissen. Ich habe noch an einem Layout gearbeitet, das bis morgen fertig sein muss. Und bitte versteh' meine Frage nach der Uhrzeit nicht falsch, ich freue mich sehr, dass du anrufst. So wie es sich anhört, bist du ja recht gut drauf. Und wie ich dich kenne, sitzt du auf dem *deck* und lässt dir von der neuseeländischen Mittagssonne deine ohnehin schon braune Haut noch brauner brutzeln. Richtig?«

RAUM UND ZEIT

Der Zeitunterschied zwischen MEZ (Mitteleuropäische Zeit) und *NZST (New Zealand Standard Time)* ist beträchtlich. Wer seinen Gesprächspartner nicht zu ungewöhnlichen Tages- oder schlimmer noch Nachtzeiten unangenehm überraschen will, sollte den *time lag* (Zeitunterschied, Zeitverschiebung) bei der Kommunikation zwischen DE und NZ unbedingt berücksichtigen. Während der mitteleuropäischen Sommerzeit (circa April bis September) ist Neuseeland um 10 Stunden voraus (man rechne: MESZ +10). Von November bis März sind es sogar 12 Stunden (also MEZ +12). Und dann gibt es noch den Oktober als Übergangsmonat mit +11 Stunden.

Neuseeland ist von Deutschland aus betrachtet das am weitesten entfernt liegende Reiseziel. Ein kurzer Blick auf den Globus zeigt, dass die beiden Länder geometrisch betrachtet tatsächlich diametral entgegengesetzt zueinander auf der Erdkugel liegen. Um die kürzestmögliche Strecke zu schaffen, müsste man – rein hypothetisch – eine Tunnelröhre zwischen Mitteleuropa und Neuseeland bohren, die durch das Geozentrum der Erde verläuft. Dann wären das allerdings immer noch stolze 12.735 Kilometer Distanz zwischen den Ländern. Aber Theorie und Praxis liegen auch hier, wie so oft, ein gutes Stück auseinander: »Außen herum« geht die Reise immerhin über eine Entfernung von beeindruckenden 18.300 Kilometern.

Die letzten Worte kaum ausgesprochen, hatte Peter das Gefühl, selbst blass und müde auszusehen. Er rieb sich mit den Händen ein paar mal kräftig das Gesicht, dann klickte er auf den Button für die Kamera.

»*That's right, mate!* Und um dich noch ein bisschen mehr zu provozieren, darf ich dir außerdem sagen, dass ich mir aus *L&P,* Wodka, viel Eis und einer Zitronenscheibe einen *Lazysummerlongdrink* gemixt habe, um den du mich jetzt in aller Form beneiden darfst.«

In diesem Moment erschien ein strahlend helles Bild auf Peters Monitor und er sah, wie Riqi ihm zuprostete. Das Bild war nicht besonders scharf, aber im Hintergrund waren eindeutig das Meer und die Vulkaninsel Rangitoto im gleißenden Sonnenlicht zu sehen.

ERFRISCHUNG

L&P steht für *Lemon & Paeroa*, ein süßes Limonadegetränk in braunen Flaschen mit gelbem Etikett. Es wurde in Neuseeland erfunden und auch hier produziert – um präzise zu sein: im Ort Paeroa auf der Nordinsel, von dem die Brause ihren Namen hat. Es überrascht wohl niemanden, wenn man anfügt, dass die Produktion der Limonade inzwischen längst vom Coca-Cola-Konzern übernommen wurde.

Im Prinzip handelt es sich bei *L&P* um eine einfache Mischung aus Zitronensaft und Mineralwasser. Das Getränk gehört zu den typisch neuseeländischen Produkten *(Kiwiana)*, auf die man in Neuseeland stolz ist. Der *L&P*-Werbeslogan »*World famous in New Zealand*« (Weltberühmt in Neuseeland) ist im Laufe der Jahre zum geflügelten Wort für alles Mögliche geworden.

In manchen neuseeländischen Bars findet man auf der Getränkekarte eine Mischung aus *L&P* und Wodka, Whisky oder anderen Spirituosen.

»Ich beneide dich vor allem um den Supersommer, den ihr Kiwis gerade habt. Sie bringen euren langen, trockenen Sommer sogar als Zusatzinfo im Wetterbericht, während sich bei uns der Winter zieht wie ein Kaugummi. Im Augenblick wäre hier wirklich eher ein Glühwein angebracht, aber was soll's. Ich will dich ja nicht mit dem deutschen Winter langweilen, und Glühwein wirst du ja ohnehin nicht kennen.«

Riqi ging auf Peters Wintergeschichte nicht ein, vielmehr wollte er allmählich auf ein wesentlich interessanteres Thema überleiten: »*Oh bugger!* Ich wollte dich natürlich nicht mit unserem blauen Himmel ärgern, an dem sich zur Zeit kaum einmal die berühmte lange, weiße Wolke zeigt. Aber warum reden wir überhaupt vom Wetter, Peter? Hast du eigentlich auf meiner Facebook-Seite die Berichte über meine letzten Auftritte gesehen?«

»Na ja, ich sehe, dass du regelmäßig deine Gigs veröffentlichst, aber ich muss zugeben, nur ganz flüchtig drauf geschaut zu haben. Ich tauche höchstens einmal pro Woche in dieses soziale Netzwerk ein, und dann auch meistens nur ganz kurz. Aber ich danke dir für die interessanten Schnappschüsse von Takapuna Beach in deiner letzten E-Mail. So langsam wächst meine Lust, mir Neuseeland mal näher anzuschauen ...«

»*You're more than welcome!* Und damit sind wir schon direkt beim Grund meines Anrufes ...«

Riqi Harawira ist 28 Jahre alt, lebt in Birkenhead an der North Shore von Auckland, verdient seinen Lebensunterhalt als Musiker, und er ist Maori.

LAND IN SICHT

Die Maori sind die Ureinwohner Neuseelands und haben das Land, das in ihrer Sprache *Aotearoa* heißt, vermutlich zwischen 800 und 1300 n. Chr. besiedelt. »Vermutlich« deshalb, weil es keine schriftlichen Aufzeichnungen ihrer Geschichte gibt. Nach der mündlichen Überlieferung sind die Maori demnach keine Eingeborenen im engeren Sinne, sondern haben Neuseeland, von ihrer Ur-Heimatinsel Hawaiki kommend, auf dem Wasserwege entdeckt, besiedelt und damit zum Einwanderungsland par excellence gemacht, das es bis heute tatsächlich auch geblieben ist. Die hellhäutigen Europäer (von den Maori »*Pakeha*« genannt) haben Neuseeland erst einige Jahrhunderte später erreicht – sie hatten schließlich auch eine wesentlich größere Distanz zu bewältigen.

Apropos Ur-Heimat der Maori: Die interessante Frage, ob es das mythologische Hawaiki tatsächlich gibt und/oder welchen Namen die Insel heute trägt, ist weiterhin offen. Relativ klar scheint jedoch zu sein, dass die Wurzeln der Maori im Ost-Polynesischen Archipel, wahrscheinlich im Bereich der Cook Islands, zu suchen sind.

Peter Obland hatte vor ein paar Jahren eine Veranstaltung in Frankfurt besucht, die den Titel *Music of the World* trug. Mehrere Bands und Solokünstler unterschiedlicher Nationalitäten traten dabei auf und gaben kleine musikalische Kostproben ihrer Länder und Kulturkreise. Darunter war auch ein Gitarrist und Sänger namens Riqi Harawira aus Neuseeland, der sich seinerzeit in Europa aufhielt, wo er seine *OE* (*Overseas Experience,* Auslandserfahrung) absolvierte.

Peter fand Riqis Auftritt sehenswert und seinen Musikstil – an sich eine Mischung aus Pop, Soul und Funk – sehr hörenswert. Schon beim ersten persönlichen Kontakt nach dem Konzert fanden sie eine starke gemeinsame Wellenlänge und Riqi bezeichnete seinen neuen deutschen Bekannten von Anfang an als *friend,* dann als *mate* und bei einem späteren Treffen sogar als *bro,* was Peter als ziemlich große Ehre betrachtete. Sie haben danach einen lockeren, aber regelmäßigen Kontakt per E-Mail gehalten. In dieser Zeit hatte Peter zwei oder drei Flyer für Riqi entworfen, wodurch sich wiederum dieser sehr geehrt fühlte.

BEKANNTSCHAFT

Natürlich kann *friend* ohne Weiteres wörtlich als »Freund« ins Deutsche übersetzt werden. Wichtig ist dabei jedoch, dass mit *friend* im angelsächsischen Wortsinne zunächst kein ausgesprochen enger Freund gemeint ist, sondern kaum mehr als ein Bekannter oder eine Bekannte.

Mate entspricht schon eher dem Freund im deutschen Sinne. Am besten jedoch versteht sich ein *mate* als Kumpel, Kamerad oder Partner.

Bro kommt von *brother* (Bruder) und wird besonders von jüngeren Maori häufig in der Bedeutung von besonders nahem Freund und gutem Kumpel verwendet. Ursprünglich war *bro* die lockere Anrede für jemandem, der die gleichen ethnischen Wurzeln hat.

Der Musiker Riqi Harawira ist kein Star nach deutschem Verständnis. Er ist eine lokale Berühmtheit an der North Shore und über die weitere Region von Auckland hinaus. Riqi ist durch mehrere, fast regelmäßige Auftritte im Maori TV bekannt geworden und vor allem bei der Maori-stämmigen Bevölkerung und besonders bei den jungen Frauen sehr beliebt – der ausgesprochen aktive Musiker stellt sowohl auf als auch vor und hinter der Bühne optisch etwas dar. Und er ist ein charmanter *womaniser* (Frauenliebling).

Peter Obland wusste, dass sein guter Bekannter allerdings eher schlecht als recht von seiner Musik leben konnte, und es beeindruckte ihn daher, wie sorglos und lebensfroh der Künstler seinen Alltag meisterte – jedenfalls freute er sich, diesen interessanten Typen zu kennen, der sich selbst das Prädikat »*The Duke of Funk*« gegeben hat.

»Jetzt wird's ja richtig spannend«, sagte Peter in Riqis kleine Sprechpause hinein, »der Grund deines Anrufes interessiert mich wirklich sehr. Du wirst doch nicht etwa einen Top-Hit gelandet haben?«

»*Good point!* – Da ist was dran! Das ist ein Argument! Tatsächlich darf ich sagen, dass mein Remake von *Gutter Black* recht gut läuft und meine Single *Greenstone and Gold* auch immer mehr in Schwung kommt. Aber das ist immer noch nicht der Grund, weshalb ich anrufe – pass mal auf: Du hattest doch immer schon den Wunsch, hierher zu kommen, dich einmal richtig unter die Kiwis zu mischen und für ein paar Monate in Neuseeland zu bleiben, nicht wahr?«

»Das ist wahr! Sehr wahr, sogar. Es sind auch tatsächlich nur zwei Probleme, die mich im Augenblick davon abhalten, den Koffer zu packen und ein *one way ticket* zu buchen: die Zeit und das Geld. Wenn du verstehst, was ich meine.«

»*Of course I do!* Da sind wir doch gleich schon bei dem Punkt, bei dem ich dir helfen kann. Ein wirklich guter Freund, mein Tontechniker Malcolm Smith-Tohu, um präzise zu sein, hat einen Job in London angenommen, der ihn für drei oder vier Monate beschäftigen wird. Malcolm besitzt ein nettes Haus in Takapuna – nichts Hochnobles, aber es ist prima in Schuss. Und in sehr guter Lage befindet es sich auch – mit Meerblick sogar. Von seinem *deck* aus rufe ich dich übrigens gerade an. Malcolm hat mich gestern gefragt, ob ich nicht jemanden wüsste, auf den Verlass ist und der das Haus während seiner Abwesenheit bewohnen kann – *house sitting* sozusagen. Dieser jemand müsste sich nur ein kleines bisschen darum kümmern und aufpassen, dass nichts weg kommt. Dabei habe ich sofort an dich gedacht!«

»Entschuldige Riqi, ich verstehe nicht ganz, was du damit meinst.«

»*Come on!* Du verstehst sehr gut, um was es geht. Und jetzt kommt der eigentliche Knüller: Malcolm überlässt dem *house sitter* nicht nur den Inhalt seines mannshohen und randvoll gefüllten Kühlschranks inklusive großem Getränkefach. Er zahlt auch noch eine gewisse Tagespauschale …«

Peter konnte sich natürlich prinzipiell vorstellen, um was es ging, aber so richtig glatt saß ihm die Sache noch längst nicht: »Mal ganz ehrlich – ich nehme dir deinen Werbetext nicht ganz ab. Entweder du flunkerst ein bisschen, um mich ins Kiwiland zu locken, oder dein Tontechniker hat dich aus irgendwelchen Gründen auf den Arm genommen.«

»*Well*. Ich kann verstehen, dass sich das für dich etwas zweifelhaft anhört. Aber hier ist *house sitting* eine ganz alltägliche Sache, das kannst du mir glauben. Malcolm könnte natürlich einen professionellen *house sitter* beauftragen, der *24/7* (rund um die Uhr, 24 Studen pro Tag, 7 Tage die Woche) auf die Sachen aufpasst. Aber das hätte seinen Preis.«

Peter ließ die Info kurz sacken. »Okay, verstehe – aber welche ach so schützenswerten Schätze hat denn dein Freund in seinem Haus verborgen, wenn ich fragen darf?«

»Natürlich darfst du fragen; es ist auch kein besonderes Geheimnis. Malcom hat sich in seinem Haus ein kleines Tonstudio eingerichtet und betrachtet es als sein Heiligtum. Ich selbst habe dort auch schon ein paar Songs eingespielt; es ist ganz gutes Equipment. Wie ich dich kenne, Peter, wirst du nun sicher denken, dass ein Tonstudio so ohne Weiteres nicht geklaut werden kann, *don't you?*«

»Stimmt! Aber so wie ich wiederum dich kenne, Riqi, wirst du mir gleich nebenbei erzählen, dass Malcolm zusätzlich die Wände mit Goldenen Schallplatten tapeziert und die Regale voller Trophäen stehen hat, die es pausenlos rund um die Uhr zu bewachen gilt, *don't you?*«

HÜTER DES HAUSES

Wenn Neuseeländer verreisen, engagieren sie oft Verwandte, Bekannte oder auch professionelle Personen zum *house sitting*. Sie können dann sicher sein, dass ihr Haus in der Zeit der Abwesenheit nicht menschenleer seinem Schicksal überlassen wird.

Gegen freie Logis und ein kleines Entgelt kümmert sich der *house sitter* um Pflanzen und Haustiere, sammelt die Post, erledigt vielleicht noch ein paar administrative Pflichten und passt eben ganz allgemein auf das Haus auf.

Junge Kiwis nehmen sehr gerne solche Aufpasserjobs an, zumal sie damit für einige Zeit dem Elternhaus offiziell entfliehen können und zudem dabei ein paar Dollar verdienen.

Riqi hat recht: Es gibt sogar einige neuseeländische Agenturen, die sich auf die Vermittlung von zuverlässigen (polizeilich überprüften) *house sitters* spezialisiert haben. Es besteht also offensichtlich ein steter Bedarf an Hauswächtern.

»*No kidding, Peter!* (ohne Flachs, kein Witz, im Ernst) Ich kann dir die Hälfte deines Reiseproblems lösen helfen. Ich gehe einfach davon aus, dass du dir den Flug nach Neuseeland leisten kannst. Darüber hinaus wird sich dein Geldbedarf in engen Grenzen halten. Malcolm wird dir zwar keinen Spitzenlohn bezahlen, aber für einmal am Tag *fish 'n' chips* und am Abend ein Bier wird es reichen – die Übernachtung ist ja sowieso frei.«

Riqis Argumente hörten sich gut an, und er hatte noch mehr auf Lager: »Ach ja, eines noch: Malcolm hat ein wirklich ordentliches Auto in der Garage stehen, das du ebenfalls benutzen kannst. So, das war es nun von meiner Seite! Du brauchst also nur noch die andere Hälfte des Problems zu lösen.«

Lag es an seiner Müdigkeit oder hatte Riqi ihn einfach auf dem richtigen Fuß zur richtigen Zeit erwischt – Peter packte unmittelbar die Abenteuerlust. Riqi gegenüber wollte er aber nicht zu überschwänglich klingen: »Verstehe. Ich hätte demnach im Wesentlichen nur noch die Zeitfrage zu klären. Lieber Riqi, ich muss schon sagen, die Sache klingt äußerst verlockend!«

Kurz darauf verabschiedeten sich die beiden voneinander und beendeten die Skype-Verbindung. Peter Obland fühlte sich nach diesem Gespräch leicht benommen und las auf dem Monitor, dass die Konversation 18 Minuten und 32 Sekunden gedauert hatte. 18 Minuten, die seinem Leben eine unerwartete Wendung geben würden.

Peter war als freier Mitarbeiter in einer Frankfurter Werbeagentur beschäftigt und hatte einen relativ flexibel formulierten Vertrag, der ihm die Freiheit seiner Mitarbeit einerseits sehr gut absicherte, andererseits natürlich auch einschränkte.

Er dachte gerade daran, dass es wohl am besten wäre, mit dem Inhaber der Agentur zu sprechen, falls er wirklich ein Sabbatical in Betracht ziehen wollte, als plötzlich noch einmal das Skype-Signal ertönte. Wieder war es Riqi – er nahm den Anruf entgegen: »*Heya, my friend!* Hast du dich schon für ein *gap year* (ursprüglich: das Jahr zwischen Schule und Universität, auch: Zwischenjahr, ein Jahr Auszeit) in Neuseeland entschieden?«

»Wie bitte?«

»*Sorry, I'm joking.* Ich habe nur vergessen, dir zu sagen, dass du die Entscheidung nicht überstürzen musst. Malcolm kann innerhalb der kommenden sechs Wochen jederzeit im Londoner Studio mit seiner Arbeit beginnen. Allerdings gilt das Prinzip: je eher, desto besser.«

»Riqi, soll ich dir mal etwas sagen?«

»Nur zu, *tongue in cheek* (ironisch, augenzwinkernd gemeint), ich bin schon ganz aufgeregt.«

»Wir lassen den Zufall entscheiden! Wenn ich jetzt zum Fenster gehe, und draußen schneit es, dann werde ich gleich morgen früh mit meinem Boss sprechen und die Zeitfrage klären. Wie klingt das in deinen Musikerohren?«

»*This sounds good to me!* Aber entscheidend ist zunächst, was gleich deine Designeraugen sehen werden.«

Peter nahm den Laptop mit der Kamera nach vorn vom Schreibtisch, ging zum Fenster und drehte mit einer Hand die Vorhanglamellen quer. Aus 18.000 Kilometer Entfernung sah Riqi Harawira, auf seinem Monitor nur ein fast schwarzes, pixeliges und schlieriges Bild, bevor sich ein paar kleine, weiße Punkte abzeichneten. In Frankfurt am Main tanzten die Schneeflocken durch die Luft.

Was man kritisieren könnte ...

Haushüten und Glühwein – was der eine nicht kennt, ist für den anderen eine Selbstverständlichkeit.

Peter Obland und sein neuseeländischer Bekannter, der Musiker Riqi Harawira, kommunizieren miteinander praktisch auf gleicher

Augenhöhe. Der eine ist kreativ in der Werbung tätig, der andere steckt tief im Musikgeschäft. Daraus resultiert die gemeinsame Wellenlänge im Gespräch. Lediglich bei der Annahme, dass Riqi keinen Glühwein kennt, war Peter vielleicht etwas zu spekulativ. Glühwein ist in Neuseeland unter der Bezeichnung *mulled wine* durchaus bekannt. In manchen *wineries* (Winzereien, Weingüter) findet man *mulled wine* sogar auf der Getränkekarte. Vorgefertigte Gewürzmischungen, mit denen man sich zu Hause selbst einen Glühwein zubereiten kann, gibt in einigen Winzereien und Getränkefachgeschäften auch zu kaufen. Allerdings – das muss man natürlich zugeben – hat *mulled wine* in Neuseeland nicht annähernd den Beliebtheitsgrad wie Glühwein in heimischen Gefilden.

Beim Hauptthema des Gespräches, dem *house sitting*, gab sich Peter eine Spur zu ungläubig, denn tatsächlich gehört das Haushüten oder Haussitten in Neuseeland zur normalsten Sache der Welt. Auch dass der Freund des Hausbesitzers den Job an einen Dritten delegiert, ist durchaus keine Seltenheit, auch wenn er diesen nicht einmal persönlich kennt.

2 DER WEG IST NICHT DAS ZIEL

ENDLICH ANGEKOMMEN

Die 747-800 von Air New Zealand setzte am frühen Morgen in Auckland sicher auf der Landebahn des internationalen Flughafens auf. Irgendwo über dem Südpazifik war es hell geworden, und kurze Zeit, nachdem die Flugbegleiterinnen die Überreste des Frühstücks abgeräumt hatten, konnte Peter Obland rechts unter sich die Küstenlinie der nördlichen Spitze Neuseelands sehen. Peter hatte die westliche Flugstrecke mit einem Zwischenstopp in Los Angeles gewählt. Man konnte auf dieser Route einige Kilo mehr Gepäck mitnehmen und es gab nur diese eine Zwischenlandung in L.A. Es war somit einer der Neuseelandflüge, die insgesamt am kürzesten – oder am wenigsten lang – dauerten. Peter wollte so schnell wie möglich nach *Aotearoa* kommen, und er hatte sich tatsächlich entschieden, etwas länger im Land der Kiwis bleiben – wie lange genau, das sollte mehr oder weniger der Zufall entscheiden, weil er sich ganz bewusst nicht in einen starren Zeitrahmen zwängen wollte.

KIWI, KIWI, KIWI

Dass der Begriff »Kiwi« zu Neuseeland wie Sauerkraut zu Deutschland gehört, darf sicher als allgemein bekannt vorausgesetzt werden.

Anders jedoch als der fermentierte Kohl wird das Wort Kiwi in immerhin drei recht unterschiedlichen Bedeutungen verwendet.

- *Kiwi – (Apterygidae, Apteryx)* oder Schnepfenstrauß, flugunfähiger, nachtaktiver Vogel in den Wäldern Neuseelands. Sein Name leitet sich von seinem Ruf (oder Pfiff) – ungefähr: *kiiwitt, kiiwitt* – ab. Der Kiwi ist unter anderem ein Nationalsymbol Neuseelands.

- *Kiwi – (Actinidia chinensis)* oder Chinesische Stachelbeere, die Kiwifrucht. Per Definition: kugelige bis eiförmige, essbare Frucht des chinesischen Strahlengriffels. Dieses Obst wurde in Neuseeland erstmals außerhalb Asiens in großem Stil angepflanzt und 1959 von der Handelsfirma Turners and Growers unter dem Markennamen *Kiwi* (selbstverständlich in Anlehnung an den Nationalvogel) exportiert. Kiwis enthalten je 100 Gramm Frucht etwa 80 Milligramm Vitamin C.

- *Kiwi – (scherzhaft: »Homo Nova Zeelandia«)* sozusagen die mehr oder weniger offizielle Eigenbezeichnung der Bewohner Neuseelands. Sie leitet sich natürlich ebenfalls vom Namen des Vogels ab, der einen derart hohen Stellenwert besitzt, dass auch viele andere Dinge des neuseeländischen Lebens die Vorsilbe »Kiwi« tragen, z. B. die *Kiwibank,* die staatliche Rentenkasse *Kiwisaver* oder das Bahnunternehmen *KiwiRail.*

Als Peter seinen Boss vor wenigen Tagen gefragt hatte, ob er ihn einmal für drei Minuten sprechen könnte, ahnte dieser schon, dass es nur entweder um mehr Geld oder noch mehr Freizeit gehen konnte. Zunächst war er von Peters Idee einer längeren Auszeit wenig begeistert und versuchte, seinen abtrünnigen Grafiker auf ein Maximum von drei Monaten herunterzuhandeln. Erst als Peter dem Agenturchef zusicherte, auch aus der Ferne online Aufträge seiner bestehenden Kunden zu bearbeiten, willigte der Boss erleichtert ein, reichte Peter die Hand und wünschte ihm eine gute Zeit am anderen Ende der Welt.

Nun kam Peter tatsächlich in Neuseeland mit einem flexiblen Rückflugticket *(open return ticket)* an. Und mehr noch: Peter landete in Auckland mit einem *working travel visum* in der Reisetasche.

Riqi hatte schon lange vor dem Abflug angeboten, Peter vom Flughafen abzuholen – wahlweise, bei gutem Wetter, mit dem Motorrad oder mit dem Wagen, falls es regnen sollte.

›Lieber Quasi-Namensvetter Petrus, lass es für den Anfang wenigstens ein kleines bisschen nieseln‹, dachte Peter, als der Flugkapitän die Landevorbereitung für Auckland ankündigte, weil er sich überhaupt nicht vorstellen konnte, wie er als Sozius auf dem *bike* mitsamt seinem Gepäck Platz finden sollte – Anhänger oder Seitenwagen schloss er, weil *uncool*, vollkommen aus. Kaum hatte Peter diesen Gedanken zu Ende gedacht, meldete sich der Copilot über die Bordlautsprecher mit dem Landewetter für Auckland – ohne dabei ein einziges Mal den Begriff »Regen« zu benutzen oder sonstwie Niederschläge anzukündigen. Tatsächlich: Als die Maschine über die Rollwege zum *gate* unterwegs war, fiel die tief stehende Morgensonne mit solcher Intensität durch Peters Kabinenfenster, dass er die Augen schließen musste, um nicht nachhaltig geblendet zu werden.

›Oh, *bugger!* – Mist, Schei...!‹, dachte Peter ziemlich kiwigerecht, »Riqi wird den Motorradabholservice doch hoffentlich nur als Scherz gemeint haben ...«

Aber als ihm jemand aus der Nebenreihe »*Have a nice day*« wünschte, schämte sich Peter ein wenig für seine Gedanken und es wurde ihm bewusst, wie albern es war, sich über einen wunderbar sonnigen Morgen zu ärgern, vor allem, wenn der neue Tag an keinem geringeren Ort als Neuseeland begann.

Renata und David, ein sehr junges Paar aus der Schweiz, mit dem Peter während des langen Fluges die eine oder andere kurze und belanglose Unterhaltung geführt hatte, war nach eigener Aussage mit nichts als zwei gewaltigen Rucksäcken unterwegs, um zwei Monate lang Neuseeland größtenteils per pedes zu erkunden. Renata fragte Peter: »In der Ansage hieß es doch vorhin, man darf keine Lebensmittel mit ins Land bringen. Meinst du, das gilt auch für diese beiden Äpfel in meiner Tasche?«

»Ich weiß es nicht genau«, antwortete Peter wahrheitsgetreu, »frag doch beim Rausgehen am besten die Flugbegleiterin. Soviel ich weiß, ist die neuseeländische *Biosecurity* (Biosicherheit, wie der *Customs Service* (Zoll) eine Abteilung des *New Zealand Government*) in solchen Dingen recht penibel. Was hast du denn auf dem Einreiseformular angekreuzt?«

Die Backpackerin drängte zusammen mit ihrem David bereits nach draußen: »Ach, was soll schon groß sein? Wenn es jemand beanstandet, sollen sie das Obst behalten oder ich werfe es vor den Augen des Zollbeamten in den nächsten Abfalleimer. Also, Grüezi dann, und eine gute Zeit in *Enn-Zett* wünsch ich dir.«

Peter holte seine Tasche aus dem Gepäckfach, ließ sich dabei aber Zeit, weil er wusste, dass er auch die besonders Eiligen mit großer Wahrscheinlichkeit am Gepäckband oder spätestens bei der Zollkontrolle wiedersehen würde. Dennoch ging das Verlassen der Maschine überraschend zügig vonstatten, die Wege am Flughafen von Auckland sind übersichtlich und nicht so lang, dass man sich Blasen an die Füße läuft. Peter lief leicht beschleunigten Schrittes einen Korridor entlang und wurde an dessen Ende vom aufwendig nachgebauten Eingang eines *Maori Marae* empfangen.

KULTURGUT

Als *marae* wird in den pazifischen Kulturen ein zeremoniellen Zwecken vorbehaltener Bereich bezeichnet. Dies kann ein abgegrenztes Areal oder auch ein Gebäude sein. Der *marae* in Neuseeland verblieb über die Jahrhunderte als rechteckiger, geebneter und eingefriedeter

Platz in seiner ursprünglichsten Form. Einige große und bedeutende Anlagen wurden mit Zeremonialhäusern ergänzt bzw. erweitert. Gängige Beispiele sind *wharenui* (Versammlungshaus, wörtlich: großes Haus) und *wharekai* (Speisehaus).

Obwohl der Begriff des *marae* in Neuseeland streng genommen nur den unbebauten Bereich unmittelbar vor dem Versammlungshaus *wharenui* bezeichnet, wird er im Allgemeinen für das gesamte Areal verwendet.

Das Konzept des *marae* findet man im gesamten Bereich zwischen Neuseeland, der Osterinsel im Osten, Hawaii im Norden und den Austral-Inseln (Französisch-Polynesien).

Er konnte sich nicht erinnern, solch ein Portal zuvor schon einmal gesehen zu haben, jedenfalls war Peter so beeindruckt von der Konstruktion und dem aufwendigen Schnitzwerk, dass er kurz stehen bleiben musste, um das grafische Layout der Maori-Kunst besser mit seinen Designer-Augen aufnehmen zu können. Was seine ohnehin gute Laune sofort um einige zusätzliche Prozentpunkte steigerte. Allerdings wurde Peters spontanes Kulturinteresse von keinem der anderen Ankömmlinge geteilt, sodass er vom immer dichter werdenden Strom der Reisenden praktisch mit- und beinahe sogar umgerissen wurde.

Als Entschädigung hatte Peter immerhin Glück beim Gepäckbandroulette und musste auf seine beiden Koffer nicht lange warten. Als er kurz darauf problemlos den Zoll passiert hatte, nahm er im Augenwinkel zwei Schweizer Flaggen wahr, die ungefähr in der übernächsten Reihe hoch oben auf mächtigen Rucksackgestellen prangten. Wie nicht anders zu erwarten, gehörten die kühn zur Schau gestellten Landeslogos zu den beiden Eidgenossen, die offenbar prompt wegen ihrer Äpfel in eine Diskussion mit einem Zöllner geraten waren. Peter fühlte sich dadurch irgendwie peinlich berührt, obwohl ihn der kleine Vorfall eigentlich nicht wirklich etwas anging. Renata und David taten ihm in ihrer Unbedarftheit trotzdem etwas leid – jedenfalls hatte die junge Schweizerin die Sache mit den Äpfeln wohl viel zu locker genommen. Peter überlegte kurz, ob er dem Paar in irgendeiner Weise behilflich sein könnte, wusste aber wirklich nicht wie, zumal er ja zuvor im Flugzeug schon wegen der Früchte auf das Kabinenpersonal verwiesen hatte.

Peter verließ den kontrollierten Ankunftsbereich des Flughafens und sein Blick fiel auf eine stattliche Anzahl von Leuten, die beinahe synchron jeden Ankommenden musterten. Peter scannte seinerseits über die Gesichter der Wartenden und es dauerte nur wenige Sekunden, bis er Riqi deutlich außerhalb der Gruppe stehen und mit hoch erhobenem Arm das Fingerzeichen für *victory* machen sah.

Nach einer herzlichen Männerumarmung sagte Peter: »Dein Handzeichen hat gepasst, Riqi. Es kommt mir wirklich wie ein kleiner Sieg vor, hier in Neuseeland zu sein.«

»Ganz ähnlich sehe ich das auch – nämlich als meinen persönlichen Sieg, dich endlich erfolgreich hierher gelockt zu haben.«

»Gelockt, sagst du. Heißt das, deine Versprechungen waren nur Lockmittel, hinter denen gar nichts steckt? Etwa so, wie man einem Esel eine Möhre vor die Nase hängt, nur damit er willig drauf los marschiert?«

»*Absolute nonsense!* – Ausgemachter Unsinn! Glaube mir, Peter, was ich gesagt habe, ist wahr, kein Komma und kein Punkt gelogen. Auf geht's – in höchstens einer Stunde wirst du auf dem *deck* von Malcolms Haus sitzen und den neuseeländischen Tag genießen!«

Was man kritisieren könnte ...

Äpfel und Birnen soll man bekanntlich nicht miteinander vergleichen. Man soll sie aber vor allem nicht nach Neuseeland einführen.

Peter hat sich zwar einer leichten Fußverkehrsbehinderung auf dem Weg zum Gepäckband schuldig gemacht, ansonsten hat er sich bei seiner Ankunft in Neuseeland wacker geschlagen. Dafür sind seine beiden Reisebekannten aus der Schweiz auf umso glatteres Eis geraten: Neuseeland hat strenge Einfuhrbestimmungen für Lebensmittel und organische Stoffe. Zusätzlich existiert eine Vielzahl von Bestimmungen, die manchmal verwirrend sein können. Im Zweifelsfall sollte man sich an die neuseeländische Botschaft wenden. Hat man auf dem Flug Produkte bei sich, die auf der Verbotsliste stehen, führt dies nicht zwangsläufig zur Strafe: Für Obst, Gemüse, Honig und

Fleisch gibt es in der Ankunftshalle Spezialcontainer, um die Waren gerade noch rechtzeitig entsorgen.

Der Versuch, dennoch etwas zu schmuggeln, wird mit 200 Dollar und einer offiziellen Vorstrafe geahndet.

Übrigens: Der Zoll setzt durchaus possierliche Hunde ein, die mit spielerischer Leichtigkeit unverpackte Lebensmittel zwischen dicken Lagen aus Kleidung oder in Plastikbehältern etc. erschnüffeln können.

https://www.customs.govt.nz/personal/prohibited-and-restricted-items/

3 ANDERE LEUTE, ANDERE NAMEN

MULTINATIONALE VERWIRRUNG

Peter freute sich sehr, Riqi wiederzusehen, und fühlte sich gut – ein ruhiger Flug ohne aufregende Ereignisse lag hinter ihm. Er konnte unterwegs ein paar Stunden lang gut schlafen und war dadurch jetzt kein bisschen müde. Aber da war zunächst einmal die alles entscheidende Frage: »*Riqi: bike or car?*«

Riqi musste herzlich lachen; er hatte tatsächlich mit dieser Frage gerechnet und war eher überrascht, dass Peter sie nicht schon früher gestellt hatte: »Keine Sorge, Peter. Du weißt ja, dass ich mein *bike* liebe und gerne davon rede. Wenn ich jemanden vom Flughafen abhole, so wie dich jetzt, dann stelle ich vorher immer die Fahrt mit dem Motorrad in Aussicht. Das ist mein persönlicher Willkommensscherz. Stell dir mal uns beide mitsamt deiner Koffer und sonstigen Taschen auf der Maschine vor ... also nein! Auf dem Parkplatz steht ein geräumiges Auto.«

Als die beiden das Terminal verließen, deutete Riqi auch schon mit einer ausladenden Handbewegung auf ein großes, nachtschwarzes Auto der gehobenen deutschen Mittelklasse, das fast direkt vor dem Ausgang stand. Es stand zwar nicht im Halteverbot, aber immerhin in der Zone, die nur für sehr kurzfristiges Be- und Entladen vorgesehen war. Riqi hatte mit allen Eventualitäten bereits im Vorfeld gerechnet und entsprechend dafür gesorgt, dass das Knöllchen- oder Abschlepprisiko als vernachlässigbar betrachtet werden konnte: »Ich glaube, die *wardens* (*traffic wardens* = Politessen) haben einen gewissen Respekt vor Nobelkarossen und klemmen dafür eher einem Kleinwagen ein *ticket* (Strafzettel, Knöllchen) hinter den Scheibenwischer.«

Peter grübelte, was er von Riqis Theorie halten sollte, als etwas anderes seine Aufmerksamkeit anzog. Als die beiden an den Wagen herantraten, stieg zu Peters durchaus angenehmer Überraschung plötzlich eine junge, schwarzhaarige Frau aus der Limousine. Sie ging strahlend auf Peter zu und umarmte ihn herzlich, noch bevor er sein Gepäck abstellen oder überhaupt in irgendeiner angemessenen Form reagieren konnte. Riqi stellte währenddessen seine Begleiterin gleich vor – der Name klang in Peters Ohr wie »*SCHIH-vahn*«.

Peter, der weder mit einer Begegnung noch einer Begrüßung dieser Art gerechnet hatte, versuchte nun die Situation so charmant wie möglich zu meistern. Nachdem Riqis Bekannte ihre Umarmung gelöst hatte, stellte er seine Taschen auf dem Boden ab, hielt ihr die ausgestreckte Hand hin und sagte: »*Nice to meet you* – freut mich, dich kennenzulernen, *Schih... Schih...?*«

Peter, der diesen Namen noch nie zuvor gehört hatte, schaffte es nicht ganz, ihn einfach wie ein Papagei nachzusprechen, geschweige denn, ihn sich geschrieben vorzustellen. Natürlich kannte Peter eine Reihe von Maori-Namen, die zum Teil für europäische Ohren recht exotisch klangen, allerdings handelte es sich bei der Dunkelhaarigen mit Sicherheit nicht um eine Maori.

NAMENSSTATISTIK

Hier kommen die Top 10 der beliebtesten *Maori-Vornamen* bei Neugeborenen:

Mädchen	Jungen
Maia	Nikau
Aria	Wiremu
Manaia	Kahurangi
Anahera	Kauri
Ataahua	Nikora
Aroha	Tane
Tia	Tamati

Ariana	Rawiri
Kaia	Anaru
Kahurangi	Tai

Dazu im Vergleich, respektive als Ergänzung die Top 10 mit den beliebtesten *Vornamen der gesamten neuseeländischen Bevölkerung:*

Mädchen	**Jungen**
Olivia	Jack
Sophie	Oliver
Emily	William
Charlotte	Liam
Ruby	Mason
Isabella	Samuel
Ella	Jacob
Amelia	Lucas
Sophia	Ethan
Ava	Noah

Auch die kurz angedachte Möglichkeit, es könnte ein Name aus dem Asiatischen sein, verwarf Peter sofort wieder – Riqis quirlige Begleiterin hatte eindeutig europäische Wurzeln. Peter beschloss abzuwarten und bei passender Gelegenheit nachzufragen.

Inzwischen lachte die Angesprochene sympathisch und erwiderte Peters Grußformel: »*Nice to meet you too* – ganz meinerseits, *Peter!*«

Seine Hand nahm sie aber nicht an, vielmehr umarmte sie ihn nochmals ganz kurz – und ehe er es verhindern konnte, griff sie seine beiden Taschen und verstaute sie im Kofferraum des Wagens.

Peter nahm im Fond Platz, und sobald sie auf dem Motorway mit präzise 100 km/h dahin glitten, fragte er nach vorne in Richtung Beifahrersitz: »Sag mal, Schih... also du hast ja gemerkt, dass ich deinen Namen nicht kapiert habe, wie heißt du denn genau, wenn ich fragen darf?«

»Natürlich darfst du fragen, Peter. Ich habe ja längst damit gerechnet, weil ich gemerkt habe, dass dich mein Name irritiert hat. Ich hätte ihn dir natürlich schon bei der Begrüßung erklären können, aber ich gebe hiermit offen zu, dass ich es hin und wieder genieße, die Leute ein bisschen zappeln zu lassen – schließlich habe ich einen recht eigenwilligen Namen und will deshalb etwas Spaß damit haben. Also, ich heiße S-i-o-b-h-a-n. Gesprochen *SCHIH-vahn*. Siobhan ist ein irischer Name und in Neuseeland keineswegs selten.«

KELTEN UND GÄLEN

Hier ein paar Beispiele von tendenziell etwas verstaubten, aber in manchen Fällen wieder modern gewordenen *Vornamen irischer und schottischer Herkunft*. Man spricht sie tatsächlich komplett anders, als sie geschrieben werden.

Frauennamen

Brae	(BRÄI)
Eilidh	(EH-lih)
Flòraidh	(FLOH-rih oder FLAU-rih)
Iseabail	(I-schi-bel oder IH-scha-bäl)
Mairead	(MAI-ret oder MA-ih-rät)
Muireall	(MUHR-ah-jel)
Saraid	(SÄHR-ich)
Seona	(SCHAU-nah)
Sile	(SCHIH-lah)
Sima	(SCHIH-mah)
Sìne	(SCHIH-nah)
Sinéad	(SCHIH-neyd)
Siobhan	(SCHIH-vahn)
Siùsaidh	(SCHUH-sih)

Männernamen

Artair	(AHR-schtehr)
Coinneach	(KON-yokh oder KAH-nyach)
Eonan	(IOE-wan oder IOH-nahn)

Màrtain	(MAUR-tan)
Ossian	(AH-schiin)
Raghnall	(RIU-all oder RAHLL)
Sean	(SCHOHN) *(auch als Frauenname gebräuchlich)*
Seòras	(SCHAU-rass)
Seumas	(SCHAI-mahs)
Tearlach	(TSCHÄR-lak oder TSCHÄR-lach)

Peter blickte etwas verblüfft drein, war aber nach einer kurzen Phase des Nachdenkens mental wieder gut auf Kurs und sagte: »Siobhan. Das hört sich nun wirklich gut und interessant an, außerdem habe ich wieder etwas dazu gelernt. Ich muss zu meiner Ehrenrettung sagen, dass ich immerhin zwei solcher Namen kenne, bei denen Klang und Schrift kaum eine Verbindung zu haben scheinen. Der eine gehört der irischen Sängerin Sinead O'Connor und der andere Sean Connery.«

Siobhan war angenehm überrascht: »*Good on you!* – Gut gemacht! Das ist mehr, als ich erwartet habe.«

Peter kam in Small-Talk-Laune. »Danke, danke. Aber jetzt würde mich noch interessieren, wie du an diesen ungewöhnlichen Namen gekommen bist – du bist ja offensichtlich keine Irin. Irinnen sind bekanntermaßen blass, sommersprossig und haben rotblonde Haare, nicht wahr?« Peter zwinkerte schelmisch – was die vorne sitzende Sioban kaum mitbekommen konnte.

»Ein schönes Klischee. Und Deutsche sind allesamt Dichter, Denker und Erfinder, stimmt's?«

»Na ja, auch so ein Stereotyp – nicht falsch, nicht richtig. Aber was willst du damit andeuten.«

»Denk' mal nach, Peter. Es gibt doch in deinem Heimatland sicher Haarfarbe und Make-Up.«

»Ach so! Ich verstehe … das heißt, nein, das glaube ich jetzt nicht …«

Siobhan blieb hartnäckig: »Doch, doch, Peter, du darfst es ruhig glauben. Ich bin waschechte Irin – alle meine Vorfahren stammen aus Irland. Wenn du dir Haarfarbe und Schminke wegdenkst, dann kommt nämlich plötzlich eine Irin wie aus dem Lehrbuch zum Vorschein!«

Was man kritisieren könnte ...

Namen sind keineswegs nur Schall und Rauch – manchmal sind sie auch wahre Fußangeln.

Neuseeländische Eltern neigen generell dazu, ihren Kindern ungewöhnliche Namen zu geben. Irische und schottische Immigranten setzen dabei den Schwerpunkt auf Pflege und Weitergabe ihrer Tradition. Das Besondere dabei: Iro-schottische Namen mit keltischem und auch gälischem Ursprung sind selten so auszusprechen, wie sie geschrieben werden.

Peter Oblands Schwierigkeit, den Namen Siobhan vom einmal gehörten sprachlichen Klang über Ohr und Gehirn bis zu einem Wortbild vor seinem geistigen Auge umzuformen, ist nicht verwunderlich. Unter dieser Voraussetzung musste das Kennenlernen etwas holprig werden, vor allem auch, weil die junge Frau die Besonderheit ihres Namens gerne wie einen Katalysator einsetzt und es gewohnt ist, dementsprechend schlagfertig zu reagieren. Peinlich kann es auch im umgekehrten Fall werden: wenn zum Beispiel »Sila« auf der Visitenkarte steht und man anschließend die Frau des Gastgebers der Party, zu der man eingeladen wurde, phonetisch falsch mit »Saila« anspricht, wo nun einmal »SCHIH-lah« richtig gewesen wäre.

Etwas Körperliches am Rande: Peters zum Gruß ausgestreckte Hand war etwas fehlplatziert. Dass Siobhan sie nicht angenommen hat, war keine Unfreundlichkeit der jungen Frau. Der Händedruck ist bei Neuseeländern zwar nicht ausgeschlossen, wohl aber unüblich. Wesentlich beliebter ist der *hug,* das An-sich-drücken (außer bei großen Altersunterschieden und formellen Anlässen).

4 IM LAND DER UNBEGRENZTEN UNTERSCHIEDE

EIN FREUND, EIN GUTER FREUND

Peter Obland war von Natur aus neugierig, nein, wissensdurstig. Zu gerne hätte er gewusst, in welcher Beziehung die gut getarnte Irin Siobhan und der bekennende Maori Riqi zueinander standen; er hatte das Gefühl, dass es sich bei Siobhan um Riqis aktuelle Freundin handelte. Die Fahrt nach Auckland war kurzweilig, jeder hatte viel zu erzählen, und Peter war zuversichtlich, bald eine Stelle in der munteren Plauderei zu finden, an der er geschickt einhaken und seinen Wissensdurst löschen konnte. Als sie schließlich bereits durch das wohlhabende Epsom fuhren, realisierte Peter, dass es bis zur North Shore nicht mehr sehr weit sein würde. Bisher war in der vorderen Sitzreihe aber immer noch kein *darling* (Liebling, Schatz) oder *sweetheart* (Liebling, Schatz, Herzliebchen) zu hören gewesen – Peter entschloss, der Sache aktiv auf den Grund zu gehen: *»Siobhan, Riqi – you both are friends, aren't you?«*

Die beiden angesprochenen stimmten fröhlich zu und verstärkten Peters Eindruck noch, indem sie betonten, dass sie *good friends*, fast sogar *soul mates* (Seelenfreunde, Seelenverwandte) seien.

»Darf ich also mit der baldigen Einladung zur einer ganz besonderen, weil Kultur übergreifenden Hochzeit rechnen?«, fragte Peter in der Hoffnung, weitere Details zur Beziehung der beiden zu erfahren.

»Na klar, aber nur, wenn wir mit einer entsprechenden Gegeneinladung rechnen dürfen!«

Im Rückspiegel konnte Peter in Siobhans Gesicht ein quasi Mona-Lisa-artiges Lächeln erkennen. Er schöpfte Verdacht, und bevor Riqi kurz vor dem geschäftigen Newmarket wieder auf den Motorway auffuhr, sprach er seine Vermutung aus: »Ihr nehmt mich auf den Arm, nicht wahr? Raus damit – jetzt will ich's genau wissen – seid ihr als Freund und Freundin zusammen, oder nicht?«

Riqi lachte, während er sich in den dichten Verkehr Richtung Norden einfädelte, äußerte sich allerdings mit keinem Wort zu Peters Frage. Als schließlich Aucklands Sky Tower sichtbar wurde, hatte Siobhan ein Einsehen und entschuldigte sich bei Peter dafür, dass sie ihn eine Weile auf die Folter gespannt und vielleicht sogar etwas an der Nase herum geführt hatte. Sie sagte auf eine trockene, aber gleichzeitig augenzwinkernde Art, die Peter als irischen Humor interpretierte, dass nichts zwischen ihr und Riqi laufen würde, womit er wieder ganz beruhigt sein und sich ganz entspannt zurücklehnen könne.

HOCH HINAUS

Der Sky Tower in Auckland ist ein Aussichts- und Fernmeldeturm. Mit 328 Meter Höhe ist er der höchste Fernsehturm der südlichen Hemisphäre. Der Sky Tower hat eine Aussichtsplattform auf 186 Meter (*main observation deck*, teilweise mit Glasboden). Ein Drehrestaurant und eine Bar drehen sich in 60 Minuten um die eigene Achse.

Eine zweite Plattform *(Skydeck)* befindet sich in 220 Metern Höhe. Dazwischen liegt eine offene Plattform in 192 Metern Höhe mit den Attraktionen *SkyWalk* und dem *SkyJump*. Bei Letzterem handelt es sich um ein drahtseilgeführtes *Base-Jumping*, bei dem der Springer durch ein programmgesteuertes Drahtseil abgebremst wird.

Peter konnte sich von Siobhans wortreicher Erklärung ein paar Begriffe merken: »*To be honest, I had a crush on Riqi (to have a crush on somebody = auf jemanden stehen, in jemanden verknallt sein) for a while but we've never been in a relationship. Actually I'm dating someone else (dating somebody = mit jemandem zusammen sein, mit jemandem gehen).*«

Als die Auckland Harbour Bridge in Sicht kam, meldete sich Riqi endlich doch noch zu Wort und rundete die Sache ab, indem er erklärte, dass sich die Beziehung zwischen Siobhan und ihm ausschließlich auf professioneller Ebene abspielte, was er – *by all means* (auf alle Fälle, unter allen Umständen) – nicht schon wieder falsch verstehen solle. Siobhan sprang ein: »*In plain language* (im Klartext) – ich unterstütze Riqi hin und wieder bei seinen Auftritten als Backgroundsängerin, und als ich ihn heute zur Abstimmung einiger Termine besucht hatte, entschloss ich mich spontan, Riqi beim Einsammeln seines deutschen Freundes zu begleiten. Und jetzt genieße den Blick auf Auckland von der Harbour Bridge aus, Peter. *Cheers!*«

BRÜCKENTAG

Die achtspurige Auckland Harbour Bridge verbindet den *CBD (central business district)* mit den als North Shore City zusammengefassten nördlichen Stadtteilen Aucklands. Doch mehr als das: Die gut einen Kilometer lange Stahlkonstruktion verbindet praktisch die gesamte Nordspitze mit dem ganzen Rest der neuseeländischen Nordinsel.

Zwar gibt es einen mehr als 40 Kilometer langen »Schleichweg« nach Norden, der über West-Auckland führt, aber die Harbour Bridge ist seit ihrer Eröffnung im Jahr 1959 die Hauptverbindung zu den stark wachsenden und immer beliebter werdenden nördlichen Gebieten. Dadurch ist die Brücke im Laufe der Zeit zu einem extremen *bottle neck* (Engpass, Nadelöhr), geworden, was die Köpfe der Stadtverkehrsplaner seit Jahren heiß laufen lässt.

Ein vernünftiges Projekt für eine weitere Passage des Waitemata Harbour wird dringend erforderlich. Dazu stehen derzeit drei Entwürfe bereit: für den Bau einer neuen Brücke, einen Tunnel und eine Kombination von beidem.

Peter war begeistert von der Sicht auf Auckland und den Waitemata Harbour. Exakt auf dem Scheitelpunkt der Brücke kam seine kaum ernst gemeinte Frage: »Kannst du nicht mal kurz für ein Foto anhalten, Riqi?«

Riqi sah in den Rückspiegel und Siobhan zog die Augenbrauen hoch. Um sicherzustellen, dass er diesen Vorschlag mitten im starken Verkehrsstrom wirklich nur als Pointe abgeschossen hatte, schickte er schnell »Ein Scherz, ein Scherz!« hinterher und meinte in Riqis Augen Erleichterung, aber auch ein bisschen Enttäuschung wahrzunehmen.

Nachdem das Trio die Brücke passiert hatte und damit die Aussicht wieder weniger spannend wurde, wendete sich Peter seiner neuen Lieblingsbeschäftigung zu: Irinnen ausfragen. »Singst du beruflich, oder ist es einfach dein Hobby?«, wollte er von Siobhan wissen.

»Teils teils, um es mal etwas indifferent auszudrücken. Ich studiere an der AUT Architektur und parallel dazu am MAINZ Gesang.«

»M-A-I-N-Z?«, Peter fühlte sich an eine deutsche Stadt erinnert.

»Music and Audio Institute of New Zealand.«

STUDIENZWECK

Die drei Buchstaben *AUT* stehen für die Auckland University of Technology. Der Hauptcampus liegt an der Wellesley Street mitten in Aucklands CBD. Es gibt drei weitere Campusse: im Norden Aucklands (AUT North Shore), in Süd-Auckland (AUT South) und das Millennium Institute of Sport and Health (AUT Millennium Campus).

Riqi unterbrach Peters Fragestunde: »Wir sind jetzt in Takapuna, es ist also nicht mehr weit bis zu Malcoms Haus!« Er bog mit dem schweren Wagen vom Motorway ab und mitten hinein in ein Wohngebiet.

Peter fiel sofort auf, dass hier alles ganz anders aussah als in Deutschland. Es waren nicht allein die stattlichen Palmen in vielen Vorgärten, die den großen Unterschied ausmachten. Peter war sehr gespannt darauf, wie wohl Malcolms Haus aussehen mochte, in dem er von heute an voraussichtlich für längere Zeit wohnen würde. Dann sah er auch schon das grün-weiße Straßenschild der Sanders Avenue und Riqi bog kurz darauf in die Einfahrt eines strahlend weiß getünchten Hauses ein. Es war offensichtlich komplett aus Holz im Viktorianischen Stil gebaut, hatte eine überdachte Veranda und ein grünes Dach, vermutlich aus Metall.

»*Peter, we have arrived!* – wir sind da! Das ist Malcolms Haus. Was sagst du zu deinem neuen Quartier und Arbeitsplatz?«

Peter öffnete die Wagentür, stieg aus und ließ den Blick schweifen – einmal die Straße rauf, einmal runter, schließlich musterte er das Haus, vor dem sie standen. Riqi legte nach: »Na los – ganz spontan. Wie findest du die Hütte?«

Peter war begeistert: »Wow! Das hat Stil! Wenn ich da an meine Apartmentanlage in Frankfurt denke ... Wirklich, das Haus ist super! Überhaupt begeistert mich das ganze Wohngebiet: Hier sind die unterschiedlichsten Baustile versammelt. Das erinnert mich ein bisschen ans Amerikanische, wenn ich das so sagen darf.«

»Du darfst alles sagen, *mate,* es gibt in Neuseeland keine Zensur! Aber hier wie bei den Amis handelt es sich größtenteils um denselben Ursprung – nämlich der Architektur aus dem Angelsächsischen.«

»Und es ist wohl alles aus Holz gebaut – gemauerte Häuser sehe ich gar keine. Na gut, es wird schon nicht durch die Ritzen ziehen ...« Peter fand sich selbst sehr amüsant.

Siobhan kommentierte: »Ich kam zwar schon im Alter von 8 Jahren nach Neuseeland, kann mich aber noch an die Steinhäuser in Irland erinnern. Ich denke, die Bauweise wird in Deutschland ähnlich sein, nicht wahr? So etwas kannst du hier weitgehend vergessen. Fast alle Wohnhäuser sind aus Holz in klassischer, handwerklicher Zimmermannsarbeit aufgebaut. Die Wohngebiete sind auch tatsächlich oft eine Ansammlung der unterschiedlichsten Stilrichtungen – Einheitsbauten findest du selten. Nur, ob es durch die Ritzen zieht oder nicht, das musst du schon selbst herausfinden.«

HAUSORDNUNG

Es gibt auch in Neuseeland Behörden, die Bauprojekte auf ihre Genehmigungsfähigkeit hin prüfen und gelegentlich auch Änderungen fordern oder Pläne ablehnen. Allerdings sind Spezialitäten wie Vorschriften zu Dachneigungswinkeln, Balkontiefen und Dachfarben praktisch unbekannt. Den Zwang zur stereotypierten Einheitsoptik gibt es nicht. Die Wohngegenden im Reich der Kiwis haben daher ein recht lebendiges Erscheinungsbild, und schablonenhaft gerasterte Anlagenstrukturen sieht man nirgendwo.

Je nach Alter und Entwicklungsverlauf einer Wohngegend findet man mitunter eine ziemlich bunte Mischung von Bauten. Im Wesentlichen unterscheidet man bei neuseeländischen Häusern die folgenden Stilrichtungen:

Traditional – gebaut in Ständerbauweise mit einem Grundgerüst aus Holz und einer Außenverkleidung aus sogenanntem *weatherboard*. Letzteres besteht aus langen Holzpaneelen, die schuppenartig überlappend (zum besseren Wasserablauf bei Regen) auf den Außenwänden des Hauses angebracht werden. Das Dach ist meistens aus Blech.

Colonial – ebenfalls gebaut in Ständerbauweise, jedoch mit einer konventionellen Paneelverkleidung der Außenseiten. Diese Häuser sind äußerst anfällig für Schäden durch Feuchtigkeit. Das Dach ist auch hier meist aus Metall.

Modern – allgemein kubusförmige Häuser mit großen Glasflächen und unterschiedlichen Dachformen (z. B. Pultdach, Flachdach). Da in Neuseeland praktisch keine Doppelverglasung verbaut wird, haben Häuser mit hohem Glasanteil und riesigen Fensterflächen oft ein erhebliches Isolationsproblem. Das Dach kann mit Schindeln oder auch nur mit einfacher Teerpappe gedeckt sein. Auch bei modernen Häusern überwiegt Holz als Hauptbaustoff. Manche der Bauten haben eine Steinplattenverkleidung der Außenwände, aber nur extrem wenige werden mit einem richtigen Mauerwerk aufgebaut.

Mediterranean – Diese Bauart versteht sich durch den eindeutigen Namen von selbst. Der Mittelmeer-Stil ist bei neuen Häusern in Neuseeland derzeit sehr beliebt. Die Außenwände tragen oft Strukturputz, und zur Eindeckung werden häufig solide Dachpfannen aus gebranntem Ton verwendet.

Contemporary – bedeutet vom Wort her »zeitgemäß, gegenwärtig« und wird von Maklern immer dann zur Beschreibung eines Haustyps verwendet, wenn alle vorangegangenen ihrer Meinung nach nicht richtig zutreffen. Meistens wird die Bezeichnung jedoch allgemein mit »modern« gleichgesetzt.

Riqi ging zur Eingangstür und kramte eine Weile sämtliche Hosen- und Jackentaschen durch. Als Peters Ankunft in Neuseeland sicher war und der Termin feststand, ist Malcolm sofort nach London abgereist und hat Riqi einen Schlüssel übergeben. Das war es, wonach Riqi gerade suchte, und schließlich auch fand. Er hielt den Schlüssel Peter feierlich entgegen und schlug ihm vor, doch selbst die Tür zu öffnen und einzutreten: »Alternativ kann ich dich natürlich auch über die Schwelle tragen ...«

Peter freute sich über den Schlüssel, lehnte Riqis Angebot dankend ab und betrat wenige Augenblicke später das Haus. Im *vestibule* (Vorraum, Diele, Windfang) roch es ein bisschen nach abgestandener Luft, aber der Eindruck, den das Haus im Inneren machte, war äußerst positiv. Peters unterschwellige Erwartung, die Einrichtung könnte vielleicht sehr britisch und dementsprechend etwas verstaubt im übertragenen Sinne sein, erfüllte sich überhaupt nicht – fast im Gegenteil: alles wirkte frisch und modern.

Riqi, der ins Haus gefolgt war, schob Peter von hinten an den Schultern in die Mitte des Raumes: »*I'm off, mate!* – Ich bin dann mal weg! Ich muss dringend noch ein paar Sachen erledigen und lass' dich jetzt erst mal alleine. Ich würde dich ja gründlich einweisen, so wie man das bei der Übergabe eines Hauses im Allgemeinen wohl macht, aber ich sage dir ganz ehrlich: Ich habe keine Ahnung. Klar, ich war schon oft hier, und ich weiß auch, wo der Kühlschrank mit dem Bier steht, aber das war es dann auch schon. *Kiss,* sagt man hier in solchen Fällen. Also sieh die Sache ganz unkompliziert. Du wirst dich schnell zurechtfinden. In Malcolms Telefon sind alle meine Nummern eingespeichert. Ruf mich an, wenn du etwas brauchst, oder besser noch: etwas unternehmen willst – egal wann, noch heute oder morgen, jederzeit. Ach ja, nur falls etwas passieren sollte: Die Notrufnummer in NZ ist 111.«

NICHT KUSSECHT

In diesem Fall hat *Kiss* weder mit dem Kuss noch mit der amerikanischen 70er-Jahre-Rock-Band irgendetwas zu tun. Vielmehr stellt *Kiss* als Kurzwort das Konzentrat eines besonders ausgeprägten Teils der Kiwi-Mentalität dar.

Es heißt in Langschrift *»keep it simple, stupid«*, also wörtlich »Halte es einfach, Dummkopf« oder freier »Warum kompliziert, wenn's auch einfach geht?«

Die Floskel wird im besten Kiwisinne immer dann verwendet, wenn sich jemand mit viel Aufwand an eine Sache heranmacht, bei der auch eine Einfachlösung mehr als ausreichend wäre. *Kiss* ist als »KISS-Prinzip« auch in manchen Bereichen der deutschen Wissenschaft bekannt.

Peter blieb weder Zeit zu antworten noch eine wirklich Wahl – Riqi hob seine Handflächen und Peter schlug reflexartig ein, womit die Hausübergabe wohl besiegelt war. Siobhan setzte zum *big hug* an und sagte: *»Bye for now, Peter. It was nice to meet you!«*

Ohne zurückzusehen rief Riqi auf dem Weg zu seinem Wagen: »Der Hinweis auf den Notruf war ein Scherz. Aber 111 ist trotzdem richtig. *See ya!*«

EINS, EINS, EINS!

Die landesweite Notrufnummer in Neuseeland ist 111. Man erreicht beim Anruf am anderen Ende der Leitung eine Zentralstation, die je nach Art des Problems das Gespräch an die Polizei, Feuerwehr oder die Ambulanz »St. John« weiterleitet.

Schwierig ist dabei für den *operator* nicht nur die schnelle Entscheidung, welcher Notdienst der richtige ist, sondern auch, ob überhaupt ein Notfall vorliegt: Die Statistik zeigt, dass es sich bei lediglich einem starken Drittel der auf 111 eingehenden Anrufe tatsächlich auch um Notfälle handelt.

Bei der Ausführung der Nothilfeeinsätze gibt es ein generelles Neuseelandproblem: In den Ballungszentren von Auckland und anderen großen Städten sind die Rettungseinheiten sehr oft überlastet, und in den *rural areas* (Landgebiete, ländlicher Raum) sind es die langen Anfahrtswege, die zu kritischen Verzögerungen führen können.

Riqi ließ das Auto anrollen, blieb aber nach wenigen Metern plötzlich wieder stehen, lehnte sich mit dem ganzen Oberkörper aus dem Fenster und rief Peter zu, der etwas in Gedanken versunken immer noch auf der *porch* (Veranda, Vorbau, Vordach) stand: »Eines noch – du bist nicht allein im Haus ...«

Was man kritisieren könnte ...

Scheinbar simple Begriffe können in der Übersetzung unerwartete Bedeutungen haben. Man sollte solche Worte nicht vorschnell auf die Goldwaage legen.

Das Schlüsselwort *friend* hat vor Peter Oblands geistigem Auge sofort das Bild einer festen Freundschaft im Sinne einer Liebesbeziehung entstehen lassen. Wichtig ist dabei jedoch, dass der *friend* im Wortsinne zunächst nicht mehr als ein Bekannter oder eine Bekannte ist.

Erst als *boyfriend* oder *girlfriend* wird aus der allgemeinen Bekanntschaft der feste Freund, bzw. die feste Freundin. Ein kleiner Unterschied mit großer Wirkung also. Erst wenn sich Siobhan als *girlfriend* von Riqi geoutet und diesen damit zu ihrem *boyfriend* gemacht hätte, wären Peters Mutmaßungen richtig gewesen.

»*I had a crush on Riqi*« war Siobhans Bekenntnis, dass der *Duke of Funk* immerhin einmal ihr Schwarm gewesen war. »*But we've never been in a relationship*« soll heißen, dass aus der Verliebtheit nie eine (Liebes-)Beziehung wurde. Tatsächlich geht Siobhan mit jemand anderem, was sie mit »*I'm dating someone else*« zum Ausdruck brachte.

Hier darf ein Wort, das an sich viele verschiedene Bedeutungen haben kann, nicht vergessen werden, nämlich *date*. Im Zusammenhang mit zwischenmenschlichen Beziehungen wird als *date* immer ein Rendezvous oder eine Verabredung bezeichnet; dementsprechend versteht man unter *dating* die Partnersuche.

Richtig ernsthaft wird diese romantische Angelegenheit, wenn aus der festen Freundin oder dem festen Freund ein *fiance* respektive eine *fiancee* wird: Dann nämlich hat man Verlobungsringe getauscht und sich das Eheversprechen gegeben.

Wer später dann die *hen party,* beziehungsweise *stag party* feiert, hat sich quasi endgültig vom Junggesellendasein verabschiedet – die Hochzeit, *wedding,* erfolgt kurz danach.

5 UNTER EINEM DACH

HERZLICH HOLPRIGES WILLKOMMEN

»Du bist nicht allein im Haus ...«, mit Riqis letztem Satz im Kopf ging Peter Obland in das Haus zurück, nahm seine beiden Reisetaschen, die noch vor der Tür standen, mit hinein und ohne sich weiter umzusehen, geschweige denn, sich einzurichten, ließ er sich im großen, hellen Wohnraum auf den erstbesten Sessel fallen. Von hier hatte er einen ziemlich freien Blick über das *deck* nach Osten und konnte das Meer und die Vulkaninsel Rangitoto sehen.

Obwohl die Reise insgesamt stressfrei verlaufen war, überkam Peter nun doch die Müdigkeit und er sackte, im weichen *armchair* (Sessel, Lehnstuhl, Fauteuil) sitzend, regelrecht in sich zusammen. Er nickte ein.

Nach unbestimmter Zeit wurde Peter durch ein klopfendes Geräusch aus seinem unbeabsichtigten Mittagsschlaf geweckt, draußen war es bereits erstaunlich dunkel. Er richtete sich in seinem bequemen Sessel auf, brauchte aber eine gewisse Zeit, um wieder zu sich zu kommen und zu realisieren, wo er überhaupt war. Dabei fiel sein Blick auf ein kleines Etikett aus weißem Plastikgewebe, das wie ein Fähnchen von einer Naht des Sessels weg hing. Darauf stand: IKEA Ektorp. Das Bewusstsein, hier in Neuseeland auf diesem Schwedenmöbel zu sitzen, überraschte ihn und machte ihn gleichzeitig wach.

SCHWEDENRÄTSEL

Neuseeländer warten sehnsüchtig auf den Schwedenmöbler IKEA. Mehrere Anläufe soll es bereits vom blau-gelben Möbelhaus gegeben haben, sich mit einer Filiale im Inselstaat zu etablieren. Seit Januar 2019 gibt es für die Kiwis Hoffnung, in möglichst naher Zukunft Billy, Klippan und Ivar selbst zusammenschrauben zu dürfen – IKEA hat in einer großen Pressekonferenz verkündet, einen ersten Standort in Auckland zu eröffnen. Wo und wann ist noch nicht bekannt. Bis es so weit ist, will IKEA in Auckland erst mal einen Pop-up-Store eröffnen.

Ganz Ungeduldige können übers Internet bestellen, bei My Flat Pack, Idiya, Aikia oder Swedish Furniture – um nur ein paar der IKEA-Importeure zu nennen.

Oder man muss eben mit Möbelhäusern wie Freedom (im allerweitesten Sinne an IKEA erinnernd) und Danske Mobler (das bis auf den Namen nichts mit skandinavischen Möbeln zu tun hat) vorliebnehmen.

Andere, wie beispielsweise Big Save Furniture, geben bereits durch den Sparhinweis im Namen zu erkennen, dass Möbel in Neuseeland grundsätzlich relativ teuer sind.

Peter hörte wieder das Klopfen und sah auf; ein asiatisch wirkender, relativ junger Mann stand mit einem Plastikbehälter in der Hand auf dem *deck* und versuchte, sich bemerkbar zu machen. Das also meinte Riqi mit: »Du bist nicht allein im Haus ...«

Peter hatte einige Mühe aus dem Schlaf wieder in den hundertprozentigen Wachzustand zurückzufinden und wankte leicht, als er aus »Ektorp« aufstand und zur gläsernen Schiebetür ging, vor der der Asiate geduldig wartete. Peter entriegelte eine Türhälfte und schob sie einen Spalt weit auf.

Der junge Mann verneigte sich höflich, konnte aber nicht zur Begrüßung ansetzen, da er unmittelbar von Peter in seine Schranken gewiesen wurde: »Darf ich fragen, wie Sie auf das *deck* kommen, und vor allem, was Sie hier verloren haben? Das hier ist ein Privathaus und ich bin verantwortlich dafür. Falls Sie etwas verkaufen wollen, dann klingeln Sie bitte an der Eingangstür. Aber nicht bei mir – ich kaufe nichts!«

Der Mann auf dem *deck* verneigte sich derweil immer tiefer, und als Peter seine Standpauke schließlich beendet hatte, sagte der Gemaßregelte, übrigens in bestem und akzentfreiem Englisch: »*Sorry, sorry, sorry.* Ich bitte vielmals um Entschuldigung. Es ist ein Missverständnis. Ich weiß, dass du dich um das Haus kümmerst, solange Malcom in London ist. Aber ich wohne auch hier – genauer gesagt hier drüben in der angebauten *flat* (Wohnung, Apartment). Ich habe nichts zu verkaufen, sondern wollte mich einfach nur vorstellen – wir sind quasi *flat-mates* (Mitbewohner (einer Wohngemeinschaft)). Mein Name ist Kwan. Kwan Yeoh.«

Peter war erstaunt: »Ich weiß nicht recht, ob ich das glauben kann. Mir ist nämlich nichts von einem Mitbewohner im Haus bekannt. Und der Plastikbehälter in deiner Hand sieht mir doch sehr nach einer Verkaufsabsicht aus.«

Kwan hatte mit einer solchen Reaktion gerechnet: »Du darfst es ruhig glauben – sieh mal, ich weiß sogar, dass du Peter heißt und aus Frankfurt kommst. Wie schon gesagt sind wir quasi *flat-mates*. Aroha und ich wohnen hier schon viele Monate – im Anbau. Wir sind also nicht direkt in ein und demselben Haus, aber doch unter einem Dach.«

Peter war noch nicht restlos von den lauteren Absichten des Quasi-Mitbewohners überzeugt: »*Aroha?* Wer oder was ist denn bitte Aroha? Ich weiß nicht so recht, was ich von all dem halten soll. Ich rufe wohl besser Riqi an und höre mal, was er dazu meint.«

»Das ist eine gute Idee. Aroha ist nämlich Riqis *cuz*, jedenfalls bezeichnete er sie so. Außerdem ist sie meine Studienkommilitonin an der Auckland University.«

WAHLVERWANDTSCHAFT

Cuz ist eine Kurzform für *cousin*, in diesem Fall ist damit also Riqis Cousine Aroha gemeint, was aber nicht zwingend den tatsächlichen Verwandtschaftsgrad anzeigen soll. Zugleich, oder sogar überwiegend, wird *cuz* auch als Slangwort für »Kumpel« im weiteren Sinn verwendet, ohne dass überhaupt eine verwandtschaftliche Beziehung zu dieser Person besteht.

Aroha ist ein recht beliebter weiblicher Vorname der Maori, wird aber gerne auch von *Pakeha** verwendet. Das Wort Aroha wird meist mit »Liebe« übersetzt, kann aber ebenso, zerlegt in die Einzelwörter »*Aro*« (*mind* – Geist) und »*Ha*« (*breath* – Atem), als »die schöpferische Kraft des Geistes« betrachtet werden.

* Pakeha = Bezeichnung der Maori für die ersten europäischen Siedler Neuseelands. Je nach Kontext sind damit die Neuseeländer mit ausschließlich britischen Vorfahren, mit überwiegend europäischen Vorfahren oder generell alle Nicht-Maori gemeint.

Mit einer leichten Verbeugung hielt Kwan Peter die Plastikdose entgegen, aber der Türspalt war zu schmal, um sie durchreichen zu können. Peter entspannte sich etwas und schob die Glastür weiter auf. Zu guter Letzt bat er Kwan, doch einfach einzutreten, und nahm auch den Behälter von ihm an.

Kwan sagte: »Das ist ein indonesisches Reisgericht. Ich habe es selbst gemacht und extra *schnitzel strips* (Streifen vom Schnitzelfleisch) dazugetan. Du kannst es in der Mikrowelle heiß machen. Du isst doch Fleisch, oder?«

SCHNITZELJAGD

Schnitzel sind in Neuseeland sehr beliebt und daher in jeder Frischfleischtheke zu finden. Das ideale Schnitzelfleisch ist *trim pork,* welches vom 50–72 Kilo schweren Schwein kommt, selbstverständlich frei von Knochen ist und dessen Fettrand bis auf einen maximal 5 mm breiten Streifen beschnitten ist. *Trim pork* wird übrigens von der *National Heart Foundation* als »herzfreundlich« eingestuft.

Kwan wollte mit den *schnitzel strips* Peter nicht nur eine Freude machen, sondern auch zeigen, dass er sich auskennt – in Deutschland isst ja jeder Schnitzel!

»Fleisch? Ja, ich esse Fleisch, sicher doch! Dein Reistopf sieht gut aus. Danke.«

»Ach ja, ich komme aus Malaysia. Meine Eltern haben mich bereits vor fünfzehn Jahren hierher zur Schule geschickt. Sie leben nach wie vor in Kuala Lumpur und wollten mir eine westliche Ausbildung ermöglichen. Das war eine gute Idee und ich habe mich vor zwei Jahren entschieden, für immer in *New Zealand* zu bleiben – inzwischen habe ich auch die neuseeländische Staatsbürgerschaft. Na ja, langer Rede kurzer Sinn: willkommen in diesem Haus!«

Peter war ein wenig peinlich berührt und hatte das Gefühl, etwas zu pedantisch aufgetreten zu sein, zumal Kwan ausgesprochen herzlich auf ihn zu gegangen war. Er wusste noch nicht wie, aber er würde sich dringend dafür erkenntlich zeigen müssen. Fürs Erste versuchte er es mit einer erklärenden Entschuldigung: »Vielen Dank, Kwan, ich weiß deine Freundlichkeit sehr zu schätzen. Es tut mir leid, dass ich dich derart argwöhnisch behandelt habe. Aber glaube mir, wenn es in Frankfurt an der Apartmenttür klopft, sind es meistens penetrante Zeitschriftenverkäufer oder die Zeugen Jehovas. Letztere gibt es hier ja wohl nicht ... Jedenfalls bin ich es gewohnt, an der Wohnungstür extrem misstrauisch zu sein.«

GLAUBENSFRAGE

Doch, es gibt die Zeugen Jehovas auch in Neuseeland – es sind *Jehovah's Witnesses*. Sie versuchen in Neuseeland genauso wie in Deutschland (und sicher vielen anderen Ländern) mithilfe des Pamphlets *Der Wachtturm (The Watchtower)* die Leute von ihrer Religionsvariante zu überzeugen.

Kwan antwortete, als ob er nichts anderes erwartet hatte: »Schon gut, Peter – mach dir nichts draus, ich mache mir auch nichts draus. Ich habe ohnehin ein dickes Fell: Auch hier im liberalen, weltoffenen Einwanderungsland *Aotearoa* bekomme ich fast täglich die Vorbehalte gegen asiatische Mitbürger zu spüren.«

»Moment Kwan, so war das wirklich nicht gemeint. Das hatte nichts mit deiner Herkunft zu tun. Ich gehe auch sehr gerne in asiatische

Lokale ... äh ... wirklich ...« Peter wusste sofort, dass ihm diese Antwort gründlich misslungen war.

Aus einer gewissen Spannung heraus sahen sich beide ein paar Sekunden lang fest in die Augen, bevor sie plötzlich völlig synchron über sich und ihr »Problem« herzlich lachen mussten.

Der Malaysier und der Deutsche beteuerten gegenseitig, dass sie sich auf die gemeinsame Zeit in dieser Fast-Wohngemeinschaft freuten, und als sie noch schnell ihre Mobilnummern austauschen wollten, fiel Peter ein, dass er sich baldmöglichst eine neuseeländische SIM-Karte besorgen musste.

Bevor sich Kwan kurz darauf wieder höflich von Peter verabschiedete, erwähnte er noch in einem Nebensatz, dass er Student der Medizin in einem fortgeschritten Semester sei. Das gefiel Peter, der ansatzweise an Hypochondrie litt, ausgesprochen gut und er empfand es als ein beruhigendes Gefühl, einen angehenden Arzt im Anbau nebenan zu wissen – nur für alle Fälle versteht sich, man kann ja nie wissen ...

Peter sah, wie Kwan zurück in die *flat* ging und ihm nochmals zuwinkte, bevor er die Tür hinter sich schloss.

Peter Obland war nicht unzufrieden mit dem bisherigen Verlauf seines Ankunftstages in Neuseeland, aber das latent schlechte Gewissen gegenüber Kwan Yeoh beschäftigte ihn noch eine ganze Weile, während er den Plastikbehälter mit dem indonesischen Reis- und Schnitzelgericht in den Kühlschrank stellen wollte.

Er scannte die Küche mit den Augen ab und kam zu dem Ergebnis, dass es sich bei Malcolms Kühlschrank um ein mannshohes, silbern glänzendes Monstrum mit Flügeltüren handeln musste, das mindestens das vierfache Volumen seines ebenfalls nicht gerade kleinen Kühlschranks in der Frankfurter Wohnung hatte. Als Peter den *fridge* (*refrigerator*, Kühlschrank) öffnete, wartete hinter den dicken Türen bereits die nächste Überraschung auf ihn.

Der Kühlschrank war praktisch bis zum Maximum gefüllt, größtenteils mit sorgfältig platzierten Bier- und Weinflaschen, und das grob geschätzt restliche Drittel mit Lebensmitteln aller, jedoch überwiegend der schnellen Art – *instant meals* (Fertiggerichte) über und über. Er hatte Mühe, noch einen Platz für Kwans Plastikdose zu finden.

Peter Obland fühlte sich überwältigt, irritiert und beschämt zugleich – aber es war kein wirklich schlechtes Gefühl. Er ließ sich auf Ektorp fallen, nahm das Telefon und wählte Riqis Nummer.

Was man kritisieren könnte ...

Ein taffer Einstand ist oft fruchtbarer als ein sanfter.

Peter fühlte sich verständlicherweise durch Riqis unerwartet flotten Abgang irritiert. Als Neuankömmling hatte er eine ausführliche Hausübergabe und eine gründliche Einweisung in seine Tätigkeit als *house sitter* erwartet. Solche Erwartungen darf man getrost weit herunter schrauben. Neuseeländer neigen bei Instruktionen aller Art grundsätzlich zur starken Vereinfachung und sind vor allem schnell damit fertig. »*Make yourself at home!* – Fühl dich wie zu Hause!« ist nach der Schlüsselübergabe oft die einzige Anweisung bei der Überlassung eines Hauses.

Auch sollte man sich nicht über die plötzliche Verabschiedung eines neuseeländischen Bekannten oder Freundes wundern – und sie vor allem nicht als Unhöflichkeit betrachten. Kiwis ziehen sich (meist begleitet von den Floskeln »*I'm off!*«, »*I'm out of here!*« oder »*Bye-bye for now!*«) oft überraschend schnell und ohne lange Abschiedsprozedur zurück.

Ganz sicher wäre es Peter auch mehr als recht gewesen, wenn ihm Riqi konkret gesagt hätte, dass es Mitbewohner im Anbau des Hauses gab, als diese Tatsache nur geheimnisvoll anzudeuten. Prompt reagierte der ahnungslose, aus dem Spontanschlaf geschreckte *house sitting rookie* (Neuling, Anfänger) mit übergroßem Misstrauen seinem *flat mate* Kwan gegenüber und ließ ihn viel von seinem Frankfurter Charme spüren.

Günstigerweise hatte der Malaysier genügend Geduld und Humor mitgebracht, um Peters Gesinnungsprüfung bis zum guten Schluss über sich ergehen zu lassen.

6

NEULAND NEUSEELAND

DER SPRUNG INS KALTE WASSER

»Gutten Tagg, Herr Obland.«

Noch bevor Peter sich melden konnte, hörte er bereits nach dem zweiten Signalton Riqis Begrüßung in klarem Deutsch, wenn auch etwas zu stark akzentuiert. »Aha, du hast wohl mit meinem baldigen Anruf, wenn nicht sogar Notruf, gerechnet!?«

»Richtig, Peter. Ich weiß sogar, was du mich gleich fragen wirst.«

»Der *Duke of Funk* scheint unter die Hellseher gegangen zu sein. Na gut, es ist jedenfalls spannend. Dann gib mir doch mal die Antworten auf meine ungestellten Fragen!«

»*No problem at all, here we are!* Erstens: Es wohnen zwei Studenten in der *self-contained flat* (separate, autarke Wohnung im oder beim Haupthaus), Kwan, der künftige Mediziner, und meine *cuz* Aroha, sie studiert auch irgendetwas und arbeitet nebenbei bei Briscoes an der Ladenkasse. Beide sind sehr nett. Ich nehme an, Kwan hat sich schon bemerkbar gemacht – er ist sehr kontaktfreudig.«

PORZELLANLADEN

Briscoes ist Neuseelands größte Kette von Einzelhandelsgeschäften für Haushaltswaren mit landesweit mehr als 50 Verkaufsstellen; man firmiert als »Briscoes Homeware, Living & Giving«.

»Ja, das hat er. Kwan ist wirklich sehr nett.«

»Zweitens: Die beiden haben nichts miteinander, und ich habe nichts mit Aroha, obwohl sie natürlich nicht meine wirkliche Cousine, sondern die Ziehtochter meiner Tante Turia ist. Drittens: Der komplette Inhalt von Malcolms beinahe begehbarem *fridge* ist ausschließlich für dich bestimmt. Die Verpflegung ist ja ein Teil des *house sitting deals*. Du wirst allerdings nicht vertragsbrüchig, falls du die feinen und vor allem flüssigen Sachen mit einem Freund teilen möchtest – ich wiederhole: mit einem Freund teilen möchtest. So, das dürften wohl die wichtigsten Punkte gewesen sein. *Oh, hang on* (warte mal, bleib mal dran) – viertens: Eine SIM-Karte für dein *cellphone* bekommst du oben in der Lake Road. Ich denke, der nächste Vodafone- oder Telecom-Laden ist bequem zu Fuß erreichbar.«

HANDGURKE

Telecom, Vodafone und 2 Degrees sind die großen Mobilfunkanbieter in Neuseeland. Es gibt außerdem noch O2 und Skinny.

»Hmm... nicht schlecht, Riqi – ich bin beeindruckt. Kwan hat mir übrigens ein Begrüßungsgeschenk überreicht. Du kommst nicht drauf, was es ist.«

»Es ist eine Schale mit *malaysian style fried rice* – den bringt er auf jede Party mit – schmeckt übrigens hervorragend. Ich schlage vor, du machst dir den Reis heiß, und wenn du gegessen hast, nimmst du den Wagen aus der Garage und kommst zu mir. Der Schlüssel liegt im Kühlschrank, oben im Eisfach. Ich beschreibe dir jetzt den Weg nach Northcote ...«

»Langsam, Riqi, langsam. Ich bin vorhin schon in Ektorp eingenickt ...«

»Wer oder was ist denn Ektorp?«

»Der Sessel. Der Sessel heißt Ektorp. Er ist von IKEA, das habe ich zufällig herausgefunden. Also, was ich sagen will ist, dass der Jetlag wohl doch seinen Tribut fordert. In diesem Zustand möchte ich mich besser nicht in euren Straßenverkehr stürzen, zumal ja alle auf der falschen Seite fahren, du verstehst mich? Ich lasse es besser hier ausklingen und werde mich wohl demnächst aufs Ohr legen – ich bin ja ohnehin der deutschen Zeit jetzt um einen Tag voraus.«

»*Fair enough!* – In Ordnung, schön und gut, nichts dagegen! Aber vergiss nicht – du bist jetzt in Down Under, hier ist alles anders. Nicht nur der Straßenverkehr. *See you later!*«

Peter wurde von einem lauten, prasselnden Geräusch geweckt. Er sah auf die Uhr und es bedurfte keiner komplizierten Berechnung, um festzustellen, dass er exakt zwölf Stunden tief und fest geschlafen hatte. Peter fühlte sich fit und konnte sich nun der Ursachenforschung für das heftige Dröhnen im Haus widmen. Auch hier war das Resultat schnell ermittelt: es regnete wolkenbruchartig und die dicken Tropfen erzeugten auf dem Blechdach ein wahres Trommelfeuer, was Peter zwar wunderte – immerhin war gestern, am Tag seiner Ankunft, keine einzige Wolke am Kiwihimmel zu sehen –, ihn aber bis auf den Lärm nicht weiter störte. Er streckte sich übertrieben entspannt und machte sich auf in Richtung Dusche.

Das Duschgel schäumte in Auckland North Shore City mindestens doppelt so stark wie in Frankfurt-Westend. Peter kalauerte in Gedanken, wie derart weiches Wasser ein solch hartes Prasseln auf dem Hausdach erzeugen konnte. Er ließ sich Zeit im Badezimmer, immerhin war ein klassischer Dreitagebart zu entfernen, und nahm sich vor, anschließend Riqi anzurufen und ihn nach der Möglichkeit eines gemeinsamen späten Frühstücks oder sogar Mittagessens zu fragen – es ging schon auf elf Uhr zu.

Nachdem sich Peter zwischen Körperpflege und Ankleiden, quasi nebenbei, einen Pulverkaffee aufgebrüht und sich an die große gläserne Schiebetür zum *deck* gestellt hatte, erwartete er eigentlich, dass ihn nun die helle Neuseelandsonne aufwärmen würde. Aber es war kühl im Haus, der Starkregen war immer noch nicht schwächer geworden, und der dichte Vorhang des Niederschlags verhinderte den Blick auf Rangitoto. Peter ließ sich auf Ektorp sinken und griff nach dem Telefon, um Riqis Nummer zu wählen, als er im Augenwinkel plötzlich etwas Dunkles an der Zimmerdecke wahrnahm, das dort bestimmt nicht hingehörte. Peter legte das Telefon weg, stand auf und sah nach oben: Das Dunkle war doch tatsächlich eine nasse Stelle an der Decke, sie war so nass, dass sich bereits einzelne Tropfen ablösten und auf den lackierten Holzboden fielen, wo natürlich sofort eine kleine Pfütze entstand.

»Das fängt ja gut an«, dachte Peter, der sich als offiziell engagierter *house sitter* verantwortlich für das Geschehen im und am Haus fühlte – oder besser: fühlen musste. Er begann, die anderen Räume auf Undichtigkeit zu inspizieren, während der Regen weiterhin eine monotone Geräuschkulisse bildete. Es sah beunruhigend aus: nicht nur im Wohnbereich, auch in den anderen Räumen waren einige Bereiche der Decken, aber auch der Wände sichtbar feucht. Peter erinnerte sich an den länger zurückliegenden Wasserschaden in seiner Frankfurter Apartmentanlage und den Rat eines Sachverständigen, in solchen Fällen immer auch Kleider und Wäsche zu überprüfen. Ein kurzer Check der Schränke führte zum Ergebnis, dass alles muffig roch.

»Das kann doch nicht von diesem einen Schauer herrühren!«, murmelte Peter vor sich hin, als er schließlich durch den inzwischen leicht nachlassenden Regen übers *deck* hinüber zu Kwan und Arohas *flat* rannte, um sich ein Bild von der dortigen Situation zu machen. Er erwog die Feuerwehr anzurufen, falls überflutete Teile des Hauses ausgepumpt werden müssten.

Die Tür zur *flat* war nicht verschlossen; Peter vergaß in seiner Hektik anzuklopfen und trat einfach ein. Kwan saß ruhig vor seinem Computer, auf dem Monitor waren irgendwelche bunten Modelle von Molekülketten zu sehen. Das wilde Wetter draußen schien den studierenden Malaysier wenig zu stören, genauso wenig wie die Tatsache, dass Peter ohne jegliche Vorwarnung in die Wohnung geplatzt war. Peter sagte: »Entschuldige bitte, Kwan, aber drüben im Haus hat es durch den Platzregen Wasserschäden gegeben. Ich fühle mich verantwortlich und möchte nur kurz sehen, ob hier im Anbau auch Nässe eindringt. Nochmals sorry! Welche Nummer hat eigentlich die Feuerwehr?«

TRIPLE ONE

Auch für die Feuerwehr *(fire service)* gilt in Neuseeland die allgemeine Notrufnummer 111 *emergency call).*

Die schnelle Inspektion ergab: feuchte Stellen an der Decke auch in Kwans Arbeitszimmer. »Das ist wirklich nichts Neues«, kommentierte der Student den Fund, »das war vor ein paar Monaten schon einmal so. Die Nässe ist schnell wieder abgetrocknet, und so wird es auch dieses Mal sein. Übrigens scheint draußen schon wieder die Sonne.«

Tatsächlich hatte der Regen wie auf Knopfdruck aufgehört und das Trommeln auf dem Blechdach war mit ihm verschwunden.

»Lässt du mich mal kurz einen Blick in die anderen Zimmer der *flat* werfen – nur der Vollständigkeit halber, verstehst du!? Und natürlich nur, wenn dein *flat-mate* Aroha nichts dagegen hat.«

»Du kannst sie gleich selbst fragen. Ich sehe sie gerade aus dem Auto steigen, sie wird jeden Moment in der Tür erscheinen.«

Keine zehn Sekunden später stand eine fröhliche junge Frau vor Peter und sagte: »*Hi there!* – Na du! Na ihr! Ich bin Aroha. Und du musst Peter aus Deutschland sein. *How are you?*«

Arohas direkte Art war Peter nicht unangenehm, und so konnte er ohne Umschweife sein Anliegen ansprechen, was wiederum für Aroha nicht das geringste Problem war. Sie führte ihn schnellen Schrittes durch die anderen Räume, während sich Kwan wieder seinen Studien widmete. Peter war erleichtert, dass er außer in Kwans Raum keine weiteren Anzeichen für eingedrungenes Wasser feststellen konnte, was er darauf zurückführte, dass der Anbau um einiges neuer sein musste als das Haupthaus.

Peter ging übers *deck* zurück und überlegte die Alternativen: Kwans Vorschlag aufgreifen und auf trockene Zeiten warten? Unmöglich. Die Feuerwehr anrufen? Vielleicht noch nicht in diesem Stadium. Dennoch musste etwas geschehen! Durch seinen Kopf rasten Gedankenfetzen wie ›Schadensmeldepflicht‹, ›Unterlassung‹, ›Teilschuld‹ und andere beunruhigende juristische Begriffe. Sollte er versuchen, Malcolm in London zu erreichen, um mit ihm die Lage zu besprechen? Er verwarf die Idee, aber seine Sorgen blieben bestehen.

›Falls ein zweiter Schauer die gleiche Ladung Regen bringt, dann habe ich ein wirklich ernstes Problem‹, dachte er vor sich hin, während er einen Eimer oder ein sonstwie geeignetes Gefäß suchte, um wenigstens dort, wo es von der Decke tropfte, die Ausweitung des Schadens zu verhindern. In der Küche, wo er glaubte, am ehesten fündig zu werden, fand er nichts dergleichen. Bei der weiteren Suche betrat er schließlich die Garage, die nur durch einen kleinen Zwischen-raum vom Haus getrennt war.

Für einen Moment war seine Nervosität wie ausgeblendet: Peter stand in einem fast fünfzig Quadratmeter großen Miniuniversum. Diese Garage war eine faszinierende Kombination aus Holzlager, Werkstatt, Stauraum, Waschküche, Bier- und Weinkeller, Bootshaus (mit einer unterm First hängenden Optimisten-Jolle) und Automu-seum – unter einer Plane stand inmitten dieses kunterbunten Arsenals ein verwitterter Geländewagen vom Typ »Trekka«. Doch Peter konnte sich nicht mit langen Betrachtungen der üppigen Szenerie aufhalten. Es roch auch hier etwas modrig. Wasser sammelte sich in Pfützchen auf dem Boden. Natürlich war ein Eimer in diesem Allzweckgeräte-magazin schnell gefunden.

QUERFELDEIN

Der *Trekka* ist ein Geländewagen, der von 1966 bis 1973 in Neu-seeland gebaut wurde. Er ist überhaupt das einzige Auto, das je in diesem Land produziert wurde. Motor und Getriebe stammten von Skoda. Es gab zwei Ausführungen des Fahrzeugs, eine mit 1.000 ccm Hubraum und 42 PS Leistung sowie eine mit 1.200 ccm und 47 PS. Der Wagen wurde in Versionen mit geschlossener Kabine und als Pickup produziert. Mit einiger Fantasie erinnert die Form ganz ent-fernt an einen Landrover, konnte jedoch dessen Fahrleistungen nicht einmal annähernd erreichen.

Immerhin 2.500 Exemplare des Trekka wurden hergestellt und einige davon nach Australien und Indonesien exportiert.

Der Trekka zählt ganz klar zu den großen technischen Ikonen des Landes und ist das Sinnbild der sogenannten »*Kiwi-can-do*-Haltung« im Neuseeland der Sechziger Jahre.

Peter platzierte den Eimer unter der triefenden Stelle im Wohnzim-mer und stellte bald halbwegs zufrieden fest, dass der Takt, in dem die Tropfen im Gefäß aufschlugen, allmählich langsamer wurde. Draußen war inzwischen keine Wolke mehr am Himmel zu sehen.

VIER JAHRESZEITEN

Aucklands Einwohner verstehen unter dem typischen Auckland Wetter *(typical Auckland weather)* eine Wetterlage, die man am besten als »durchwachsen« beschreibt: Es herrscht klare Sicht mit vielen schneeweißen, aber riesigen Cumuluswolken vor tiefblauem Himmel, von denen sich hin und wieder eine gewaltig auftürmt und in einem starken Schauer entlädt; es ist die Rückseite einer nachts zuvor durchgezogenen Kaltfront. Das sieht zusammen mit dem dunkelgrünen Meer fantastisch aus.

Peter wischte, so gut es ging, Decken und Wände mit einem Wischmopp und ein paar Tüchern ab. Kwan kam kurz herein und bedankte sich für Peters Einsatz, auch in Arohas Namen. »*No worries!* – Keine Ursache! Gern geschehen! Kein Problem! Ihr seid beide übrigens ausgesprochen freundlich«, rief Peter, der sich nun langsam wieder entspannte.

Dann lief er nochmals durch alle Räume und rückte einige Schränke und Kommoden eine Handbreit von den Wänden weg. Die Luft sollte zirkulieren können. Mehr konnte er wirklich nicht tun. Bis er nun endlich Riqis Nummer wählen konnte, zeigte der Blick auf die Uhr fünf vor zwölf.

»Hoffentlich ist diese Uhrzeit nicht im übertragenen Sinne zu verstehen«, murmelte Peter, als er bereits Riqis Stimme im Telefon hörte.

Riqi war bester Laune: »*Heya bro!* Hast du deinen Jetlag kuriert? Der Uhrzeit nach zu urteilen, hast du lange und hoffentlich auch gut geschlafen. *Don't get me wrong* – versteh' mich nicht falsch –, das wäre ja auch ein gutes Zeichen dafür, dass dich dein neuer Job nicht überfordert.«

Peter lachte und erzählte sofort, welchen abenteuerlichen Arbeitseinsatz er gerade hinter sich gebracht hatte, und fragte Riqi, was er an seiner Stelle getan hätte.

»Weißt du, Peter, als Kiwi und Maori kann ich ganz klar sagen, dass ich den praktischen Teil der Aktion genauso abgewickelt hätte. Aber die vielen Sorgen und Gewissensbisse – die hätte ich mir auf keinen Fall gemacht. *That's for sure!* – So viel ist sicher! Das steht fest!«

Anschließend erfuhr Peter von Riqi, dass Malcolms Haus eines von knapp 90.000 undichten Gebäuden, *leaky buildings,* in Neuseeland ist, was man wie eine unheilbare Krankheit der Bauten betrachten könnte. Er brachte das feuchte Problem auf den Punkt: »Malcolm hat, soviel ich weiß, im letzten Jahr rund 30.000 Dollar in Ausbesserungsarbeiten investiert, was aber nur wenig gebracht hat. Wenn er Pech hat, wird er in einigen Jahren das Haus abreißen und neu aufbauen müssen, so gut es auf den ersten Blick auch dasteht.«

STETER TROPFEN

Neuseeland hat ein sehr ernst zu nehmendes Problem mit *leaky buildings.* Undichte Häuser und Wohnungen, aber auch Firmengebäude und selbst Hochhäuser sind epidemisch. Eine Studie der Otago University stellt fest, dass Wasser und Feuchtigkeit in 75 Prozent aller Wohnhäuser Neuseelands dringt.

Daraus folgt im nächsten Schritt, dass 38 Prozent der feuchten Wohnungen Schimmel- und Fäulnisbefall zeigen, woraus sich wiederum für die Bewohner eine fünfzigprozentige Wahrscheinlichkeit ergibt, von Atemwegskrankheiten befallen zu werden.

Es ist müßig, auf dieses Phänomen näher einzugehen, die Ursachen zu suchen oder abzuwägen, was dagegen getan werden könnte. Man muss die Fakten akzeptieren, wie sie sind. Wer das Pech hat, in einem *leaky building* zu wohnen, kann als Mieter immerhin jederzeit ausziehen. Das echte Problem hat tatsächlich der Eigentümer, dessen Gebäude unaufhaltsam verrottet, bis nur noch der Grundstückswert übrig bleibt.

Das Stadtparlament von North Shore City hat den aktuellen Gesamtschaden der verfaulenden Häuser auf landesweit mindestens zwei Milliarden Dollar beziffert.

Da es keine Versicherung für *leaky buildings* gibt, und auch die Bauunternehmer, die die betroffenen Häuser möglicherweise schlampig errichtet haben, nicht in Regress genommen werden können, bleibt den Gebäudebesitzern nur die Chance einer staatlichen Finanzie-

Während Riqi ihm die Problematik der undichten Häuser erklärte, ließ Peter den Blick über die Wände und Decken wandern und fand es geradezu ironisch, dass neben der nassesten Stelle an der Decke ausgerechnet ein Rauchmelder installiert war. Immerhin war er froh, dass die Tropfenbildung mittlerweile zum Erliegen gekommen war.

Riqi sagte: »Peter, ich glaube es ist höchste Zeit, dass du auf andere Gedanken kommst. Kaum bist du in Neuseeland angekommen, wirst du schon mit dem Problem Nummer eins der Hausbesitzer konfrontiert – das reicht erst mal für den Anfang. Sag mal, möchtest du nicht mit Malcolms Ute zu mir nach Birkenhead kommen? Wir könnten irgendwo zum *lunch break* (Mittagspause) hingehen.«

»Mit wem soll ich zu dir kommen?«

»Mit Malcolms Ute. Das wäre doch ideal.«

»Malcolms Ute? Ich verstehe nicht richtig. Wohnt sie etwa auch hier im Haus?«

Riqi ahnte, dass Peter *lost in translation* (in der Übersetzung falsch rüberkommen, in der Übersetzung verloren gehen) war und schmunzelte; er musste ein aufkommendes Lachen unterdrücken.

Nach einer kurzen Pause, in der er sich entschlossen hatte, Peter ein wenig aufs Glatteis zu führen, antwortete er: »Malcolms Ute wohnt tatsächlich im Haus – sozusagen. Du solltest sie unbedingt kennenlernen. Sie ist eine wahre *black beauty* und wird dir sicher gefallen. Allerdings ist Vorsicht geboten, sie kann nämlich ganz schön laut und giftig werden.«

»Auch das noch! Ich verstehe nun gar nichts mehr. Riqi, *please speak plain English* – bitte drück' dich klar und deutlich aus – der Vormittag war schon stressig genug.«

Was man kritisieren könnte ...

Schon im Nibelungenlied war Ute ein wichtiger Name – immerhin hieß so die Mutter Kriemhilds, und noch heute will er in jedem Kreuz-

worträtsel waage- oder senkrecht eingetragen werden – nur in Neusee-
land ist wieder einmal alles anders.

Kein Kiwi denkt beim Namen Ute an ein weibliches Wesen, wohl
aber – je nach Betrachtungsweise – an etwas Erotisches im weitesten
Sinne: Ute ist schlicht und ergreifend die neuseeländische Bezeichnung für einen äußerst beliebten Fahrzeugtyp, das *utility vehicle!*
Solche Autos sind in anderen Teilen der Welt auch als *pickup (truck)*
oder *coupé utility* bekannt, wo die Kreuzung aus Personenwagen
und Transporter überwiegend als Nutzfahrzeug eingesetzt wird.

Das Ute gilt in NZ (und Australien) als echte Auto-Ikone. Das
Fahrzeug ist von vorne her wie eine klassische Limousine aufgebaut.
Nach den Vordersitzen allerdings geht die Kabine überraschenderweise fließend in die Ladepritsche eines Kleinlastwagens über. Diese Pritsche ist jedoch keinem besonderen Nutzen zugeordnet und
meist komplett mit einer Haube abgedeckt, in die der Designer
sportliche Sicken oder Rillen eingeformt hat. Unter dieser Haube
findet sich – kiwigerecht – genügend Platz für Angelzeug, *Boogie
Board* oder Golfschläger. Das gesamte Erscheinungsbild des Ute er-
weckt den Eindruck einer futuristischen Kreuzung aus schnittigem
Pkw vorne und flott gestyltem Lkw hinten – sehr stromlinienförmig,
sehr modern und sehr auffällig. Die führenden Marken sind natürlich Holden und Ford.

Eine kleine Anekdote zur Entstehung dieses Fahrzeugtyps (der
Ruhm gebührt in diesem Fall den *Aussies* (Spitzname für Australier):
Eine australische Farmersgattin soll einst den dringenden Wunsch
nach einem Fahrzeug geäußert haben, mit dem man sonntags zur
Kirche fahren und montags die Schweine zum Markt transportieren
kann. Dieser Wunsch soll angeblich Ford und Holden inspiriert haben, ihre ersten Ute-Modelle zu produzieren.

Heutzutage sind kirchliche und landwirtschaftliche Aspekte eher
in den Hintergrund getreten, und viele Kiwis sehen ihre Ute mit den
schwungvollen Formen und der unbändigen Kraft als rare Schönheit, mit der man sich gerne schmückt und sehen lässt.

Übrigens: Peters Idee, sich eine SIM-Karte für sein Handy zu besorgen, macht Sinn. Es empfiehlt sich dabei der Kauf einer Prepaid-
karte. Man lädt lediglich so viel Guthaben auf, wie man braucht, und
muss sich keine Gedanken um Kündigungsfristen oder Vertragslauf-

zeiten machen. Das Aufladen geht ganz einfach an jedem Kiosk, im Einkaufsmarkt, aber auch im Internet oder per Anruf mit Kreditkarte.

Auch Anrufe nach Deutschland sind damit möglich und einigermaßen erschwinglich. Für den Kontakt zur Heimat gibt es natürlich auch die besonders preisgünstige Variante via Skype. Neuseelandreisende ohne eigenen Laptop finden genügend Internetcafés und in Bibliotheken ist die Nutzung des World-Wide-Webs meist kostenlos.

Grundsätzlich sind die Mobilfunknetze in Neuseeland gut ausgebaut. Es gibt aber noch ein paar Lücken in den dünn besiedelten Gebieten, vor allem auf der Südinsel. Dennoch ist ein teures Satellitentelefon nur dann vonnöten, wenn man beispielsweise aus geschäftlichen Gründen wirklich immer und überall erreichbar sein muss.

Hinweis: Auch hier in Neuseeland ist das Telefonieren mit dem Handy während des Autofahrens verboten. Die Benutzung einer Freisprecheinrichtung ist erlaubt, aber der Anruf aus dem fahrenden Auto bleibt für den Novizen des Linksverkehrs dennoch riskant.

Eher unbeabsichtigt durfte sich Peter schon kurz nach seiner Ankunft als Schaumschläger beweisen. Das Leitungswasser ist in Neuseeland tatsächlich auffallend weich und Seife oder Duschgel schäumen viel stärker, als man es aus Mitteleuropa gewohnt ist. Die geringe Wasserhärte macht sich dementsprechend positiv durch geringe Verkalkung bei Kaffeemaschinen, Waschmaschinen und Rohrleitungen bemerkbar.

Peters erste Bekanntschaft mit dem Mikrokosmos einer neuseeländischen Garage ist beileibe kein Zu- oder Einzelfall. Man wird lange suchen müssen, bis man hierzulande eine Garage findet, die ausschließlich den Zweck der Autobehausung erfüllt. Kiwi-Garagen sind in erster Linie Werkstatt, Materiallager, Antiquitätenmagazin und vieles mehr, in jedem Fall aber immer *man cave* (Männerhöhle).

Die klassische Neuseelandgarage bietet zumindest theoretisch Platz für zwei Autos und steht separat bzw. ist ans Haupthaus angebaut. Nicht selten wird die Garage zum Wohnraum umfunktioniert und die Fahrzeuge kurzerhand ins Freie verbannt.

In Zeiten der ständig steigenden Grundstückpreise werden Garagen mittlerweile immer öfter vollständig ins Wohnhaus integriert, was leider viel von der traditionellen Männerhöhlenromantik nimmt.

7

DIE EIGENEN VIER RÄDER

AUGEN AUF BEIM AUTOKAUF

Riqi wusste, das er dem ziemlich irritierten Peter nun eine Erklärung schuldig war: »Sei mir nicht böse, Peter, aber ich habe dich natürlich ein bisschen auf den Arm genommen.«

»Hab ich's mir doch gedacht!«

»Sorry, aber die Verlockung war einfach zu groß. Also gut – schau' mal in die Garage, dort steht Malcolms Ute. Es ist eine glänzende Schönheit. Mit V8-Motor. Der Schlüssel liegt im Tiefkühlfach des Kühlschranks.«

Mit dem Telefon in der Hand lief Peter in die Garage, und da er dieses Mal keinen Eimer suchte und sich seine Nervosität weitgehend gelegt hatte, war das Rätsel um Malcolms Ute auch schon auf den ersten Blick gelöst.

»Ich muss sagen, Riqi, du hast mich mit deiner Beschreibung dieser *black beauty* ganz ordentlich an der Nase herumgeführt: Ich musste ja annehmen, dass es sich um ein weibliches Wesen handelt.«

»Das hab' ich schon gemerkt. Ich kann mir allerdings immer noch nicht zusammenreimen, warum du so auf die Damenwelt fixiert warst.«

»Ganz einfach: Ute ist ein typischer germanischer Frauenname. Kein Deutscher denkt dabei an ein Auto. Fahrzeuge dieser Art nennt man in Deutschland »Pickup«.«

»Diesen Begriff kennen wir auch, aber bei uns sagt jeder Ute. Das Ute von Holden ist eine echte Ikone.«

»Übrigens: Holden hört sich im Deutschen auch gut an, Ute Holden würde glatt als Künstlername durchgehen.«

»Dein Humor gefällt mir. Aber zurück zum Thema – kommst du nun mit Malcolms Ute zu mir oder nicht?«

Peter besah sich den Holden prüfend von allen Seiten, während Riqi am anderen Ende der Leitung auf eine Antwort wartete. Schließlich traf er eine Entscheidung: »Sorry Riqi, aber ich glaube, ich muss passen!«

»Warum das denn?! Seid ihr Deutschen nicht die geborenen Autofahrer schlechthin? Schuhmacher, Vettel, Lauda. Und überhaupt – ihr habt doch das Auto erfunden, nicht wahr?«

»Nicki Lauda ist Österreicher.«

»Ah, okay, knapp daneben. Aber sag mal, so viel ich weiß, hattest du doch einen Audi in Frankfurt?«

»Ja, richtig. Und wenn du's genau wissen willst: Ich hatte sie fast alle – die großen Marken der Autowelt. Aber ganz ehrlich – meiner Ansicht nach stehe ich hier vor einem ziemlich ungewöhnlichen Fahrzeug in perfektem Zustand und geschätzten 200 PS unter der Haube. Ausgerechnet damit soll ich mich auf meine erste Fahrt auf der falschen Straßenseite durch den wuseligen Verkehr von Auckland begeben? *Malcolm would not feel happy about it* – Malcom wäre darüber nicht erfreut. Nein danke, von dieser Ute lasse ich wohl besser die Finger ...«

Riqi war im Grunde genommen nicht überrascht: »Das kann ich natürlich verstehen. Also pass mal auf: Ich hole dich in zehn Minuten ab, wir holen uns *fish 'n' chips* (Bratfisch und Pommes Frites) als *take-away* (zum Mitnehmen), halten für den *lunch break* am Strand und gehen anschließend wir für dich ein passendes Auto kaufen ...«

»Natürlich, und danach kaufen wir mir noch ein neues Haus – Malcoms ist ja nachweislich undicht ...«, scherzte Peter.

»Ich mein's ernst. Wir kaufen dir was schönes Kleines zum Top-Kurs – du kannst es ja vor deiner Abreise wieder veräußern und wirst kaum Verlust machen, *I promise.*«

Peter kam ins Grübeln. »Ach, weißt du was – so machen wir das. Ich bin hier für das ungebremste Abenteuer, warum also nicht einfach mal spontan ein Auto kaufen – ich hab ja schließlich vor, eine ganze Weile in deinem Land zu bleiben. Mit ein bisschen Glück könnte sich die Ausgabe wirklich rechnen.«

»So mag ich meinen Peter. Halt dich bereit, ich bin gleich bei dir ...«

SELBSTFAHRER

Riqis Vorschlag, ein Auto zu kaufen, macht durchaus Sinn. Wer wie Peter vorhat, länger als nur wenige Wochen in Neuseeland zu bleiben, fährt im Vergleich zum Leihwagen mit dem Erwerb eines Gebrauchtwagens nicht nur billiger, sondern ist damit außerdem flexibler. Natürlich besteht auch an öffentlichen Transportmitteln kein Mangel – mit Bus, Bahn (je nach Region), Taxi und Fähre erreicht man mit etwas Geduld praktisch jeden beliebigen Punkt Neuseelands. Dennoch bietet der Individualverkehr klare Vorteile, wenn es darum geht, spontan zum nächsten Strand abzubiegen, sehenswerte Stellen, die meistens recht isoliert liegen, anzusteuern oder ganz allgemein quer durchs Kiwiland zu touren.

Erschwingliche Gebrauchtwagen aller Art werden von privaten Verkäufern und gewerblichen Händlern buchstäblich an jeder Ecke angeboten. Die Kaufabwicklung ist unkompliziert, Versicherungen sind günstig und der Wiederverkauf am Ende der Reise gelingt in den meisten Fällen problemlos.

Während sie am Beach von Takapuna saßen und ihre *fish 'n' chips* verspeisten, erfuhr Peter von Riqi, dass er nach seiner Schulzeit eine Ausbildung als Automechaniker begonnen hatte. Obwohl Riqi bereits im Vorschulalter ein starkes musikalisches Interesse und Talent erkennen ließ und auch schon im Alter von sieben Jahren bei Familienfesten mit der Gitarre auftrat und sang, hatte sein Vater darauf gedrängt, dass Riqi einen soliden Beruf erlernen sollte. Ohne Widerrede den Anordnungen seines *old man* (alter Herr, Vater) folgend, entschied er sich für die Fahrzeugbranche, weil er sich, wie die meisten Jungen im Schulalter, auch für flotte Autos interessierte, allerdings mit großem Abstand zur Musik.

Riqi kannte ein paar Autohändler an der North Shore und sein Plan war, ein paar davon zusammen mit Peter abzuklappern. Unterwegs fiel Peter auf, dass es relativ oft Bereiche am Straßenrand gab, wo zwei, drei oder noch mehr Autos mit, meist handgemalten, »*For Sale*«-Schildern hinter der Scheibe standen. Er hätte sicher sehr schnell und spontan einen Wagen gefunden, denn außer japanischen und koreanischen Massenprodukten waren da und dort auch Fahrzeuge europäischer Hersteller zu sehr günstigen Preisen zu sehen. Riqi aber bremste Peter im wahrsten Sinne des Wortes herunter und war überzeugt, bei einem guten Händler die besseren Angebote zu finden.

Peter hatte vorab ein paar administrative Fragen: »Wie geht das eigentlich mit dem Besitzerwechsel, wenn ich mich für ein Auto entschieden habe? Kriege ich dann gleich den Fahrzeugbrief ausgehändigt, wenn ich bezahlt habe? Und habt ihr hier so etwas wie einen TÜV?«

BETTER SAFE THAN SORRY! – VORSICHT IST BESSER ALS NACHSICHT!

Der neuseeländische TÜV heißt *WOF*. Es ist die *warrant of fitness,* die Gewähr der Straßentauglichkeit. Für ältere Fahrzeuge bis Baujahr 1999 muss die Untersuchung zur *WOF* alle sechs Monate durchgeführt werden. Ab dem Baujahr 2000 gilt ein jährliches Intervall. Bei bestandener Überprüfung gibt es ein Prüfzertifikat und einen Aufkle-

»Langsam, langsam, so weit sind wir doch noch gar nicht. Aber was meinst du mit Fahrzeugbrief? Das hört sich für mich seltsam an – bist du sicher, dass *vehicle letter* die richtige Übersetzung ist.«

»Sicher bin ich nicht wirklich – ich habe es auf die Schnelle wörtlich übertragen. In Deutschland gehört jedenfalls ein solcher Fahrzeugbrief zu jedem Auto – er ist ein Eigentumsnachweis. Das ist also das Dokument, in dem du als Besitzer eingetragen bist und in dem alle Vorbesitzer aufgelistet sind.«

»Okay, verstehe. Du meinst sicherlich das *vehicle registration document*. Das gibt es hier natürlich auch. Du bekommst es im *Post Shop*. Aber die Vorbesitzer stehen dort garantiert nicht drin. Wenn du wissen willst, aus der wievielten Hand ein Gebrauchtwagen stammt, dann musst du dich auf die Aussage des Verkäufers verlassen, sofern er es überhaupt weiß.«

Riqi zeigte mit der Hand schräg nach vorne. Dort, neben einer großen »Z«-Tankstelle, war ein Autohof zu erkennen; Strippen mit bunten Wimpeln markierten den gesamten Bereich des Händlers; es wirkte ein bisschen amerikanisch – wenigstens ein kleines bisschen.

TANKEN VON B BIS Z

Ein geschwungenes, gelb-orangefarbenes *Z* auf dunkelblauem Grund markiert die Tankstellen von Z Energy, vormals Shell. Shell veräußerte den neuseeländischen Unternehmensbereich Kraftstoffvertrieb im Jahr 2010. In der Folgezeit wurden alle Shell-Tankstellen einem sogenannten *rebranding* unterzogen und vom neuen Besitzer in *Z* umbenannt. Es gibt in Neuseeland außerdem Tankstellen von BP, Caltex, Challenge, Gull, Mobil und Pak'n Save.

Auf einer Stele waren drei ineinander verschlungene »A« zu sehen, sie standen für *Auckland Affordable Autos* – Peter fand das als Kreativer aus der Werbung sehr originell.

Nachdem sich Riqi und der Händler herzlich und ausführlich begrüßt hatten, kam der Autofachmann auf Peter zu und stellte sich als Mark vor; er war sehr groß, fast massig, hatte freundliche grüne Augen und war – so vermutete Peter – wie Riqi Maori. Der Autohändler sagte auf sympathische Art: »*I'm Mark*. Ich weiß, dass ich einen schlecht angesehenen Berufsstand repräsentiere. Umso mehr freue ich mich, dich als Freund von Riqi und als Interessenten meiner *second hand cars* begrüßen zu dürfen. *Welcome to triple-A!*«

DIE LISTE DER VERTRAUENSWÜRDIGSTEN BERUFE IN NEUSEELAND 2013 SIEHT SO AUS:

- *Paramedics* (Sanitäter)
- *Firefighters* (Feuerwehrleute)
- *Rescue volunteers* (Freiwillige Rettungskräfte)
- *Nurses* (Krankenschwestern)
- *Pilots* (Piloten)
- *Doctors* (Ärzte)
- *Pharmacists* (Apotheker)
- *Veterinarians* (Tierärzte)
- *Police* (Polizisten)
- *Armed Forces Personnel* (Armeeangehörige)

Die Schlusslichter sind:

- *CEOs* (Firmenbosse)
- *Call centre staff* (Telefonberater)
- *Airport baggage handlers* (Gepäckabfertiger)

- *Journalists* (Journalisten)

- *Real estate agents* (Immobilienmakler)

- *Insurance salespeople* (Versicherungsverkäufer)

- *Politicians* (Politiker)

- *Sex workers* (Prostituierte)

- *Car salespeople* (Autoverkäufer)

- *Door-to-door salespeople* (Drücker)

- *Telemarketers* (Telefonverkäufer)

Natürlich standen auf Marks Ausstellungsgelände Autos aller Fabrikate und Typen, die Peter Oblands Herz höher schlagen ließen, und wieder waren es die europäischen Modelle, von denen er sich besonders angezogen fühlte. Er und Riqi liefen durch die langen Reihen der Fahrzeuge bis sie – rein theoretisch zumindest – Peters Traumfahrzeug gefunden hatten: einen schicken Mini Cooper, rot mit weißem Dach. Zwei große, leuchtend gelbe Banner über der Windschutzscheibe nannten einige verlockende Kaufargumente: Baujahr, Hubraum, Getriebe – das hieß: sechs Jahre alt, 1.600 Kubikzentimeter, Automatik. Peter zeigte sich irritiert: »Keine Kilometerangabe, keine PS-Zahl, keine Verbrauchsangabe, keine Aufstellung der Vorbesitzer, kein Wartungsprotokoll, kein Schätzbericht, kein Unfallausschluss, keine Ausstattungsübersicht, keine Liste mit den Extras – Riqi, das ist schon arg dürftig, so sehr mich das Auto auch anspricht – da bin ich mehr Details gewohnt.«

Mark kam durch die langen Reihen der Fahrzeuge geeilt, blieb neben Peter, der gerade das Reifenprofil des Minis checkte, stehen und sagte: »Nur ein kleiner Tipp, den ich allen Kunden gebe, die neu im Lande sind: Falls du einen Wagen deutlich unter der 10.000 Dollar-Marke suchst, dann klammere besser mal die europäischen und amerikanischen Typen aus – du wirst dich sonst mit großer Wahrscheinlichkeit bald schon über die Kosten bei Wartung und Reparatur ärgern. Ich sage das übrigens nur, um meine persönliche Reputation hochzuhalten – gegen das miese Branchen-Ranking kann ich kaum etwas ausrichten.«

Und schon entschwand der Händler wieder, weil seine Sekretärin mit schriller Stimme und hoch in die Luft gehaltenem Telefon quer über den Autohof gerufen hatte.

Riqi sagte: »Jetzt weißt du, warum es gut ist, einen Autohändler des Vertrauens zu haben. Und jetzt schau mal auf den Preis des Mini!«

Auf der Windschutzscheibe des roten Mini klebten die Zahlen in weißen Buchstaben, die so groß waren, dass man sie eigentlich nicht übersehen konnte: »*Oops* – 12.000 Dollar! Das ist weit über meinem Budget. Fünftausend Dollar sind maximal drin. Lass' uns nach einem asiatischen Fabrikat Ausschau halten.«

Schließlich fanden die beiden ein Auto, das gut in Peters, nunmehr von Vernunft geprägtes Auswahlschema passte. Der kleine kompakte *hatchback* (Hecktürmodell, Steilheck) war japanischen Ursprungs und hatte immerhin seine kirschrote Farbe als Gemeinsamkeit zum geplatzten Mini-Traum.

Riqi mobilisierte seine Qualitäten als ehemals werdendem Automechaniker, schaute ausgiebig unter die Motorhaube, rüttelte an allen Anschlüssen, die er erreichen konnte, und nickte zufrieden. Der kleine rote Toyota stand als Billigauto wirklich gut da.

Peter dankte Riqi für die überaus fachmännische Inspektion und ging mit ihm in das Containerbüro des Händlers. Mark sagte, dass er den Wagen – natürlich – besten Gewissens empfehlen könnte: »Du kannst so ein Auto auch sehr gut wieder verkaufen, wenn dein *gap year* (Urlaubsjahr, Sabbatjahr) zu Ende ist. Frag mich, wenn es soweit ist – vielleicht kaufe ich es sogar zurück.«

Schließlich gab er noch einen kleinen, aber erfreulichen Preisnachlass und gewährte außerdem eine halbjährige Garantie auf mechanische Schäden. Peter kaufte den Wagen und war ein bisschen stolz darauf.

Was man kritisieren könnte ...

Auch am anderen Ende der Welt ist und bleibt das Auto des Deutschen liebstes Kind.

Vorauszuschicken ist ein Kiwispruch, der auch in die Werbung Einzug gehalten hat: *Driving is in our blood!* – Das Autofahren liegt uns im Blut!

Viele Neuseeländer haben zu Autos eine durchaus »menschliche« Beziehung: Sie sind vom Äußeren schnell begeistert, verlieben sich gern spontan, prüfen die inneren Qualitäten nur oberflächlich, fackeln nicht lange, das gute Stück an sich zu binden und benutzen es mit großer Freude – geraten aber bei der adäquaten Pflege schnell ins Hintertreffen. Irgendwann muss dann ein neues her, womit der Kreislauf von vorne beginnt. Soweit das (nicht völlig überzogene) Klischee.

Die Fakten: Der Verkauf von Gebrauchtwagen übertrifft den von Neufahrzeugen um ein Vielfaches. Regelmäßig legen in Auckland, Tauranga oder Christchurch Schiffe voller Gebrauchter aus Japan und anderen Ländern Asiens an, die alle an den Kiwi gebracht werden wollen. Die Dampfer mit den Neuen sind wesentlich seltener zu sehen.

Die Basis beim Kauf eines Gebrauchtwagens – von privat oder vom Händler – ist die Angabe von Baujahr, Hubraum, Getriebe und Preis. Mehr nicht!

Hier die kuriosen Kiwikaufkriterien:

- Die PS-Zahl interessiert den Neuseeländer viel weniger als den Deutschen. Neuseeländer leiten die Motorleistung über den Hubraum ab und haben die daraus resultierenden Fahreigenschaften, wie zum Beispiel Beschleunigung und Höchstgeschwindigkeit, sehr gut im Gespür.

- Der neuseeländische Gebrauchtwagenkunde möchte natürlich wissen, ob das Auto *auto(matic)* oder *manual* ist, also ob es ein Automatik- oder Schaltgetriebe hat. Von Hand zu schalten, gilt hierzulande als betont sportlich, aber das überwiegende Gros der Autokäufer bevorzugt ein automatisches Getriebe.

- Trotz vieler Recherchen konnte bis dato nicht schlüssig ermittelt werden, warum den Neuseeländern die Kilometerzahl – für einen Europäer unvorstellbar – nur am Rande interessiert. Die Laufleistung wird meist nur dann pauschal mit *low kilometers* (niedriger Kilometerstand) angepriesen, wenn der Wagen unter 50.000 Kilometer auf dem Buckel seiner Haube hat. Da die Kiwis selten mehr als 15.000 Kilometer pro Jahr unterwegs sind, scheinen sie wohl diese Zahl als Daumenmaß zu nehmen.

- Der Preis als Entscheidungshilfe versteht sich von selbst. Es gibt in diesem Zusammenhang einen weiteren Kiwispruch, der genannt werden sollte: *Cheap is best!* – Das Billigste ist das Beste! Trotzdem feilschen die Neuseeländer selten; um die Kaufentscheidung zu erleichtern, gibt der Händler manchmal von sich aus noch zwei gute gebrauchte Reifen, ein paar Fußmatten oder einen Ölwechsel als Bonus dazu.

- Kraftstoffverbrauchswerte werden praktisch nie angegeben und selten erfragt. Neuseeländer wissen, dass Geländewagen sehr durstig sind und Kleinwagen sehr sparsam. Beide Fahrzeugkategorien (*SUVs* und *city cars*) sind hier im Land äußerst beliebt. Auf Händler-Webseiten werden allerdings gelegentlich die ungefähren Jahresspritkosten als *fuel economy info* angegeben.

- Die Anzahl der Vorbesitzer kann pauschal als »Dunkelziffer« bezeichnet werden, denn nur die Hände, durch die das Auto in Neuseeland ging, werden registriert. Es gibt auch keinen Kraftfahrzeugbrief, wie wir ihn kennen. Bei allen importierten Gebrauchten weiß normalerweise niemand, wie viele Besitzer ein Wagen in seinem Ursprungsland hatte.

- Wartungsprotokoll, Kundendienstnachweis oder Servicescheckheft gibt es sehr selten. Nur bei relativ neuen, hochwertigen Autos, die als Neufahrzeuge nach Neuseeland kamen, darf man von regelmäßig durchgeführten Inspektionen ausgehen.

- Damit erscheint es fast müßig, Dinge wie Schätzbericht, Unfallausschluss und Sonstiges mehr erwarten zu wollen – und so ist es auch: Etwaige Vorschäden entdeckt man meistens erst später, wenn man das Auto einmal gründlich reinigt und feststellt, dass schon einmal nachlackiert wurde.

Es gibt allerdings eine Möglichkeit, das Fahrzeug vom Automobilverband Neuseelands *(AA)* prüfen und bewerten zu lassen – auf eigene Kosten versteht sich. Man erhält dann ein AA-Zertifikat, das unter Ausschluss jeglicher Gewähr bestätigt, dass der Wagen keine Unfallschäden aufweist und der Tachostand als original und unmanipuliert angesehen werden kann.

Zum Abschluss noch eine interessante Vorschrift zum Thema Reifenprofil: Die Reifen der aus Japan eingeführten Autos müssen zum Import mindestens 50 Prozent Profiltiefe aufweisen. Das sind ungefähr 4 bis 5 Millimeter Gummi. Das straßenverkehrsgesetzliche Minimum sind (theoretisch) 1,5 Millimeter Profiltiefe. Dennoch sieht man leider relativ häufig Autos mit nahezu glatten Pneus über Neuseelands Straßen fahren.

8 GESCHLOSSENE VERANSTALTUNG

PARTY-CRASHER UNERWÜNSCHT

Peter ging davon aus, dass er sein Auto frühestens am nächsten Tag vom Händler übernehmen konnte, aber Mark überraschte ihn mit der Information, dass Kauf und Besitzerwechsel an Ort und Stelle abgewickelt werden könnten und er den kleinen Roten anschließend gleich mitnehmen dürfte.

Riqi schlug Peter zur Gewöhnung an den Linksverkehr eine gemeinsame Spritztour an den Strand von Orewa vor – auf den rund zehn Kilometern dorthin (und später natürlich auch wieder zurück) könnte er ihm beim Einfädeln in die richtige Spur oder dem korrekten Abbiegen behilflich sein und ihm überhaupt eine komprimierte *driving lesson* (Fahrstunde) geben – er vermied dabei klugerweise den Begriff »Crashkurs«.

Peters erste Fahrt auf neuseeländischen Straßen verlief reibungslos, aber er musste sich voll auf den Verkehrsfluss konzentrieren, um seine vom Rechtsverkehr geprägten Reflexe zu unterdrücken. In Orewa angekommen, sah Riqi an den weißen Knöcheln seines Fahrschülers, dass es unbedingt sinnvoll wäre, eine kleine Pause zur Entspannung einzulegen.

Endlich saßen die beiden an einem Straßentisch des lebhaften Cafés am Moana Court und genossen die Aussicht über den Beach und das Meer. Nach einem kurzen verkehrstechnischen *debriefing* (Nachbesprechung) fragte Riqi Peter, ob er am Wochenende nicht gerne für zwei oder drei Tage mit nach Waiheke kommen wollte: »Ich habe einen Auftritt in Stonyridge Vineyard. Dort findet eine große Hochzeit eines wohlhabenden Paares aus Auckland statt und sie haben mich für einen *gig* (Auftritt, Konzert, Engagement, Gig) von fast einer Stunde Dauer gebucht. Du könntest mir als Roadie zur Hand gehen und ansonsten die Insel auf Dich wirken lassen. Wie wär's?«

INSELLEBEN

Waiheke ist eine Insel im Hauraki Golf. Sie gilt als wahren Perle inmitten des Golfs und ist nur etwa 18 Kilometer von Auckland entfernt. Sie ist nach Great Barrier Island die zweitgrößte Insel im Hauraki Golf und in Ost-West-Richtung rund 19 Kilometer lang. Die Nord-Süd-Erstreckung beträgt knappe 10 Kilometer. Waiheke hat 19 Buchten mit schönen, hellen Sandstränden. Die Zahl der ständig dort lebenden Einwohner beträgt etwa 8.000 – im Winter. Im Sommer kann sich diese Zahl durch die Nutzer der vielen, teilweise hochexklusiven Ferienhäuser leicht verdoppeln. Es gibt auf der Insel mehr als 30 Weingüter.

Stonyridge Vineyard ist ein bekanntes und beliebtes Weingut auf der Insel – es gibt selbstverständlich noch viele andere, die praktisch ausnahmslos einen Besuch wert sind.

Peter fand Riqis Idee ausgezeichnet, hatte aber, wenn man so will, arbeitsrechtliche Bedenken: »Da gäbe es an sich nicht viel zu überlegen, aber ich habe schließlich einen Auftrag! Glaubst du, ich kann Malcolms Haus einfach seinem Schicksal überlassen, zumal ich ja gerade erst angekommen und den *house sitting job* angetreten habe.«

Riqi hatte wohl mit einer solchen Antwort seines pflichtbewussten Freundes aus Deutschland gerechnet: »Dein Verantwortungsgefühl ehrt dich, aber du bist durch den Job keineswegs an das Haus gekettet – glaub' mir! Solange deine *quasi-flat-mates* Aroha und Kwan nicht auf Weltreise sind, brauchst du absolut kein schlechtes Gewissen zu haben, wenn du mal für ein Wochenende verreist.«

*

Wenige Tage später, am Freitagvormittag, saßen Peter und Riqi auf der Aussichtsplattform der Sealink-Fähre, die schwer beladen mit wummernden Dieselmotoren durch das blaugrüne Wasser des Hauraki Golfs pflügte. Riqi hatte Peter gebeten, seinen kürzlich erworbenen Toyota mitzunehmen, um zusätzlichen Stauraum für das Equipment des Musikers zu haben. Obwohl er einen Trailer für besonders sperrige Teile der Soundanlage angehängt hatte, reichte Riqis eigener Wagen nicht ganz für die volle Ladung aus. Im Stonyridge Vineyard gab es zwar eine mittelgroße Bühne als ständige Einrichtung, aber außer ein paar Standardlautsprechern war nichts weiter für die Beschallung vorhanden. Der Auftritt war für Samstagnachmittag vorgesehen, womit genügend Zeit verblieb, um die Bühne vorzubereiten. Riqi würde nicht solo, sondern als Trio zusammen mit seinem Freund Kelly Kahukiwa auftreten, der für Rhythmusinstrumente und Orgel zuständig war, und jemanden, den Peter bereits kennengelernt hatte – *bubbly* (lebendig, quirlig, sprudelnd) Siobhan würde den Hintergrundgesang beisteuern.

Kelly und Siobhan hatten noch ein paar andere Verpflichtungen und sollten rechtzeitig vor dem Event dazustoßen – außer einem Soundcheck waren keine weitere Proben notwendig; alle drei waren durch ihre häufigen gemeinsamen Auftritte ein eingespieltes Team.

Riqi hatte sich natürlich längst um ein Quartier für die beiden gekümmert. Dazu hat er einfach Siobhan angerufen und die Sache perfekt gemacht. Siobhans Familie besitzt auf Waiheke eine *bach,* ein Strandhaus, das im Grunde nur wenige Wochen des Jahres genutzt wird und in der restlichen Zeit gerne auch guten Freunden überlassen wird.

Mit nur noch leise brummenden Motoren und langsamer Fahrt steuerte die Fähre die Anlegestelle am Kennedy Point an. Auf dem *deck* wurde es zunehmend lebhaft und die meisten Passagiere eilten zu ihren in drei dichten Reihen aufgestellten Fahrzeugen. Riqi und Peter verließen die Fähre und fuhren direkt zur *bach* nach Oneroa Bay.

STRANDLEBEN

Die zentralen Begriffe des Kiwi-Lifestyle beginnen alle mit B. Das Freizeithaus am Meer, die *bach*, ist die Nummer 4 nach *beach, boat* und *barbecue*.

Die traditionelle *Kiwi bach* ist eine einfache Hütte mit einem oder zwei Räumen. Eine solche *bach* zu besitzen, gehört zum Traum aller Neuseeländer. Solange dieser Traum unerfüllt bleibt, gibt es aber genügend Möglichkeiten, eine *bach* fürs Wochenende zu mieten oder die von Freunden mitzubenutzen.

Mittlerweile sind die meisten der alten, primitiven Strandhütten von ihren Besitzern zu hochwertigen Freizeithäusern umgebaut und erweitert worden. Viele wurden und werden auch wie Strandpaläste neu gebaut. In manchen Regionen (Südinsel) wird die *bach* auch *crib* genannt.

Das Strandhaus war nur zehn Minuten vom Fährhafen entfernt. Es lag am Ende einer langen, steil abwärts führenden Einfahrt und wirkte auf den ersten Blick recht unscheinbar. Tatsächlich war die *bach* jedoch genau das Gegenteil jener Filmgebäude, die vorne nur Fassade und hinten gar nichts sind: Hinter einem modernen, aber schlicht gehaltenen Eingangsbereich eröffnete sich ein wahres Schatzkästlein.

Über vier Stufen gelangten die beiden in den großzügig offenen Wohnbereich, und bereits von der Treppe aus führte der Blick durch eine mehrere Meter breite Glasfront auf die gesamte türkisfarbene Bucht und den hellen Strand von Oneroa. Von der Veranda aus konnte Peter erkennen, dass das Haus wie ein Ausguck oberhalb eines steilen Hangs, dem *cliff top*, hing. Unterhalb der Hauptwohnung war eine winzige, aber voll ausgestattete Gästewohnung als separate Einheit in das Kliff hineingebaut.

Eine kleine Besonderheit war die außen liegende, aber dennoch nicht einsehbare Dusche der Gästewohnung. Peter, der das Schwimmen im Meer liebte, aber den Sand zwischen Zehen und anderen Körperteilen gar nicht mochte, fand das ideal. Genau dort bei der *outdoor shower* begann nämlich ein serpentinenartiger Fußweg, der das Haus mit dem Strand verband. Man konnte sich also nach dem Bad im Meer sogleich Salz und Sand vom Körper spülen, noch bevor man das Haus betrat.

HOHE KANTE

Das *cliff top* ist die Traumlage schlechthin für ein Haus in Neuseeland. Das Sahnehäubchen ist, wenn es auch noch *north facing*, also nordwärts ausgerichtet, steht. Häuser, die an der Kante eines mehr oder weniger senkrecht abfallenden Kliffs stehen, gibt es hier viele. Der Grund ist die Tatsache, dass Neuseeland eine mehr als 15.000 (!) Kilometer lange Küstenlinie hat, die natürlich nicht nur aus Sand und Strand, sondern zu einem großen Teil eben auch aus Fels und Klippen besteht.

Der freilich sehr kostspielige Blick über Meer und Küste ist bei einem Haus am Klippenrand logischerweise unverbaubar, und die geografische Ausrichtung nach Norden garantiert das Maximum an Sonneneinstrahlung und Wärme rund ums Jahr.

Nicht unerwähnt bleiben soll auch die hohe Tsunamisicherheit eines Domizils auf dem *cliff top*. Lediglich bei extremem Starkregen gibt es hin und wieder Schäden, und vereinzelt auch Totalverluste durch Unterspülung und abbröckelnde Kliffränder.

Riqi, der schon öfters in Siobhans *family bach* zu Gast war, sagte: »*Lovely place, Peter, isn't it?* Ich habe übrigens vor, gleich nach Stonyridge rüberzufahren, um zu checken, wann wir die Bühne für den Auftritt einrichten können. Ich gehe allerdings davon aus, dass wir das erst morgen früh tun werden, rechtzeitig bevor die Hochzeitsfeier um *11 am* mit einem Brunch beginnt. Du kannst heute entweder hier am Beach bleiben, oder du kannst Waiheke auf eigene Faust erkunden. In jedem Fall werde ich dich vorher noch schnell in die *house rules* (Hausregeln, Hausordnung) einweisen. Bist du dafür bereit? «

UHRWERK

Der neuseeländische Tag dauert zweimal zwölf Stunden. Wie in angelsächsischen Ländern üblich, benennt man Tages- und Nachtzeiten auch im Land der Kiwis nach dem 12-Stunden-System.

Von 0 Uhr nachts bis 12 Uhr am Mittag wird an die Zahl der Stunde *am* (ante meridiem = *before noon* = Vormittag) angehängt. Von 12 Uhr Mittag bis 24 Uhr in der Nacht hängt man *pm* (post meridiem = *after noon* = Nachmittag) an.

Noch ein Wort zur Sommerzeit, die es hier in Neuseeland natürlich ebenfalls gibt. Sie heißt *daylight saving time* und beginnt am letzten Sonntag im September und endet am ersten Sonntag im April des Folgejahres.

»*Oh dear! House rules!* Das hört sich aber schwer nach schwäbischer Kehrwoche an ...«, witzelte Peter.

Doch Riqi gab eine Antwort, mit der Peter in seinen kühnsten Träumen nicht gerechnet hätte: »*Alright, the Swabian weekly cleaning roster.*«

Peter Obland war sprachlos, aber Riqi lieferte die Erklärung für seine Kenntnis schwäbischer Gepflogenheiten gleich mit: »Ich war während meiner *OE* eine Zeit lang bei Freunden, die ich wiederum über viele Ecken durch andere Freunde kannte, in Stuttgart. Sie haben mir gleich am Tag meiner Ankunft die Begriffe Spätzle, Halbdackel und Kehrwoche beigebracht. Daher kenne ich das. Aber bei uns Kiwis, Maori und Pakeha gibt es natürlich keine Kehrwoche – und es wird sie sicher nie geben.«

FERNSTUDIUM

OE oder auch *the big OE* ist die *overseas experience* und der Begriff für einen längeren überseeischen Arbeits- und manchmal auch Studienaufenthalt, den viele Neuseeländer im Alter von knapp unter zwanzig bis Anfang dreißig wenigstens einmal im Leben absolvieren.

Die *OE* stellt einen bedeutenden Abschnitt im persönlichen Werdegang vieler junger Kiwis dar und dauert im Regelfall mindestens ein Jahr, in vielen Fällen auch erheblich länger. Bedingt durch die relativ isolierte Lage des Inselstaates verspüren die jungen Neuseeländer den starken Wunsch, ihre zu Hause erworbene Lebenserfahrung zu erweitern und Geist und Gedanken auf eine breitere Basis zu stellen.

Bevorzugtes Ziel der *OE* ist England im Allgemeinen und London im Speziellen – vermutlich hauptsächlich aus traditionellen Gründen. Zwischen Neuseeland und England besteht dazu ein Abkommen, auf dessen Basis die *OE-Kiwis* ohne große bürokratische Hürden die Arbeitserlaubnis für ein Jahr erhalten. Außer Großbritannien sind aber auch andere europäische Länder beliebte Ziele für das Auslandsjahr junger Kiwis.

Die Einweisung in die Hausordnung beschränkte sich aber glücklicherweise im Wesentlichen auf die Erklärung der elektrischen Schalter und der Benutzung von Bad, Küche – und Kühlschrank. Riqi gab damit im Grunde nur die Instruktionen weiter, die er zuvor von Siobhan erhalten hatte. Dann zeigte er Peter noch das Versteck für den Schlüssel, damit er ohne Einschränkungen das Haus verlassen und betreten konnte, ohne dass Riqi ständig anwesend sein musste: »Siobhan lässt übrigens durch ihre Familie ausrichten, dass sich der deutsche Gast – damit bist du gemeint, Peter – unbedingt wie zu Hause fühlen soll. Sie haben diesen Wunsch sehr betont.« Peter war verblüfft von soviel *Kiwi hospitality* ((typische) Gastfreundschaft der Neuseeländer).

TEILHABER

Neuseeländer sind gerne bereit, Freunden, aber selbst auch Bekannten, die sie gerade erst kennengelernt haben und denen sie einigermaßen vertrauen, ihr Haus zur Verfügung zu stellen. Die Aufforderung, sich in ihren vier Wänden wie zu Hause zu fühlen, ist dabei keine Floskel.

Bis in die neunziger Jahre hinein war es übrigens eine verbreitete Gewohnheit, das Haus überhaupt nie abzuschließen. Das hat sich mittlerweile zwar geändert, aber Kiwis verraten den über Nacht eingeladenen Gästen gerne und bereitwillig das Depot, in dem der Zweitschlüssel versteckt ist.

Ähnlich wie beim *house sitting* gibt es lediglich eine kurze Einweisung in die technischen Besonderheiten des Hauses. In der Regel darf dabei auch das, was sich in Kühlschrank oder Speisekammer befindet, gerne aufgegessen werden, weil die neuseeländische Hausfrau selten Zeit oder Lust hat, ständig und akribisch auf die Verfallsdaten der Lebensmittel zu achten.

Riqi zeigte Peter auf der Karte die schönsten Stellen Waihekes und empfahl ihm einen kleinen Rundkurs, um die Insel ein bisschen kennenzulernen. Dann machte sich Riqi wie geplant auf den Weg zum *vineyard* (Weingut, Weinberg), um die Einzelheiten für seinen morgigen Auftritt zu klären.

Peter, den das Bad im Meer lockte, trieb die Neugier zunächst in die *outdoor shower*, aber noch während die starken Wasserstrahlen der Dusche seine Haut massierten, begann er ein wenig zu frösteln. Deshalb änderte Peter seinen Plan und gab fürs Erste doch einem Inselausflug den Vorzug. Er nahm sich vor, später am Nachmittag, wenn es richtig warm sein würde, zum Strand zu gehen.

Peter empfand die Fahrt über die Insel als genussvoll und entspannend – fast an jeder Stelle war das Meer zu sehen und ständig tauchten Richtungsschilder auf, die den Weg zu den zahlreichen Weingütern wiesen. Ein klangvoller Name wechselte sich mit dem nächsten ab: Cable Bay, Goldie, Kennedy Point, Obsidian, Te Whau und so weiter. Ein paar Mal hielt er an – im Cable Bay Vineyard nahm er auch eine kleine Erfrischung ein.

Als Peter aus einer Kurve, weit draußen am Horizont, die Skyline Aucklands sehen konnte, bog er von der Straße ab und fand sich vor dem Mudbrick Vineyard wieder. Auf dem Parkplatz sah er einen Bus, der erst kurz zuvor angekommen sein musste. Wie ein kaum enden wollender Strom quoll eine ganze Gruppe überwiegend junger, schick gekleideter Damen aus dem Bus heraus.

Während er aus seinem kleinen Auto stieg, beobachtete Peter die fröhlichen Frauen und konnte sehen, wie sie von drei einheitlich gekleideten, sportlichen Männern in drei kleinere Grüppchen aufgeteilt wurden. *Fun in the Sun* stand in klar lesbarer Schrift auf den Polohemden der Männer, die nun die Teams an drei unterschiedliche Stellen einer großen, freien Rasenfläche führten, wo die Damen jeder Gruppe entweder mit Pfeil und Bogen, Luftdruckgewehr oder Wurfaxt die zur jeweiligen Waffe passenden Zielscheiben treffen sollten. Noch bevor die sportlichen Spiele begannen, waren auch schon mehrere Mitarbeiterinnen des Mudbrick Vineyards mit Tabletts voller gut gefüllter Sektgläser herangeeilt. Es ging lebhaft bis ausgelassen und keinesfalls leise zu.

Peter war wider besseren Wissens in eine *hen party* geraten. Die *hen party* ist der Abschied vom Junggesellinnendasein und für die jungen Neuseeländerinnen, die auf ihrem Lebensweg nun endlich in den Hafen der Ehe einlaufen, von allergrößter Bedeutung.

Als Peter sah, wie einige Pfeile meterweit an der Zielscheibe vorbeiflogen, zarte Frauen vom kaum nennenswerten Rückschlag der Luftdruckgewehre fast umgeworfen wurden und wieder andere sich mit den Wurfäxten um Haaresbreite selbst verletzten, fühlte er sich plötzlich befleißigt, sich das Ganze mal aus der Nähe anzuschauen – und das, obwohl er sonst eher als zurückhaltender Typ zu beschreiben war. Es musste an der neuseeländischen Luft liegen.

Peter lief quer über den Rasen und näherte sich, fast wie in Trance, einer netten Bogenschützin im grünem Satinkleid, mit der an sich begrüßenswerten Absicht, ihr beim Spannen der Sehne sozusagen etwas unter die Arme zu greifen. Die Frau schien nichts gegen Peters Anwesenheit zu haben und begrüßte ihn freundlich: »*Hi, I'm Diana, nice to meet you.*«

»*Hello, I'm Peter. Peter from Germany. Nice to meet you too.*«

Peter hätte gerne die begonnene Konversation vertieft, denn er fand den Namen Diana so passend für eine Frau mit Pfeil und Bogen, und es war ihm irgendwie nach einem kleinen Exkurs in die

Gefilde römischer Mythologie. Aber es fiel ihm die richtige Formulierung und Übertragung ins Englische nicht ein – und noch bevor er gemeinsam mit Diana den Bogen spannen konnte, kam ausgerechnet einer der Spielmoderatoren mit einer Wurfaxt in der Hand herbeigeeilt und erklärte Peter freundlich, aber bestimmt, dass das hier eine *hen party* sei und als geschlossene Veranstaltung betrachtet werden müsste: »*Sorry, I really don't want to bother you, mate. But would you please kindly leave this venue!* – Ich möchte dich ja nicht ärgern, aber würdest du bitte diesen Schauplatz, Veranstaltungsort verlassen!« Seine Axt blitzte metallisch in der hellen Sonne von Waiheke ...

Was man kritisieren könnte ...

Als selbsternannter Hahn im Korb flog mancher schon im hohen Bogen aus dem Hühnerstall.

Peter war hier unversehens und sicher ohne unlautere Absicht in eine *hen party* geraten. Allerdings war er eher Fuchs im Hühnerstall als Hahn im Korb – Dianas offene Art darf darüber nicht hinwegtäuschen. Dieses wichtige Ereignis, also die *hen party,* ist das neuseeländische und weibliche Äquivalent dessen, was man im deutschsprachigen Raum als Junggesellenparty kennt, und es wird nicht gern gesehen, wenn sich männliche Wesen in diese spezielle Domäne der Weiblichkeit einmischen.

Die traditionelle, klassische *hen party* (ursprünglich: *hen night*) fand kurz vor der Hochzeit im Elternhaus der Braut statt und wurde von deren Freundinnen organisiert. Eingeladen waren die Brautmutter, die zukünftige Schwiegermutter und alle weiblichen Verwandten beider Familien. Das Wohnzimmer der Braueltern wurde mit rosa oder pastellfarbenen Girlanden geschmückt.

Heutzutage wird die *hen party* meistens außerhalb des Hauses in allen nur erdenklichen Lokalitäten (Parks, Weingüter, Klubs, Restaurants, Bars) gefeiert. Oft eilt die Partygesellschaft in Form einer Schnitzeljagd von Station zu Station, wo Aufgaben gelöst werden müssen, und trifft sich am Schluss zur großen Fete. Eine *hen party* ist in der Öffentlichkeit leicht zu identifizieren, weil sich die teilnehmenden Frauen gerne auffällig (ver)kleiden, ja regelrecht aufbrezeln.

Männer sind bei diesem Event ausdrücklich nicht erwünscht. Aber keine Angst, es gibt auch eine Testosteronversion des Ereignisses: Das männliche Pendant zur *hen party* ist die *stag party. Stag* ist in der direkten Übersetzung der Hirsch.

9 KALTE DUSCHE

EIN UNERWARTETER WASSERFALL

Peter fühlte sich nicht gemaßregelt – immerhin hatte ihn der Spielleiter mit Respekt behandelt. Aber ein schlechtes Gewissen hatte er doch, und nach insgesamt fast drei Stunden Erkundungstour mit einigen Stopps und einem kleinen Tritt ins Fettnäpfchen war für Peter die Luft fürs Erste raus. Es zog ihn wieder zurück nach Oneroa, um dort zum Ausklang des Tages Strand und Meer hautnah erleben zu können. Vielleicht würde ihn auch Riqi bereits im Haus erwarten und eine gemeinsame Unternehmung vorschlagen.

Als Peter in der *bach* ankam, sah er, dass Riqi noch nicht zurück war. Die Luft war warm und nichts konnte ihn nun vom Bad im Meer abhalten. Peter ging zu der Stelle, wo der steile Weg hinunter zum Strand begann, und beschloß, die eh schon offen stehende Duschkabine zu betreten kühles Wasser auf sich niederprasseln zu lassen.

›Auch im öffentlichen Schwimmbad soll man sich abschauern, bevor man in den Pool eintaucht. Den Körper fürs Meer vortemperieren und den Schweiß abspülen ist Pflicht – was sollen sonst die Fische denken?‹, dachte er wohlgestimmt vor sich hin.

Die eigentlich als kurzes Abbrausen geplante Duschaktion entpuppte sich als äußerst entspannend, entsprechend lange ließ sich Peter das Wasser über den Körper laufen, bevor er dem steilen Weg nach unten folgte und schließlich im warmen Sand stand, dort wo der hellbeige Strand angenehm flach ins türkise Wasser der Bucht überging. Eine stattlich Anzahl edler Wasserfahrzeuge dümpelte in der sanften Dünung der Bucht; es fiel ihm der Song *Der Tag am Meer* von den *Fantastischen Vier* ein. Peter schwamm ein Stück hinaus und genoss das samtweiche Wasser, das viel Auftrieb gab und das Schwimmen leicht machte. Von einer mittelgroßen, vor Anker liegenden Motorjacht rief ihm jemand freundlich zu und fragte, ob er nicht vielleicht an Bord kommen wollte.

»Unglaublich, diese neuseeländische Gastfreundschaft«, sinnierte Peter und steuerte ohne weiteres Nachdenken auf das Schiff zu. Während er sich an der Einstiegsleiter der Jacht hochzog, rief er fröhlich: »*Ship ahoy!*«

»Willkommen an Bord der Seascape. Wir sind Walter und Conny. Die Kids kannst du einfach *Boy* und *Girl* nennen, wenn du willst – wir machen das meistens auch.«

Es war eine relativ junge und humorvolle, Jacht fahrende Familie. Walter bot Peter einen Platz auf dem Achterdeck an und ließ, kaum dass er saß, die Verschlüsse einer großen *chilly bin* klicken.

KLIMAANLAGE

Die *chilly bin,* also die tragbare Kühlbox aus Kunststoff, gehört zu den herausragenden Kultgegenständen der extrem freizeitorientierten Neuseeländer. Im Zuge der drei großen B *(beach, boat, barbecue)* muss im gleichen Atemzuge immer auch die *chilly bin* genannt werden – ohne sie geht es einfach nicht.

Kein Kiwi-Auto, in dessen Kofferraum nicht mindestens eine dieser beliebten Kühlkisten jedweder Größe und Farbe Grillgut, Getränke und auch Lebendköder fürs Fischen frisch hält.

Bei einem kühlen Bier durfte Peter die klassischen W-Fragen beantworten: Wer bist du? Woher kommst du? Warum bist du hier? Bei der sich anschließende Konversation über deutsche Wurzeln, deutsche Autos und – natürlich – deutsches Bier verflog die Zeit.

Erst als die Seascape vom langsam länger werdenden Schatten der Hügel erreicht wurde, bat Peter – nautisch korrekt – von Bord gehen zu dürfen, verabschiedete sich herzlich und schwamm zurück zum Strand unterhalb des Hauses.

Noch während er den steilen Fußweg hoch zu Siobhans *family bach* erklomm, rief ihm Riqi, weit über die gläserne Brüstung der

Veranda gebeugt, die Frage zu, ob er womöglich schon wieder duschen wollte?

»Duschen? *Sure!* Sand und Salz müssen runter von der Haut. Warum fragst du?«

Riqis Antwort fiel nüchtern und knapp aus: »Dann spül' dich bitte nur ganz kurz ab. *We run short of water!* – Unser Wasser geht zur Neige!«

Dann ergänzte er noch: »Ich werde selbst nicht schlau daraus, aber als wir heute Mittag hier ankamen, war der Pegel im Tank zwar auch schon etwas niedrig, aber noch deutlich höher als jetzt.«

Was man kritisieren könnte ...

Wasser ist ein wertvolles Gut – überall auf der Welt, so auch in Neuseeland.

Beileibe nicht alle Häuser sind hierzulande an ein öffentliches Wasserleitungsnetz angeschlossen. Der beobachtende Neuseelandbesucher wird feststellen, dass in ländlichen Regionen fast alle und selbst in städtischen Bereichen sehr viele Häuser eine Art überdimensionales Regenfass aus Beton oder Kunststoff in ihrem *back yard* (Hinterhof, Garten) stehen haben. Dabei handelt es um nichts anderes als Frischwassertanks, die auf Bestellung vom Wassertanklastzug befüllt werden.

Fast immer wird auch das Regenwasser vom Dach in den Tank geleitet, wodurch besonders in den Sommermonaten trotz Filter Pollen und feine Fasern von blühenden Gräsern, Büschen und Bäumen ins Frischwasser gelangen können. Das ist an sich kein echtes hygienisches Problem, aber die Pflanzenteile verändern den Geschmack des Wassers, weshalb viele Hausbesitzer in dieser Zeit das Regenfallrohr vom Wassertank, dessen Kapazität natürlich stark begrenzt ist, trennen.

Es ist also wichtig, den Pegelstand im Auge zu behalten, um nicht plötzlich auf dem Trockenen zu sitzen. Zwischen Bestellung und Lieferung des Wassers vergeht in der Regel mindestens ein weiterer Tag – und der Wasserspiegel sinkt und sinkt!

Wenn Hausbewohner oder Gäste, wie Peter Obland, mehrmals am Tag duschen möchten, kann es passieren, dass der Wasservorrat viel schneller knapp wird, als es allen Beteiligten lieb ist. So kann man mit Wasserverschwendung paradoxerweise ein Fass auch zum Überlaufen bringen ...

Instinktiv richtig verhalten hatte sich der frisch geduschte Freischwimmer Peter, als ihn die *yachties* (Jachtbesitzer) Walter und Conny an Bord ihrer Seascape gebeten haben. Neuseeländer sind im Allgemeinen sehr gesellige Menschen, und wenn sie Unterhaltung suchen, laden sie gar nicht selten auch mal einen wildfremden Menschen zu einem Glas Bier oder Wein ein. Falsche Scheu oder gar Scham wäre hier gänzlich unangebracht und würde zu unnötiger Enttäuschung führen. Wenn also nicht wirklich triftige Gründe, die man dann aber auch offen nennen sollte, dagegen sprechen, empfiehlt es sich, solche Spontaneinladungen möglichst bereitwillig anzunehmen. Übrigens ist Walter und Conny mit einem Deutschen zufällig sogar ein besonders fetter Fisch ins Netz gegangen – Kiwis sind nämlich an allem Überseeischen, insbesondere Europäischen ausgesprochen stark interessiert.

10 TRAUM VOM SCHAUM

DIE ÜBERRASCHUNG AUS DEM ZAPFHAHN

Peter versuchte sich nichts anmerken zu lassen, aber der Schock saß. Riqis Nachricht vom knapp werdenden Wasser hatte ihn eiskalt erwischt. Beide saßen inzwischen bei einem kühlen *Tui* auf dem *deck* des Strandhauses und ließen den Tag in den Abend übergehen.

GERSTENSAFT

Neuseelands lange Brautradition geht bereits auf die Ankunft der ersten europäischen Siedler zurück. Heute wird der neuseeländische Biermarkt zwar von den Großbrauereien Dominion Breweries und Lion Nathan geprägt, darüber hinaus gibt es aber eine steigende Zahl von Klein- und Kleinstbrauereien, deren Biere jedoch meist nicht im landesweiten Handel erhältlich sind und deren Marken nur lokale Bedeutung haben. Allgemein sind Varianten von *Ale* und vor allem *Lager* die am meisten verbreiteten Bierarten. Die bekanntesten Biermarken sind: Monteith's, DB, Export Gold, Tui, Lion Red, Steinlager, Mac's, Waikato Draught und Speight's.

Übrigens: Tui ist primär ein typisch neuseeländischer Vogel, nach dem die oben genannte Biermarke benannt wurde und den diese als Bildmarke im Logo trägt.

Als Peter sich etwas entspannt hatte, gestand er Riqi, dass er das Wasser durch unnötiges Duschen verschwendet hatte. Dazu erklärte er Riqi, ausschweifend und mit vielen Bezügen zu Deutschland illustriert, dass ihm nicht bewusst war, dass das Haus nicht an eine öffentliche Wasserversorgung angeschlossen sein könnte: »Hoffentlich kommt wenigstens der Strom aus einem allgemeinen Leitungsnetz und nicht vom Muskelkraftgenerator ...«

Der Scherz klang wie ein letztes Aufbäumen vor dem Kollaps – die Situation war Peter äußerst unangenehm, aber das Bier war süffig und erfrischend. Riqi bekam nach Peters Plädoyer das Gefühl, dass ihm als Entdecker des Wassermangels die Sache fast noch peinlicher war als dem Verursacher. Er meinte: »Ich hätte dieses trockene Thema erst gar nicht anschneiden sollen. Das kommt doch in jedem Sommer in tausend Häusern vor. Genug damit, wir werden schon nicht ungewaschen bleiben müssen! Vielleicht regnet es ja heute Nacht.«

*

Riqi hatte mit dem Hochzeitsplaner des Stonyridge Vineyard vereinbart, den Aufbau der Musikanlage so einzurichten, dass die wesentlichen Arbeiten bis *10 am* abgeschlossen sein sollten. Dementsprechend früh waren Riqi und Peter aufgebrochen, um mit den beiden Autos zum Weingut zu fahren – alles lief wie am Schnürchen. Riqi gab klare Anweisungen und Peter verstand, sie ohne Mühe präzise umzusetzen. Alles wurde ohne Stress fertig, noch lange bevor es 10 Uhr war. Peter konnte den weiteren Tag frei planen – Riqis Auftritt würde er nicht mitverfolgen können, was er bedauerlich fand, aber die Hochzeit war eine streng geschlossene Veranstaltung. Der Auftritt sollte am späten Nachmittag stattfinden und Riqi wollte seine Partner Kelly und Siobhan am früheren Nachmittag von der Personenfähre abholen. Peter entschloss sich daher, seine am Vortag begonnene und mehr oder minder abgebrochene Inselerkundungstour fortzusetzen und versprach Riqi, auf dessen entsprechende Aufforderung hin, keine weiteren Skandale mehr zu inszenieren.

Zwei Weingüter und sechs kleine Strände später sah Peter in Onetangi das Schild »*wood fired Pizza*« (Holzofenpizza) über dem Eingang eines Restaurants. Das machte ihm Appetit; er stoppte seinen Toyota auf dem Parkplatz, schlenderte zum Eingang und trat ein.

Das Restaurant war für neuseeländische Verhältnisse, wo in der Durchschnittsgastronomie die Sachlichkeit dominiert, durchaus hübsch eingerichtet – nur etwas zu klischeehaft-italienisch, mit Chiantiflaschen als Kerzenhalter und Fischernetzen unter der Decke, die wohl nicht vom Mittelmeer stammten. Peter fand das Bemühen um mediterranes Flair aber lobenswert. Knapp die Hälfte der Tische war belegt. Auf der Suche nach einem angenehmen Platz ließ er sich vom würzigen Duft frischer Pizza regelrecht im Blindflug ins Lokal ziehen. Sein gedankenverlorenes Hineinstürmen wurde von einer füllígen, aber freundlichen Bedienung gestoppt, deren goldenes Namensschildchen sie als Ella vorstellte. Sie führte Peter an einen Zweiertisch im Freien; der ganze Bereich war mit einer Schatten spendenden Pergola überbaut, zwischen deren Holzsäulen transparente Windschutzfolien abgerollt werden konnten.

»*Grazie mille*«, bedankte sich Peter beim Setzen eher unpassend, und erntete von der *waitress* (*waitress/waiter* = Bedienung, »Frollein« / Kellner, »Herr Ober«) dafür prompt ein: »*Beg your pardon? –* Entschuldigung! Wie bitte?«, mit mindestens drei Fragezeichen.

Bevor *waitress* Ella wieder zur Theke zurück ging fragte sie Peter, ob er denn schon wüsste, was er gerne trinken möchte. Er hatte zwar mit dieser Frage noch nicht gerechnet, aber er sah an den Zapfhähnen der Bar, dass es verschiedene Biere vom Fass gab; aus vier verschiedenen Sorten konnte gewählt werden. Noch vor dem Blick in die Speisekarte bestellte Peter ein Monteith's Pilsner.

Aber auch das Menü war nach einem flotten Blick in die Speisekarte schnell gewählt: Peter entschied sich für eine Pizza Sweet Chili Chicken, als Vorspeise. Asiatisch zubereitetes Hühnchenfleisch auf einer Pizza hatte er noch nie probiert. Ein puristischer Fan der italienischen Küche würde so etwas vielleicht ablehnen, aber Peter war kulinarisch schon immer offen für Neues gewesen. Des Weiteren hatte er große Lust auf Pasta und wählte das *today's spezial* (Tagesgericht, Tagesangebot), das mit bunter Kreide auf eine Tafel geschrieben war: »*Spaghetti Meatball Napolitana topped with shaved Parmesan.*« Gut, das klang jetzt nicht allzu exotisch, sein Stammitaliener in Frankfurt hätte ihm das aber sicherlich nicht serviert.

Es waren wohl keine drei Minuten vergangen, als Ella auch schon zur Aufnahme der Bestellung erschien – das war erstaunlich schnell – genauso schnell wie das Pilsner, das sie bereits auf einem Tablett dabei hatte und routiniert auf dem Tisch vor Peter abstellte: »*Cheers!* – Prost! Wohl bekomm's! (auch: Tschüss!)«

BUON APPETITO NUOVA ZELANDA

Die italienische Küche in Neuseeland ist meistens nicht authentisch, in jedem Fall aber anders, als man es von Europa her gewohnt ist. Man tut wirklich gut daran, seine mittel-, bzw. südeuropäischen Geschmackserwartungen bei der Bestellung neuseeländischer Pizza und Pasta auf einen möglichst neutralen Level zu justieren. Es kommt garantiert anders, als man denkt.

Pizza: Original italienische Holzofenpizza *(wood fired Pizza)* wird nur an wenigen Plätzen angeboten. Aber das Problem ist weniger die Methode des Backens als die Teigmischung an sich. Diese ist praktisch überall auf den neuseeländischen Geschmack ausgerichtet, was bedeutet, dass der Boden oft fad und langweilig schmeckt. Beim Belag kann man den Kiwis allerdings ein hohes Maß an Fantasie und Experimentierfreude bescheinigen. Ein italienischer Pizzabäcker würde sich jedoch angesichts der Rezepturen irritiert am Kopf kratzen: *sweet chili chicken, apricot chicken, chicken satay, garlic prawn* und *potato wedges,* um nur ein paar wenige Beispiele für neuseeländische Pizzafavoriten zu nennen. Diese Pizzas sind wahlweise belegt mit: süßem Chilihühnchen, Hühnchen mit Aprikose, Erdnusshühnchen, Knoblauchgarnelen oder frittierten Kartoffelspalten.

Pasta: Die Parallele zur oben genannten Pizza ist die klare Ausrichtung auf den neuseeländischen Geschmack, womit die Würzung allgemein flach und unkonturiert ausfällt. Auch hier haben sich die Zubereitungsarten im Laufe der Zeit weit vom italienischen Ursprung entfernt, z. B. *meatball napolitana, chicken carbonara, butter chicken & cream sauce* und *lamb ragout.* Den deutschen Gaumen erwarten bei diesen Beispielen Pasta mit Fleischklößchen in Tomatensoße, Hühnchen nach Carbonara-Art, Butterhühnchen (indisches Curry) in Sahnesoße oder sogar Lammragout.

Das Bier, das Peter vor sich sah, hatte eine schöne goldene Farbe und kam tatsächlich in einer stilechten Pilstulpe, auf der viele Wasserperlen standen, die Kühle signalisierten. Aber das Gesamtbild hatte einen Fehler: Das Glas war millimetergenau bis zum Rand gefüllt und trug keine Blume, nicht einmal eine Spur davon; nur ein oder zwei blasige Schauminseln trieben wie verloren auf der Oberfläche. Peter konnte nicht anders, er musste reklamieren. »Ich wollte eigentlich ein Frischgezapftes vom Fass! Ich werde in den sieben Minuten, die das dauert, bestimmt nicht verdursten!« Peter lächelte.

Ohne sich von seiner Kritik auch nur im Geringsten beirren zu lassen, zückte die junge Bedienung seelenruhig ihren kleinen Notizblock, um die Bestellung fürs Essen aufzunehmen. Sie sah Peter in die Augen. »*It's fresh from the tap, Sir!* – Das Bier ist frisch vom Fass!«, sagte Ella selbstbewusst und betonte die einzelnen Wörter so, dass eventueller Widerspruch sinnlos schien. Dann, wie nach einer kurzen Gedenkpause für Langsamdenker, schloss sie das Thema ab: »*Are you ready to order?*«

Was man kritisieren könnte …

Mit etwas Geduld kommt man oft schneller ans Ziel.

Gemach, gemach, Herr Obland – und vor allem schön der Reihe nach. Kiwis sind zwar Individualisten und lieben ihre Unabhängigkeit, aber beim Betreten einer Gaststätte steuern sie zuerst immer *front desk* (Rezeption) oder *counter* (Theke) an, von wo aus sie von der *waitress* oder dem *waiter* (Bedienung) zu einem Tisch geführt werden und dort auch gleich die Speisekarte vorgelegt bekommen. Wenn es die Belegung erlaubt, lässt einen die Bedienung gerne auch selbst einen Platz aussuchen, aber neu angekommene Gäste gehen nur dann ohne Begleitung zu einem Tisch, wenn sie vom Personal ausdrücklich dazu aufgefordert werden.

Übrigens: Oft wartet die Bedienung noch am Tisch, bis alle Gäste sitzen, und fragt sogleich nach dem Getränkewunsch. Es ist sicher gut, wenn man darauf vorbereitet ist und sofort bestellen kann. Wem das aber viel zu schnell geht, der darf selbstverständlich getrost mit *»please give me/us another minute«* antworten.

Das Auge isst nicht nur mit, es trinkt auch gerne ein Gläschen mit: Das Bierzapfen ist in Neuseeland eine besondere Wissenschaft, in der »Schaumschläger« nichts verloren haben. Grundsätzlich werden alle Biere ohne Blume bzw. Krone gezapft. Neuseeländer wollen keinen Schaum auf dem Bier und sehen die Blume als Zeichen für schlechtes Einschenken an. Der Kiwi möchte *mug, pint, schooner* oder *stein* bis zum Rand mit Gerstensaft gefüllt sehen. Die Schaumkrone wird als Luft und somit Geldverschwendung betrachtet. Ästhetische oder stilistische Gesichtspunkte werden als Gegenargumente kaum akzeptiert.

Der Schaum, der sich beim Einfüllen vom Zapfhahn bildet, wird vom Barmann erbarmungslos abgeschüttet. Bei Biersorten, die dichten und stabilen Schaum produzieren, wird dieser mit einem Schaber aus Holz oder Metall während des Zapfens akribisch abgestreift.

Der Vorgang des Abschüttens und Abstreifens endet erst, wenn das Glas oder der Krug bis zum Rand mit vollkommen schaumlosem Bier gefüllt ist. Dann wird das zweifellos gute, aber optisch fragwürdige Getränk stolz dem Gast serviert.

11 KOCHKUNST MIT BISS

EINE FRAGE DES ANDEREN GESCHMACKS

Ella, die tapfere *waitress*, stand weiterhin ruhig, fast bewegungslos mit Block und Kugelschreiber vor Peter und harrte geduldig seiner Bestellung. Er hatte inzwischen den Blick über die zwölf Tische des Lokals schweifen lassen und musste feststellen, dass tatsächlich kein einziges der anderen Biere von einer Krone dichten Schaums geziert wurde. Peter räusperte sich kurz, dann diktierte er Ella seinen Menüwunsch, Hühnchenpizza und *spaghetti meatball napolitana*. Sie gratulierte ihm zu seiner Wahl: »*Nice choice!*«, bedankte sie sich und nahm das *menu* (Speisekarte) wieder an sich. Da fiel Peter noch etwas Wichtiges ein: »*Ella, the pasta al dente, please!*«

Er hatte inzwischen eingesehen, dass italienische Floskeln hier fehl am Platz waren, den englischen Begriff für »bissfest« kannte er schlicht nicht – *al dente* müsste international bekannt sein, dachte er, was Ella mit ihrer knappen Antwort zu bestätigen schien: »*Sure, I will let the chef know.*«

Doch Peters Verunsicherung erhielt schon wieder einen neuen Impuls: ›Warum will sie meinen Wunsch nach bissfesten Spaghetti ihrem Chef vortragen? Sie sollte besser den Koch in der Küche instruierten. Na gut, vielleicht ist ja Ellas Chef der Koch …‹ Wie auch immer: die Gefahr verkochter Pasta schien gebannt.

CHEFSACHE

Das hätte sich Peter auch denken können. Der berufsmäßige Koch ist in neuseeländischen Restaurants der *chef*. Einen *cook* gibt es auch, wobei damit überwiegend der private oder hobbymäßige Koch beiderlei Geschlechts, also auch die kochende Hausfrau, bezeichnet wird.

Der Chefkoch eines größeren Restaurants ist der *head chef*, der *sous-chef* ist der stellvertretende Chefkoch und der *assistant chef* der Beikoch.

Als Peter Obland den Begriff *chef* hörte, hatte er sofort eine Person im Sinne des Firmenchefs vor dem geistigen Auge. Der Chef eines Unternehmens ist aber schlicht der *boss*.

Ella brachte die Vorspeise an den Tisch: die Hühnchenpizza – recht knusprig, ohne Schnickschnack, hervorragend zum hopfigen Pilsner, das Peter mittlerweile auch ohne Schaumkrone sehr gut schmeckte. Auch der Belag war sehr in Ordnung. *Chicken* auf Pizzaboden, übergossen mit *sweet chili sauce,* ist freilich ein äußerst gewagter asiatisch-mediterraner Spagat, aber das resultierende Crossover war wirklich schmackhaft.

Peter bestellte noch ein Monteith's Pilsner. »*With no head?*«, fragte Ella, und Peter bestätigte: »Ohne Krone! *Of course!*«

Peter vertilgte seine Pizza, nur Momente nach dem Abräumen des leeren Tellers trafen die Spaghetti ein. Auch hier: Die Variante mit *meatballs* als solche war völlig ungewohnt, aber die Fleischklößchen waren locker, die Tomatensoße würzig und der Parmesan schmeckte original italienisch.

Doch dann das Desaster: Die Spaghetti waren verkocht und ließen sich mit der Zunge zerdrücken, was Peter überhaupt nicht passte – dabei hatte er sie doch extra *al dente* bestellt. Oder es zumindest versucht. Peter hatte sich schon halb vom Sitz erhoben, als er sein Vorhaben wieder stoppte und sich zurück in den Stuhl sinken ließ. Die Einsicht siegte: ›Es bringt nichts. Ich kann und will die Köche hier nicht ändern. Aber ich kann und will meine Erwartungshaltung ändern.‹

Mit dieser neuen Erkenntnis kam Peter schließlich mit dem kleinen Schwachpunkt seiner Pastamahlzeit gut zurecht. Ella kam an seinen Tisch und fragte: »*How's everything?*«

Er lächelte unverstellt freundlich: »*Delicious!*« Es war nicht gelogen.

Peter saß und aß lange an seinem Tisch. Für neuseeländische Verhältnisse viel zu lange.

SITZFLEISCH

Kiwis pflegen, auch in heiterer Runde und erweiterter Gesellschaft, primär ihre Mahlzeit einzunehmen, gerne noch einen süßen Nachtisch dranzuhängen und dann zu gehen. Der klassische gemütliche Ausklang findet – wenn man zum *dinner* (Abendessen) im Lokal war – in einer Bar oder zu Hause bei sich oder bei Freunden statt.

Da er die Gepflogenheiten und Verhaltensmuster in neuseeländischen Lokalen natürlich nicht kannte, wunderte sich Peter ein bisschen, dass Ella, nachdem sie alles bis auf Bier und Wasser abgetragen hatte, in immer kürzeren Abständen an den Tisch kam und wissen wollte, ob sie ihm noch irgendetwas Gutes tun könnte, zum Beispiel ein Dessert servieren.

Auf der breiten Theke des Restaurants präsentierte man unter einer Art Käseglocke aus feinem Maschendraht süße Teilchen. Das Mini-Buffet war nicht weit von Peters Platz entfernt und gut einsehbar. Ein etwa A4 großer Aufsteller zählte auf: *Hot Cross Buns, Banana Muffins* und *Afghan Biscuits*. Alles sah appetitlich aus.

SWEET TOOTH – SCHLECKERMÄULCHEN, NASCHKATZE

Neuseeländer lieben süße Nachspeisen. Die englische Tradition hat auch hier für ein breites Spektrum traditioneller Backwaren gesorgt. Ein paar Beispiele:

Hot Cross Buns sind weiche, süße Brötchen, die traditionell zur Osterzeit gegessen werden. Die Basis bildet ein Hefeteig, in den unter anderem Korinthen und Orangeat geknetet werden. Charakteristisch ist ein weißes Kreuz auf dem Rücken des *bun*. Dafür mischt man eine Paste aus Puderzucker, Mehl und Wasser.

Banana Muffins: Muffins sind kleine runde Kuchen aus einem einfachen, gesüßten Teig mit zugesetztem Backpulver als Treibmittel. In Neuseeland sind besonders die Varianten mit Blaubeeren, *blueberries*, beliebt, aber die *Banana Muffins* sind Spitzenreiter.

Afghan Biscuits: Biscuits sind auch als *cookies* (Plätzchen) bekannt. Um *afghan biscuits* zu werden, müssen die Plätzchen aus einem Teig aus Kakaopulver, Butter, Mehl und Cornflakes gebacken werden. Zum Abschluss gibt es einen Schokoladenüberzug mit einer halben Walnuss als Krone.

Unter dem Einfluss von Bier und Essen beschlich Peter das Gefühl, sich gegenüber Ella (und mit ihr ihrem *chef*) etwas unhöflich benommen zu haben. Er orderte noch ein *banana muffin* und einen Espresso, um damit bei der *waitress* um eine Art symbolischen Ablass zu bitten. Danach ging er zur Theke und bezahlte, zog danach eine 10-Dollar-Note als üppig bemessenen *tip* (Trinkgeld) aus seiner Börse und gab sie Ella mit den Worten: »*I'm sorry for the hassle!* – Tut mir leid für den Ärger, die Schereien!«

KEEP THE CHANGE! – STIMMT SO! DER REST IST FÜR SIE!

In den Restaurants, Pubs und Bars Neuseelands werden Trinkgelder grundsätzlich weder erwartet noch gegeben. Im Falle besonderer Zufriedenheit kann natürlich entgegen dieser Regel dennoch ein *tip* gegeben werden. Er wird sicher gerne angenommen.

Übrigens: Abgerechnet wird in neuseeländischen Restaurants immer der ganze Tisch. Getrennt zu bezahlen, ist völlig unüblich und sollte

Die nette Bedienung nahm den Zehner und legte ihn in die Kasse: »*No problem at all! But your tip is way too much!* – Kein Problem, aber das ist definitiv viel zu viel Trinkgeld!«

Dann nahm Ella zwei Fünfer heraus, behielt einen davon, gab Peter den anderen und verabschiedete sich mit den Worten: »*Thanks a lot, Sir! Your kindness ist most appreciated.*«

Was man kritisieren könnte ...

Prost Mahlzeit. Auch in Neuseeland hat die internationale Gastronomie einige Überraschungen zu bieten.

Die neuseeländische Durchschnittsgastronomie hat es nie über die eigenen Landesgrenzen hinaus in die weite Welt geschafft. Das ist weder ironisch noch abwertend gemeint, sondern lediglich die Feststellung der Tatsache, dass die »Cuisine de la Nouvelle-Zéland« keine internationale Relevanz hat.

Qualität prägend wirken dabei Anspruch und Erwartungshaltung des Gastes. Entsprechend seines lockeren Wesens ist der Kiwi auch ein sehr genügsamer Mensch. Ihn stellt ein Menü durchaus zufrieden, wo unsereiner bereits überlegt, ob er sich vielleicht beim Koch beschweren sollte.

Das hat in der Entwicklung der neuseeländischen Gastronomie (etwa seit den Achtzigern des vorigen Jahrhunderts) dazu geführt, dass sich auch neue Lokale, die von Immigranten aus Italien, Frankreich, Türkei, Thailand, Indien, Mexiko und anderen Länder eröffnet und geführt wurden, sehr schnell am Niveau des neuseeländischen Gourmet-Anspruchs orientiert haben. Wenn der Leistungsdruck relativ gering ist, können nun einmal keine außergewöhnlichen Spitzenleistungen erwartet werden.

Deshalb ist bissfeste Pasta im Restaurant nicht die Regel und der Wunsch danach muss bei der Bestellung besonders betont werden. Neuseeländer lieben sehr weiche Pasta, sogar auch aus der Dose. Wer seiner Bestellung ein freundliches »*please don't overcook the pasta*« oder »*please leave the pasta slightly undercooked*« hinzufügt, hat die besten Chancen, seine Teigwaren auch wirklich al dente zu bekommen.

Heute haben die meisten Gaststätten mit italienischen Namen Betreiber aus Ex-Jugoslawien. Das hat vermutlich mit der geringen Akzeptanz von originalen Balkangerichten wie Cevapcici und serbischer Bohnensuppe zu tun.

Kuriosität am Rande: Immer mehr angelsächsische Spezialitäten werden neuerdings von Asiaten zubereitet. Auffallend viele Einwanderer, zum Beispiel aus China, sind in der Lage, sich zur Existenzgründung ein bestehendes Lokal zu kaufen. Dazu gehören oft Imbiss-Bratereien für *roast* (Braten von verschiedenen Fleischsorten), einem typischen und sehr beliebten Kiwi-Essen.

Selbst Klassiker unter den Abholrestaurants für *fish 'n' chips* und *meat pies* (Fleischpasteten) erfreuen sich bei Investoren und Betreibern aus Fernost großer Beliebtheit.

Zur Betonung: Diese Bemerkungen beziehen sich – wie gesagt – auf die neuseeländische Durchschnittsgastronomie. Natürlich gibt es in den großen Städten auch Spitzenrestaurants, deren Küchen von hervorragenden *chefs* geleitet werden. Dazu abschließend ein paar Namen neuseeländischer Top-Gastronomen: Peter Gordon, Simon Gault, Josh Emett, Ray McVinnie, Kate Fay, Geoff Scott, Al Brown, Steve Logan, Michael Meredith, Peter Thornley, Josh Hampton, Peta Mathias, Alex Mackay.

12 EIN BLICK ZURÜCK

ES KOMMT NICHT AUF DIE GRÖSSE AN

Peter verließ das Restaurant und spürte, noch bevor er richtig in seinem Auto saß, wie ihn die Müdigkeit fast übermannte. Er entschloss sich, zurück zur *bach* zu fahren und mit einem Bad im Meer die Schwere aus seinen Gliedern zu vertreiben. In Oneroa angekommen musste Peter allerdings feststellen, dass dort ein unangenehm frischer und böiger Wind die Wellen kräuseln ließ und keine Schwimmer mehr in der Bucht zu sehen waren, nicht einmal Spaziergänger am Strand waren auszumachen. Etwas gedankenleer setzte sich Peter in einen Korbsessel auf dem windgeschützten *deck*, nickte schnell ein und träumte plötzlich von der Bedienung des italienischen Lokals. Ella sah aus wie eine Gouvernante mit Hornbrille und zum Dutt hochgesteckten Haaren. Sie erschien Peter im Traum als Leiterin einer Benimmschule und brachte ihrem deutschen Gast mithilfe eines Rohrstocks die Verhaltensregeln in neuseeländischen Gaststätten bei.

Von einem besonders schmerzhaften Hieb getroffen schreckte Peter völlig überraschend aus seinem Traum auf, aber es war nicht Ella, die vor ihm stand, sondern Riqi, dem es erst nach mehreren Versuchen gelungen war, seinen Freund und Helfer wach zu bekommen.

Riqi war bester Laune. Sein Auftritt bei der Promihochzeit war hervorragend angekommen und der Brautvater bestand auf eine ausgedehnte und voll bezahlte Zugabe. Inzwischen war es aber

Abend geworden und der Musiker drängte zur baldigen Rückfahrt, falls sie noch die letzte Autofähre nach Auckland erreichen wollten.

*

Nachdem er zu späterer Stunde wieder von seinem Inselausflug zurückgekehrt war, setzte sich Peter Obland am Sonntagvormittag, mit einer großen Tasse dampfendem Kaffee in der Hand auf das deck vor Malcolms Haus. Noch bevor er sich ins Bett begeben hatte, hatte Peter im Schnellverfahren alles in und am Haus gecheckt und für gut befunden, was ihm einen ruhigen Schlaf garantierte.

Die kurzfristige Wetterstörung vom Vortag hatte sich wieder verzogen und einem sonnigen und warmen Morgen Platz gemacht. Takapuna war fast menschenleer – geradezu ideal zum Sinnieren und Reflektieren – und außerdem hatte Peter einen unbeschreiblichen Blick über das tiefblaue Meer des Hauraki Golfs auf die Vulkaninsel Rangitoto. Als akustischen Bonus gab es zudem den eigenartigen und melodiösen Ruf des Tui-Vogels. Der optische Vordergrund dieses üppigen, aber niemals kitschigen Stilllebens wurde vom sattgrünen Blattwerk eines Pohutukawa-Baumes gebildet. Der breite, helle Sandstrand verlief bogenförmig zwischen zwei Felsnasen und ging praktisch auf voller Länge sehr flach ins klare Wasser über, das im intensiven Licht dieses Morgens von türkis bis dunkelblau changierte.

Weiter draußen, wo die Wassertiefe es erlaubte, dümpelten ein paar kleinere und mittelgroße Boote und Jachten. Peter dachte kurz daran, dass möglicherweise die Seascape von Walter und Conny und den Kids darunter sein könnte. Eine angenehme Südwestbrise hielt das malerische Arrangement in leichter Bewegung.

FAUNA …

Der Tui ist ein Vogel aus der Familie der Honigfresser. Sein dunkles, schwarz wirkendes Federkleid glänzt im Sonnenlicht grünlich und bläulich. Sein besonderes Merkmal ist ein weißes Federbüschel am

Hals. Außerdem hat der Tui einen auffälligen Gesang: melodisch, laut, kräftig und mit klickenden, schnarrenden Geräuschen durchsetzt. Als ein typisch neuseeländischer Vogel ist er zum Markenzeichen der neuseeländischen Biermarke Tui geworden.

... und Flora

Der Pohutukawa ist auch als neuseeländischer Weihnachtsbaum oder Eisenholzbaum bekannt. Der Baum ist immergrün. Die festliche Ausstrahlung in der Zeit seiner vollen Blüte von Dezember bis Januar führten zur Bezeichnung »*New Zealand Christmas Tree*« (neuseeländischer Weihnachtsbaum). In diesem Zeitraum bedecken pinselartige, leuchtend rote Blüten den gesamten Baum.

Übrigens: Der Pohutukawa ist in der Mythologie der Maori Teil vieler Legenden.

Peter nahm einen kräftigen Schluck aus der Tasse und fand, dies sei der richtige Zeitpunkt und der optimale Platz, um eine frühe Zwischenbilanz seiner Neuseelandreise zu ziehen – er sprach in den *voice recorder* seines Handys: »Ich fühle mich wohl hier. Es war der richtige Schritt, nach Neuseeland zu gehen, und Riqi ist ein idealer Freund und Motivator beim kennenlernen von Land und Leuten. Es ist auch wirklich leicht, Bekanntschaften zu schließen. Aber vieles, wenn nicht sogar alles ist anders als in den vertrauten deutschen Landen. Ich habe das Gefühl, in einem mentalen Korsett zu stecken – im Moment noch, zumindest. Ich muss sicher noch viel dazulernen.«

Peter schaltete das Gerät ab und überlegte, ob er alles löschen und neu besprechen sollte, als im einfiel, wie er vor etwa zwei Jahren überhaupt erstmals mit dem Thema Neuseeland wirklich näher in Berührung gekommen war.

Peter hatte bis dahin praktisch nichts von Neuseeland gewusst, außer dass es sehr weit entfernt und ganz tief »unten« lag. Mit der genauen geografischen Lage des Landes hatte er sich allerdings lange nicht befasst. Erst ein Blick auf den Globus verriet ihm zuverlässig, dass es weiter weg von Deutschland tatsächlich nicht mehr ging.

0,06 LICHTSEKUNDEN

Die Distanz zwischen D-A-CH und NZ ist tatsächlich immens, aber keineswegs unüberbrückbar.

Neuseeland kann zum Beispiel per Schiff erreicht werden, was 4 bis 6 Wochen dauert. Schneller geht es natürlich mit dem Flugzeug, wofür man circa 22 Stunden reine Flugzeit rechnen muss. Andere Alternativen gibt es praktisch nicht. Neuseeland ist somit von Mitteleuropa aus gesehen das am weitesten entfernt liegende Reise-, Urlaubs- oder Auswanderungsziel.

Bei einer Reise nach Neuseeland ist selten der Weg das Ziel und auch ein Stop-Over, zum Beispiel in Hongkong oder Los Angeles, macht die lange Anreise nicht wirklich angenehm, die – zumal in der Economy Class – anstrengend ist und endlos erscheint. Aber am Ziel wird man immer für die Reisestrapazen entlohnt. Leider hat man dann den Rückflug noch vor sich.

In einem Flugzeug vom Typ Concorde würde der Luftsprung von Frankfurt nach Auckland nur etwa 11 Stunden dauern; es soll angeblich neue Überlegungen zur Wiederaufnahme von Passagierflügen mit Überschallflugzeugen der nächsten Generation geben.

Peter war damals einem Studienkommilitonen namens Werner zu »*Music of the World*«, einer multikulturellen Musikveranstaltung, gefolgt. Dieser Werner gab sich übrigens immer sehr weltläufig und ist interessanterweise sofort nach Ende des Studiums ausgerechnet nach Neuseeland ausgewandert. Nach dem Konzert fand sich Peter praktisch ohne eigenes Zutun in einer Art *after-show party* wieder, wo ihm irgendjemand den Musiker Riqi Harawira vorstellte, den er spontan fragte: »Riqi, sie haben dich auf der Bühne als Vertreter der Maori-Musik Neuseelands vorgestellt, aber deine drei Songs, die mir wirklich gut gefallen haben, klangen für mich wie moderne, flotte Poptitel aus den internationalen Charts – und in englischer Sprache hast du auch gesungen. War das wirklich die Musik der Maori?«

»*Not at all!* Nein, das waren drei meiner Eigenkompositionen. Ich muss dazu sagen, dass die Organisation des Konzerts sehr gut war, aber sie konnte ihrem Titel nicht ganz gerecht werden.«

»*Music of the World?* Aber das war doch im Grunde passend.«

»Ja, vielleicht. Und richtig ist, dass ich Maori, Neuseeländer, Kiwi und Musiker bin. Allerdings scheinen die Veranstalter nicht zu wissen, dass die Traditionsmusik der Maori ausschließlich aus Gruppengesang besteht, die ein einzelner Gitarrist und Sänger nicht repräsentieren kann. Aber sie haben die kulturelle Besonderheit eher in meiner Person als in meiner Musik gesehen. Immerhin bin ich nicht ausgebuht worden ...«

URGESANG

Die Musikkultur der Maori baut in erster Linie auf die große Bedeutung des Gesangs und dessen unterschiedlichen Stilen auf. Man unterteilt dabei zunächst nach gesungenen und rezitierten Stilrichtungen. Kennzeichnend für die traditionelle Musik der Maori ist auch ihr Reichtum an Synkopen, also rhythmischen Verschiebungen durch Betonung eines an sich unbetonten Schlages.

Viele traditionelle Elemente der Musik sind über die Jahrhunderte verlorengegangen und wurden durch westliche Einflüsse ersetzt. Rückschlüsse auf die ursprünglichen Melodik können deshalb kaum gezogen können. Zur Authentizität des traditionellen Singens herrschen jedoch unterschiedliche Ansichten. Ein Teil der Musikhistoriker betrachtet den klassischen Gesang generell als von europäischen Elementen infiziert, während andere Forscher die traditionellen Maori-Gesänge auch heute für unverfälscht existent ansehen.

Nach dieser kurzen Unterhaltung tauschten Riqi Harawira und Peter Obland noch ihre Visitenkarten aus, aber eine Fortsetzung des interessanten Gesprächs war nicht mehr möglich, weil andere Gäste Riqi mit Fragen überschütteten. Dennoch waren die folgenden Minuten für Peter recht spannend, in denen er quasi als Zaungast ein bisschen etwas über Neuseeland und nebenbei sogar Australien erfahren konnte.

Eine offenbar sehr kulturbeflissene Neuseelandliebhaberin stellte Riqi einige ungewöhnliche Fragen, die ihr ein anderer Gast übersetzen musste: »Leben Sie in einem Maori-Dorf? Fühlen Sie sich in Ihrem Land diskriminiert? Haben Sie schon einmal einen Kiwi gestreichelt?«

Riqi ging auf alle ihre Fragen mit großer Geduld ein, aber die Antwort war jeweils ein einfaches Nein. Irritation kam auf, als die Aufdringliche wissen wollte, ob es nicht besser für Riqis Karriere wäre, zumal als Maori, ins Hauptland zu ziehen? Riqi musste rückfragen: »Sie meinen damit sicher unsere Südinsel?«

SIZE MATTERS – ES KOMMT DOCH AUF DIE GRÖSSE AN

Die Südinsel (Maori: *Te Waipounamu*) ist die größere der beiden Inseln, die zusammen Neuseeland bilden. Die Südinsel hat eine 33 Prozent größere Landfläche und wird deshalb oft als Hauptinsel *(mainland)* bezeichnet. Trotz der relativen Größe leben allerdings nur 23 Prozent der insgesamt rund 5 Millionen Einwohner Neuseelands auf der Südinsel.

»Nein, ich meine selbstverständlich Australien.«

Riqi wurde trotz brauner Haut ein bisschen blass und wirkte leicht verstört. Er murmelte etwas – es klang wie: »*Oh dear! Not the bloody Poms ...*«

KOSENAME

Pom wird als scherzhaft-spöttische Bezeichnung für den typischen australischen Einwanderer aus England verwendet. Zum Ursprung des Kurzwortes gibt es zwei plausibel klingende Erklärungen: Entweder steht es für *prisoner of mother England* (Sträfling des Mutterlandes England) oder meint *pomegranate* (Granatapfel), dessen rötliche Farbe die Ureinwohner Australiens, die Aborigines, mit der Hautfarbe der oftmals Sonnenbrand geschädigten Briten verglichen. Der Spitzname *Pom* ist generell nicht als Beleidigung gemeint und sollte auch nicht als solche verstanden werden.

Was man kritisieren könnte ...

Peter Obland stand dieses Mal weit außerhalb der Schusslinie. Ganz anders die offensichtlich übermotivierte Kulturexpertin, für die sich Peter fremdschämen sollte.

Neuseeländer sind glücklicherweise tolerante und weltoffene Menschen, aber sie haben auch einen ausgeprägten Nationalstolz, oder besser: Patriotismus – diesen sollte man keinesfalls verletzen. Niemals darf man *NZ* mit *AU* in einen Topf werfen: Neuseeland gehört definitiv nicht zu Australien! Kiwis lieben ihre Unabhängigkeit und wollen auf keinen Fall als das Anhängsel des »großen Bruders« Australien gesehen oder in dessen Schatten gedrängt werden. Es gibt eine milde Form der Hassliebe zwischen den beiden Ländern.

Bei hitzigen Diskussionen zu diesem Thema weisen die Kiwis gerne darauf hin, dass sie einstmals die kleine Doppelinsel im Südpazifik schließlich völlig freiwillig und von Entdeckerlaune angespornt besiedelt haben – im Gegensatz zu den verurteilten Gefangenen, die als *Poms* nach Australien als eine Art Freiluftgefängnis verbannt worden waren ...

Kuriosität am Rande: Die australische Verfassung enthält tatsächlich einen Abschnitt, der die Möglichkeit der Aufnahme Neuseelands als siebten Bundesstaat oder viertes Territorium in den australischen Staatenbund vorsieht.

13 EIN GANZ NORMALER SONNTAG-MORGEN

KLAPPERN GEHÖRT ZUM HANDWERK

Peter wurde von plötzlich einsetzendem Lärm aus seinen Gedanken gerissen. Knattern und Kreischen zerschnitt die vormittägliche Ruhe, wie er es am einem beschaulichen Sonntag in Takapuna nicht erwartet hätte: Zwei Rasenmäher dröhnten, fast wie auf Kommando eines bizarren Dirigenten, ein nerviges Duett. Dann, keine fünf Minuten später, heulte ein Laubsauger in schriller Dissonanz wie eine Jet-Turbine! Dieses aus schmerzhaft lauten, grob akustischen Elementen aufgetürmte Klanggebilde zersägte Minute für Minute die wehrlose Luft der Sanders Avenue.

Während das Zweitakter-Spektakel an Dynamik ständig zuzunehmen schien, traten die Nachbarn aus ihrem Haus – Südafrikaner, wie Peter später von seinen *quasi-flat-mates* Aroha und Kwan erfuhr. Jedenfalls waren es drei gestandene Männer, der Vater mit seinen erwachsenen Söhnen. Peter beobachtete die Szenerie mit zunehmendem Interesse und war gespannt, ob sie dem ruhestörenden Lärm endlich Einhalt gebieten und die Verursacher des Krawalls zum sofortigen Finale mahnen wollten.

Doch weit gefehlt: Die Dreiergruppe öffnete die Garage und brachte gut gelaunt und fröhlich pfeifend zwei Autos ins Freie; ein drittes

aus ihrem Besitz stand zuvor schon auf der Straße. Das Familien-
flaggschiff, ein großer Nissan Geländewagen, trug »BOER« auf dem
individualisierten Nummernschild.

Das Stakkato der Mäher und Sauger schien die Südafrikaner
wohl doch zu stören, denn sie brachten alsbald in der Garage
einen alten CD-Spieler in Gang, der Oldies aus den Siebzigern und
Achtzigern laut und scheppernd zu Gehör brachte. Das Klangge-
wirr war nunmehr unerträglich geworden. ›Man kann die Augen
schließen, wenn man etwas nicht sehen, und den Mund halten,
wenn man etwas nicht sagen will. Warum kann man eigentlich
die Ohren nicht schließen, wenn man etwas nicht hören will?«,
dachte Peter.

JENSEITS VON AFRIKA

Der Name *Boer* steht für die südafrikanischen *Boer people* (Boerevolk),
zu Deutsch »Buren«, und bedeutet Bauern oder Farmer. Die Buren
stammen von den zumeist niederländischen, aber auch deutsch-
und französischsprachigen Siedlern ab, die sich seit 1652 am Kap der
Guten Hoffnung niederließen.

Die Muttersprache der Boer ist Afrikaans, früher auch Kapholländisch
genannt. Es ist eine von mehreren Amtssprachen in Südafrika. Nach
dem Ende des von der Apartheid-Politik geprägten Südafrika (1994)
verließen allerdings tausende Buren und andere weiße Einwohner
das Land.

Einwanderer aus Südafrika stellen eine der großen Bevölkerungs-
gruppen innerhalb der Immigranten Neuseelands dar. Viele davon
kommen aus der Kapregion und haben sich im Allgemeinen einen
ausgeprägten Nationalstolz bewahrt.

Das schräge Schauspiel in den Nachbargärten und auf der Straße ging seinem Höhepunkt entgegen. Die Südafrikaner begannen
nun, synchron die Wagen zu waschen: mit Eimern, Schläuchen
und vor allem einem Hochdruckdampfstrahlgerät. Die Buren seif-
ten, schäumten und spülten – es war eine konzertierte Familien-

aktion. Das große Fahrzeugpflegeprogramm lief wie ein Uhrwerk ab, und es schoss Wasser sturzbachartig die Sanders Avenue hinunter – begleitet von *We are the Champions*. Schließlich, nach vollbrachtem Werk, trat das Trio wieder ab – genauso schnell, wie es gekommen war.

Aber es lag immer noch genug Unruhepotential in der Luft. Aus allen vier Himmelsrichtungen waren weiterhin die durchdringenden Motorengeräusche der unterschiedlichsten Gartengeräte zu hören, die, wie sich herausstellen sollte, bis zum späteren Nachmittag nicht verstummen würden. Hinzu kam noch eine sonntägliche Auffälligkeit der olfaktorischen Art: Strenger Geruch von angebranntem Fleisch waberte durchs Wohngebiet, verbunden mit weißen, grauen und schwarzen Schwaden, die von den Gärten und *decks* der Häuser wie Rauchzeichen das Grillen von Steaks, Fisch und *sausages* (Würstchen) in der klaren Neuseelandluft signalisierten.

›Auch die Nase gehört leider zu den Organen, die man nicht schließen kann, wenn man ihre sensorische Botschaft nicht aufnehmen will‹, dachte sich Peter, dessen Sinne inzwischen einigermaßen verwirrt waren.

Obwohl das *deck* nach hinten orientiert war, drang die ganze Flucht der Sinnesreize praktisch kaum gefiltert zu Peter durch, und die großzügig bemessenen Glasflächen des Hauses machten es möglich, dass er die Quellen der sensorischen Störungen auf der Straßenseite einsehen konnte, ohne sich dazu von seinem Sitz erheben zu müssen. Doch das bisher Gebotene war längst noch nicht alles und vielleicht nur das Vorspiel auf dem Weg zum großen *showdown* (Kräftemessen, Machtprobe): Ein dunkelgrüner Kleinbus mit Anhänger bog in die Einfahrt zu Malcolms Haus ein; er trug die Aufschrift *Cutting Crew* (wörtlich mähende Mannschaft, hier: Firmenname eines Gartenpflegeunternehmens).

Ein junger, dynamisch wirkender Mann mit freiem Oberkörper entstieg dem Wagen. Als er Peter auf dem *deck* sitzen saß, warf er den Arm in die Luft und rief: »*Good day, mate!* Ich kümmer' mich hier den Rasen. Herrlicher Sonntag, nicht wahr?«

Kaum dass sein Ruf verhallt war, stülpte er sich den Gehörschutz über und gab mit seinem Motormäher mächtig Gas. Peter dröhnte der Kopf.

SELBST UND STÄNDIG

Neuseeland liegt weltweit im Spitzenfeld der Geschäftsgründungen. Auch beim prozentualen Anteil von selbstständigen Unternehmern in der Bevölkerung mischen die Kiwis im Ländervergleich ganz weit vorne mit.

Dabei erfreut sich das Geschäftsmodell »Franchise« in Neuseeland besonders großer Beliebtheit. Natürlich dürfen dabei die internationalen Giganten McDonald's, Burger King, Pizza Hut, Subway, Vodafone, Goodyear, Esprit und viele andere nicht fehlen.

Aber die breite Basis wird von den vielen Klein- und Kleinstunternehmen gebildet: Neuseeländer, die Lust und Mut zur Selbstständigkeit haben, können aktuell unter knapp 220 Franchise-Konzepten wählen.

Für jeden, der einen Teppich schäumen, ein Hemd bügeln oder eine Hecke schneiden kann, ist etwas Geeignetes dabei: Im Branchenmix der Franchisen sind viele Dienstleistungen rund um Haus (derzeit circa 40) und Garten (derzeit circa 20) vertreten. Diese sind bei den Neuseeländern äußerst beliebt, zumal sich die Voraussetzungen für den Erwerb einer solchen Franchiselizenz im Wesentlichen auf die Bezahlung der Einstiegsgebühr und der monatlichen Abgaben beschränken.

Allgemeine Gartenpflege, *garden care*, Rasenmähen, *lawn mowing*, und Bäume trimmen, *tree cutting*, sind die Favoriten. Es ist also nicht erstaunlich, dass täglich ganze Heerscharen von Franchise-Einzelkämpfern mit knatternden Geräten über Neuseelands Vorgärten herfallen. Für besonders Fleißige ist dabei auch der Sonntag kein Ruhetag.

Als der schlimmste Lärm vorüber war und er sich noch einen Kaffee aus der Küche geholt hatte, nahm Peter wahr, wie nebenan die *flat* zum Leben erwachte. Aroha und Kwan sowie ein zweites junges Paar traten aus der Wohnung. Alle vier wirkten verschlafen, streckten sich und blickten schließlich gemeinsam nach oben, als ob sie die Qualität des Wetters überprüfen wollten. Peter winkte freundlich und rief ihnen zu: »Carpe diem – nutzt den Tag!«

Aroha freute sich: »Das werden wir tun. An schlechten Tagen stehen wir viel später auf. Aber wir haben ja auch Besuch – *cuz and cuzzie* (Slangwort für Freund, Freundin) aus Whangarei.«

Sie kamen zu Peter aufs *deck,* um den Besuch, Nora und Tom, vorzustellen und etwas Small Talk zu halten. Peter fiel auf, dass die Unterhaltung der beiden Neuen aus einer sprachlich bemerkenswerten Aneinanderreihung der ungewöhnlichsten Kiwislangwörter bestand – für ihne die perfekte Gelegenheit, sein Vokabular um ein paar seltene Begriffe zu erweitern. Mit der Frage: »*Burgers or bangers?* – Hamburger, Bulette, Frikadelle oder Bratwurst?«, gingen die vier Freunde wieder zur *flat* zurück und ließen Peter hinterm Ohr kratzend auf dem *deck* stehen.

ALLTAGSSPRACHE

Wie wahrscheinlich alle Nationen der Welt haben auch die Neuseeländer ihre Sprache in der Sprache, den Kiwislang im amtlichen Englisch. Lockere Umgangssprache und Begriffe oder Wörter aus der modernen, vom Kiwi Lifestyle geprägten Szene sind das Salz in der Buchstabensuppe. Ein paar prägnante Begriffe als Beispiele für diesen Jargon finden Sie im Glossar auf S. 344.

Kwan machte sich an etwas zu schaffen, das an der Hauswand stand; er entfernte eine etwas abgeschossene Schutzhaube aus beschichtetem Stoff, unter der ein stark gebrauchtes Grillgerät zum Vorschein kam. Gemeinsam schlossen Kwan und Tom mit verblüffend geübten Handgriffen eine Gasflasche, *LPG bottle,* an – und ruck-zuck züngelten helle Flammen aus den Brennern des Gerätes. Aroha und Nora legten *burgers, bread and bangers* sowie Kartoffelhälften auf und im Nu war der gesamte Terrassenbereich in ein dichtes Gemisch aus Rauch und Grilldunst gehüllt. Peter hatte sich bereits an die Schwaden und Düfte gewöhnt und fand sie sogar Appetit anregend. Vielleicht hatte er aber auch einfach nur großen Hunger.

HUNGER BUSTER – KAMPF DEM HUNGER*

Die Achse, um die sich die Ernährungswelt der Neuseeländer dreht, ist und bleibt der gasbetriebene Grill, genannt *barbecue, barbeque, barbie* oder *BBQ*. Draußen zu grillen ist ein wesentlicher Bestandteil des neuseeländischen Lifestyles und des kulinarischen Selbstverständnisses der Kiwis. Es verkörpert das Grundbedürfnis des fröhlichen Beisammenseins und ungezwungenen Lebens unter freiem Himmel. Die traditionelle Basisbestückung des *barbie* besteht immer aus *burgers* (Hamburger, Frikadellen), *bread* (Brot, das auf dem Grill getoastet wird) und *bangers* (Würstchen). Hinzu kommen *filets* und *steaks* von Rind, Schwein oder Fisch sowie Kartoffeln (meist halbiert und mit Schale) plus *Wattie's Tomato Sauce* (Tomatensoße der Firma Wattie's). Fertig ist die Kiwi-Standard-Mahlzeit: einfach zu machen, gut geeignet zur Verpflegung großer Gruppen und sicher auch vom gesundheitlichen Aspekt her akzeptabel. *Deluxe BBQ* mit Meeresfrüchte-Kebabs, Lammkoteletts, Wildfleisch, Gourmetwürstchen, Grillgemüse und Salat ist die gehobene Version des Grillens und insgesamt eher ein Fall für festliche Anlässe.

* Wortschöpfung der neuseeländischen Werbeindustrie

Völlig unerwartet fuhr plötzlich Riqi in die Einfahrt, stieg ungemein schwungvoll aus und machte sich am Kofferraum seines breiten Wagens zu schaffen. Mit zwei Plastikeimern links und rechts und vielen Autowaschutensilien unter beiden Armen schwang er sich von der Einfahrt zu Peter aufs *deck*. Sie umarmten sich aus offensichtlichen Gründen nur symbolisch. Riqi hatte sich arbeitsfein ausstaffiert: Schildmütze, altes, übergroßes T-Shirt mit ausgewaschenem Lord-of-the-Rings-Motiv und völlig zerschlissene Jeans. Er schien wild entschlossen, sein großes Auto vom reichlich vorhandenen Waiheke-Inselstaub zu befreien und bat Peter, einen Schlauch aus der Garage am Außenhahn des Hauses anzuschließen.

Riqis allererste Amtshandlung bestand darin, das Autoradio aufzudrehen; *Shine on you crazy diamond* dröhnte dumpf aus dem geschlossenen Wagen und war auch dann noch gut hörbar, als er das Wasser aus dem Schlauch auf Blech und Glas prasseln ließ.

Ein Neuseelandsonntag um Viertel nach eins. Peter fragte mit gespielter Beiläufigkeit in die Runde: »Ist das die Ausnahme oder der Normalfall? Hier Lärm und Benzingestank, dort Rauchschwaden und Grilldunst und dazu noch Musikgedröhne und Wasserverschwendung. Gibt es hier eigentlich keine Vorschriften zur Sonntagsruhe?«

Niemand schien Peters Frage gehört zu haben. Alle waren beschäftigt und summten das Lied aus dem Autoradio mit. Aroha drückte ihm einen gut gehäuften Teller mit Steak, Würstchen und Kartoffeln in die Hand und sagte: »*Keep calm and carry on! Enjoy your meal!* – Ruhe bewahren und (stur) weitermachen! Guten Appetit!«

Was man kritisieren könnte ...

Immer mit der (Sonntags-)Ruhe! Am siebten Tag der Woche lässt manch einer die Arbeit ruhen, um endlich in Ruhe arbeiten zu können.

Selbstverständlich ist den Neuseeländern der Sonntag heilig – allerdings ganz auf ihre Weise. Traditionell widmet man sich am Kiwisonntag der Familie und macht so viel gemeinsam wie möglich. Meistens geht es raus aus dem Haus, kopfüber in die Freizeit.

Manchmal jedoch, wenn die Pflicht zu laut ruft, wird der Sonntag gerne auch zur Erledigung unaufschiebbarer Hausarbeiten genutzt. Diese schließen enorm viel ein und fast nichts aus: Rasen mähen, Bäume stutzen, Hecken schneiden – alles ist normal und üblich.

Wo im deutschsprachigen Raum der Protest des Nachbarn so sicher wie das sprichwörtliche Amen in der Sonntagskirche wäre, ist in den Wohngebieten Neuseelands schlimmstenfalls mit einem nachbarschaftlichen Plausch zu rechnen, weil man sich vielleicht die ganze Woche noch nicht gesehen hat.

Auch die Schlauchwäsche des heiligen Blechs ist hierzulande weder ein Verstoß gegen die (juristisch ohnehin nicht definierte) Sonntagsruhe noch gegen etwaige Wasser- oder Abwasserverordnungen.

Es darf in diesem Zusammenhang aber nicht unerwähnt bleiben, dass die Häufigkeit der Autowäsche weitaus geringer ist als beispielsweise in Deutschland. Die völlig unterschiedliche Wettersituation und der geringere Staubgehalt der Luft lassen die Autos im Kiwiland tatsächlich nur sehr langsam schmutzig werden. Deshalb kann es durchaus einige Wochen dauern, bis der neuseeländische Autobesitzer den Anblick seines Gefährts nicht mehr erträgt und schließlich zu Wasser und Waschwachs greift.

Die sonntäglichen Aktivitäten werden zusätzlich gerne mit einem stärkenden Mahl vom Grill, *BBQ,* abgerundet oder gekrönt. Das hohe Belästigungspotenzial, das ein solches Tun durch seine Rauch-, Dunst- und Geruchsemission enthält, könnte im sonntagsruhigen Deutschland in schweren Fällen möglicherweise einen Polizeieinsatz auslösen. Nicht so in Neuseeland: Grillen auf dem *barbecue* ist so etwas wie ein Grundrecht aller Kiwis und kann daher theoretisch zu jeder Tages- und Nachtzeit ausgeübt werden. Der *barbie smell* (Grillgeruch) könnte den Nachbarn höchstens dazu animieren, seinen Grill ebenfalls in Betrieb zu nehmen und kräftig drauflos zu brutzeln.

14 UNBEGRENZTE PARKMÖGLICH- KEITEN

FAMILIENTREFFEN IM GROSSEN STIL

Riqi wässerte, schäumte, spülte und lederte im Akkord.

»An dir scheint ein guter deutscher Autonarr verloren gegangen zu sein«, rief Peter Riqi angesichts dessen hingebungsvoller Lackpflege zu. Der Angesprochene reagierte zunächst nicht sichtbar darauf, tauchte seinen Schwamm tief in den Eimer, um ihn dann blitzschnell wieder herauszuziehen und stark triefend nach Peter zu werfen, den die Wasserbombe satt an der Schulter traf.

»Ich gebe zu, dass ich tatsächlich ein bisschen in mein Auto vernarrt bin. Aber das einzig Deutsche daran ist nur das Fabrikat, der begeisterte Autoputzer bin ich garantiert nicht! Man sieht eben jedes Stäubchen auf dem schwarzen Lack – das stört mich.«

»*Never mind!* – Schon gut! Du weißt dich ja wirkungsvoll zu wehren«, versuchte Peter zu beschwichtigen und warf den Schwamm halbherzig zurück.

Riqi fing das fast schon trockene Geschoss mit der linken Hand auf, begann seine Waschutensilien im Kofferraum zu verstauen, räumte noch schnell den Schlauch in die Garage und wandte sich hungrig dem *barbecue* zu. Dort lud er sich von allem etwas auf den Teller und setzte sich zu Peter aufs *deck*. Nach ein paar Bissen schlug er vor: »Was hältst du davon, wenn wir den Sonntagnachmittag in einem der *Regional Parks* irgendwo hier in der Nähe oder auch ein Stück weiter nördlich verbringen? Long Bay, Shakespear, Wenderholm – *it's your call!*«

Das Wörtchen *call* hat viele Bedeutungen, wobei »Ruf, rufen« und »Anruf, anrufen« wahrscheinlich die gängigsten sind. Im Neuseeländischen hat *call* aber häufig ganz andere Bedeutungen. Üblich sind hierzulande:

it's your call	es ist deine Entscheidung
to call in	vorbeischauen
to call in a loan	ein Darlehen kündigen
to call in one's money	sein Geld zurückfordern
to call in an expert	einen Fachmann hinzuziehen

»Kann das sein? Der letzte Park in deiner Aufzählung hörte sich fast deutsch an, ungefähr wie ›Wenderholm‹.«

»*Exactly!* – Genau! Du hast richtig gehört. Es ist der Wenderholm Regional Park. Du möchtest also gerne dort hin, ja?«

»Ich weiß nicht so recht ... ein Naturpark in Neuseeland mit deutschem Namen ...«

»Der Name ist nicht deutsch, bild' dir bloß nichts ein – er ist schwedisch und bedeutet ›Winterheim‹!«

Peter wusste nicht, ob Riqi gerade mit Sachkunde glänzte oder ob er ihn gehörig auf den Arm nehmen wollte: »Du flunkerst doch, oder?«

»Hättest du den Long Bay oder Shakespear Park gewählt, dann wäre meine Beschreibung eher dürftig ausgefallen. Aber der Wenderholm liegt an der Mündung des Puhoi River und das ganze Land dieser Gegend hat vor zwei Jahrhunderten einmal meinem *iwi* gehört.«

KIA ORA AOTEAROA

Maori ist genau wie Englisch eine offizielle Landessprache Neuseelands. Aus den vielen unterschiedlichen Dialekten wurde von einer eigens gebildeten *Maori Language Commission* eine allgemeingültige Maori-Hochsprache entwickelt. Die zusätzliche Kreation vieler neuer Wörter diente der Modernisierung der Sprache. Die meisten neuseeländischen Ortsbezeichnungen entstammen der Maori-Sprache. Einige wissenswerte Begriffe und Redensarten auf Maori:

Aotearoa	Land der langen weißen Wolke, NZ
Aroha	Liebe
Haere mai	Willkommen
Haere ra	Ade, Servus, Tschüss
Hangi	Mahlzeit aus dem Erdofen
Haka	Kriegs- bzw. Verteidigungstanz
Hongi	Gruß (Nase auf Nase)
Iwi	Stamm
Ka kite ano	Auf Wiedersehen
Kia ora	Hallo, Guten Tag
Mana	Ansehen, Prestige
Moaritanga	Maori-Kultur
Marae	Versammlungsplatz
Moko	Tätowierung
Pakeha	Hellhäutiger Neuseeländer
Papa	Erde
Rangi	Himmel
Tane	Mann
Tapu	Verbot
Wahine	Frau
Waka	Kanu
Whare	Haus

»*Iwi?* Wie Kiwi ohne K?«

»*Sweet as!* – Sehr nett, sehr cool! Okay, wie Kiwi ohne K, wenn du so willst. Mit *iwi* meinen wir Maori allgemein unser Volk, und im Speziellen unseren Volksstamm oder Familienklan. Du kannst es meinetwegen mit dem englischen Wort *tribe* vergleichen. Das wirkt auf dich vielleicht archaisch, aber für uns ist die Abstammungsgeschichte enorm wichtig.«

»Sorry, ich wollte keinen billigen Scherz auf Kosten deiner Genealogie machen.«

»*Alright,* davon gehe ich aus. Jedenfalls hat mein *three-times great uncle* (Großgroßgroßonkel) Te Hemara Tauhia das ganze Land an einen Geschäftsmann namens Robert Graham aus Auckland verkauft, der dort ein ziemlich großes Anwesen errichtete, das er als Feriendomizil für sich und seine Familie nutzte.«

»Robert Graham hört sich aber gar nicht skandinavisch an.«

»Der Mann war Engländer. Es war nämlich ein schwedischer Freund, der zu Besuch aus der skandinavischen Kälte kam und das Anwesen begeistert sein Winterheim, also Wenderholm nannte. Viel später wurde dann ein öffentlicher Park daraus, aber der Name ist geblieben. So – wie klingt das nun in deutschen Ohren?«

»*Awesome!* – Super, fantastisch, toll! Ein Maori verkauft Land an einen Engländer, ein Schwede tauft den Flecken und die Neuseeländer machen einen staatlichen Park daraus. Wenderholm – das gefällt mir. Wann fahren wir hin? So wie es hier heute schon zur Sache ging, kann ich etwas Ruhe und Abgeschiedenheit sehr gut gebrauchen!«

BETRETEN ERWÜNSCHT

Es gibt die beliebten *Regional Parks* in den Bereichen Auckland, Wellington, Canterbury und Southlands. Allein die Region Auckland hat 30 Parks.

Es klingt nach Klischee, entspricht aber den natürlichen Gegebenheiten: Diese Parks locken ihre Besucher mit Spaziergängen über hügeliges Grasland, Wanderungen durch dichten nativen Regenwald und atemberaubenden Aussichten von den Kliffs der zerklüfteten Felsküste. Und sie laden zum genussvollen Picknick an Stränden mit goldfarbenem Sand ein.

Noch immer dröhnte Peters Kopf, sein Magen war gut gefüllt und er stellte sich auf einen entspannenden Nachmittag ein – Riqi hatte schließlich in seiner unnachahmlichen Art die Weichen dazu gestellt, und so wünschte er sich ein oder zwei Stündchen in der menschenleeren Umgebung eines beschaulichen Parks, untermalt vom Rauschen des Meeres und begleitet vom feinen Duft der Seeluft.

Peter bot sich als Fahrer im Toyota an, um seine Erfahrung im Linksverkehr auszubauen und freilich auch, um Riqis frisch gewaschenes Auto staubfrei zu belassen.

Als beide nach unspektakulärer Fahrt im Wenderholm Park ankamen, wollte Peter weder seinen Augen noch allen anderen Sinnen trauen: Es sah dort aus wie bei einer Kombination aus Volksfest und Sportveranstaltung. Überall hatten sich kleine und größere Gruppen mit umfangreicher Ausstattung zum Picknick niedergelassen. Ein unentwirrbares Gemisch der Musik aller Nationen wob einen kunterbunten Klangteppich. An zwei gemauerten Grillstellen stiegen stattliche Rauch- und Dampfsäulen auf und eine bodennahe Dunstschicht verteilte den typischen und intensiven Grillgeruch über das gesamte Parkgelände und darüber hinaus. Hunde aller Rassen tollten aus Leibeskräften bellend zwischen den Leuten herum. An mehreren Stellen wurden von Klein und Groß die Einfachversionen neuseeländischer Lieblingssportarten präsentiert – Rugby, Cricket und Golf. Bälle aller Formen und Größen flogen wie Satelliten durch die Luft. Ein Vater brachte seinen zwei Kids mit hochtourigen Minimotorrädern – Düne rauf, Düne runter – Sandbahn fahren bei. Summa summarum: Lärm, Geschrei und Gestank überall.

Peter hatte das Gefühl, seine Flucht aus der sonntäglichen Unruhe war eine Flucht vom Regen in die Traufe. Sagt man in Deutschland nicht hin und wieder, die Ruhe sei des Bürgers erste Pflicht? Hier in *Down Under New Zealand* stand die Welt für Peter wahrlich auf dem Kopf! Er stand starr neben Riqi, der sich vermutlich denken konnte, was im Kopf seines Gastes vor sich ging. »Weißt du, Riqi, ich habe das Bild deutscher Parkanlagen vor meinem geistigen Augen; ich sehe reifere Paare gemessenen Schrittes beim sonntäglichen Spaziergang; Familien mit wohlerzogenen Kindern, die – dort, wo es erlaubt ist – auf dem Rasengrün Frisbee spielen; ich sehe junge Studenten ein gutes Buch lesend auf den Bänken sitzen; und vor allem sehe ich Ruhe und Ordnung.« Peter wurde vom Geräusch eines sich nähernden Fahrzeugs aus der Beschreibung seines Stilllebens gerissen und erwiderte reflexartig den kurzen Gruß eines *park ranger* (Parkaufseher), der im offenen Jeep neben ihm gehalten hatte.

»Gut was los heute im Park, *right?*«, statuierte der Aufseher mit genau dem Lachen, das Peter ein bisschen vergangen war.

Peter wollte von dem *ranger* wissen, ob angesichts der ungezügelten Menge nicht ein gewisser Handlungsbedarf für ihn bestünde.

Die Frage amüsierte den Angesprochenen sichtlich, er schüttelte den Kopf, wendete den Jeep und rief über die Schulter: »Normaler Sonntag im Park. Und die Leute sind happy.«

Peter beschloss, seine Idee eines erholsamen Sonntags nun endgültig zu begraben.

Was man kritisieren könnte ...

Neuseeland ist dünn besiedelt, aber einsame Plätze sind dennoch rar – vor allem sonntags.

Der Sonntag im Park ist ein echter Kiwiklassiker. Und dabei ist keineswegs nur Spazierengehen oder Banksitzen gemeint. So wird im ganzen Land mit großer Begeisterung gepicknickt. Grillpartys im Park unterliegen kaum Einschränkungen, solange der Müll weggeräumt und nichts in Brand gesetzt wird.

Man betätigt sich im Familienkreis sportlich, und die Kleinen werden frühzeitig auf den Ernst des Lebens mit Rugby und Cricket vorbereitet. Es kann mitunter tumultartig zugehen, aber es gilt stets das Prinzip: Die Freiheit des einen endet dort, wo die Freiheit des anderen beginnt.

Unzählige Parks sind öffentlich zugänglich und für einen starken Besucheransturm eigens vorbereitet: gemauerte Grillstellen, ordentliche Toilettenhäuschen, manchmal (bei strandnaher Lage) auch Umkleidekabinen und Duschen. Es werden keine Eintrittsgebühren erhoben.

Wohlgemerkt: Es handelt sich hier nicht um Campingplätze; es sind normale, als solche ausgewiesene Parks, in denen das Campen entweder gar nicht oder nur in separaten Abschnitten erlaubt ist. Andererseits sind es auch keine Naturschutzgebiete – das sind die *National Parks,* von denen es 14 in Neuseeland gibt.

Das Grundkonzept der neuseeländischen öffentlichen Parks ist es, Ruhe und Erholung suchenden Familien eine Möglichkeit zu bieten, den Sonn- oder Feiertag in der freien Natur zu verbringen. Das kann an schönen Tagen natürlich zu dichtem Gedränge führen. Denn nicht nur den Kiwi an sich, auch viele Bürger anderer

Nationalitäten zieht es an den arbeitsfreien Tagen mit Macht ins Freie.

Den unbedarften, zumal deutschen Besucher kann das bunte Sonntagstreiben in den Parks zunächst irritieren. Besonders erstaunt ist er, wenn er erfährt, dass sich Schäden durch groben Unfug und Vandalismus in sehr engen Grenzen halten.

Anmerkung: Peter Oblands Erlebnis soll keinesfalls die objektive Schönheit des Wenderholm Regionalparks schmälern. Dieser Park ist tatsächlich eine kleine Oase an der Mündung des Puhoi Flusses. Ein goldfarbener, sichelförmiger Strand schließt sich dem satten Grün der gepflegten Rasenflächen an und lädt zum Bad in sauberem Wasser ein. Außer an bestimmten Sonn- und Feiertagen ist dieser Park eher schwach bis mäßig stark bevölkert.

15 EIN SPIEL MIT EI

VON MALFELD, VERSUCH UND SPRUNGTRITT

Peter gefiel sein Job als *house sitter* von Tag zu Tag besser. Im Grunde, das muss man offen sagen, hatte er nicht sehr viel zu tun und konnte täglich kleine Ausflüge in die nähere Umgebung unternehmen. Auf diese Weise integrierte er sich mehr und mehr ins neuseeländischen Leben. Aber er nahm seine Aufgabe nicht auf die leichte Schulter – ganz im Gegenteil. Peter machte sich nützlich im Haus, wo es nur ging: Er polierte blinde Stellen aus dem Lack des Dielenbodens, hielt die Teile des Rasens in Ordnung, für die der hemdlose Mann der *Cutting Crew* anscheinend nicht zuständig war, und er begann sukzessive, die Garage aufzuräumen. Ab und an kamen Aroha oder Kwan auf einen kleinen Plausch vorbei und brachten ihm auch schon mal eine Kleinigkeit zu essen. Aber sie hatten auch Anliegen ganz anderer Art ...

Aroha klopfte ans Glas der Schiebetür zum *deck* und fragte Peter, ob sie mal kurz eintreten dürfte, sie hätte da mal eine spezielle Frage. »Kein Problem, Aroha, komm nur rein. Was liegt an?«

Im Tonfall einer Mischung aus höchster Dringlichkeit und inbrünstiger Bittstellung erklärte sie: »Heute kommt Rugby im Fernsehen. Die *All Blacks* spielen gegen die *Wallabies* – also wir gegen die Aussies. Der Puls der Nation ist auf 180. Ich habe Nora und Tom eingeladen, du kennst die beiden ja schon, und Kwan ist auch mit dabei!«

Peter wusste nicht genau, worauf die Studentin hinauswollte, aber ein Rugby-Spiel im Fernsehen würde ihn eigentlich auch interessieren. Er sagte: »Okay, und nun sucht ihr einen fünften Mann, der sich mit euch das Spiel ansieht. Oder willst du mich nur davor warnen, dass es in eurer *flat* sehr laut werden könnte?«

»Ja, wir würden uns riesig freuen, wenn du uns Gesellschaft leistest. Und ja, es kann natürlich laut werden. Aber ehrlich gesagt ist das noch nicht alles. Ich möchte dich nämlich fragen, ob wir uns das Match hier bei dir ansehen dürfen … also in Malcolms Wohnzimmer, besser gesagt?«

»Rugby schauen hier bei mir?«

SPIEL DES LEBENS

Rugby ist der Nationalsport Neuseelands, mehr noch: es ist ein wesentlicher Teil der Identität dieser Pazifiknation. Ein oft gehörter Satz, der auch Slogan in einer Kreditkartenwerbekampagne war, lautet: *Life is Rugby*. Diese Aussage bringt die ungewöhnlich starke Affinität der Kiwis zu diesem Sport deutlich zum Ausdruck.

Neuseeland war Ausrichter der Rugby-Weltmeisterschaft 2011 im eigenen Land, und jeder war gespannt auf die Leistung der Nationalmannschaft, der abgöttisch verehrten *All Blacks**, nachdem diese in der WM 2007 in Frankreich bereits im Viertelfinale ausgeschieden waren. Trotz dieses Desasters standen die »Ganz Schwarzen« weiterhin auf Platz 1 der IRB *(International Rugby Board)* Weltrangliste. Und tatsächlich: Die *All Blacks* konnten bei der WM den Pokal in einem extrem spannenden Finalspiel zurückgewinnen. Ganz Neuseeland war selig.

Aber es muss nicht unbedingt ein Weltmeisterschaftsspiel sein, um praktisch alle neuseeländischen Räder stillstehen zu lassen: Wenn die *All Blacks* gegen die australischen *Wallabies* spielen, herrscht Ausnahmezustand im ganzen Land.

* Die *New Zealand All Blacks* haben ihren Namen von ihren komplett schwarzen Trikots, weshalb sie manchmal von Sportreportern auch *Men in Black* genannt werden.

Hinweis: Eine Übersicht der wichtigsten Rugby-Spielregeln ist am Ende dieser Episode zu finden!

Der Grund, dass die Rugby-Fans von nebenan dieses Spiel ausgerechnet im Haupthaus sehen wollten, war nicht unbedingt der
Wunsch, Peter dringend in ihre Fangemeinschaft aufnehmen zu
wollen, sondern der 70-Zoll-Flachbildfernseher, den Malcolm an
einer Wand des *living room* installiert hatte. Aroha sagte: »*Well,*
Malcolm hat uns hin und wieder eingeladen, ein interessantes Spiel
oder auch ein Rennen beim *America's Cup* auf seinem *giant-sized flat
screen* (riesengroßer Flachbildschirm) anzusehen – *70 inch – OMG
(Oh my God!)* – da wirken die Spiele fast wie live.«

SEENOT

Der internationale *America's Cup* ist die bekannteste und älteste noch
heute ausgetragene Segelregatta. Der Cup ist ein Wanderpokal und
hat seinen Ursprung in einer Regatta rund um die britische Insel Isle
of Wight aus dem Jahre 1851. Um den *America's Cup* treten zwei Se-
geljachten – Verteidiger und Herausforderer – in mehreren Wettfahrten gegeneinander an. Die Jacht, die eine vorher festgelegte Anzahl
von Wettfahrten gewinnt, gewinnt den Cup.

Der 34. America's Cup fand 2013 in San Francisco statt. Am 25. September verlor das *Emirates Team New Zealand* gegen das *Oracle Team
USA* im 19. Rennen mit 8 : 9, nachdem es zuvor mit 8 : 1 in Führung
lag. Die Neuseeländer konnten sich mit dieser Niederlage nicht ab-
finden und haben im Nachhinein den Teamchef als Schuldigen befunden. Dieser hatte eigenmächtig einen Ruhetag im Wettbewerb
festgelegt, der dem gegnerischen Team einen Vorteil bescherte und
dem neuseeländischen Team nach Meinung vieler Fachleute letztendlich den Sieg gekostet hat.

2017 hatte das neuseeländische Team vor der Küste Bemudas sein
großes Comeback mit einem überragenden Sieg über *Oracle Team
USA*. Neuseeland ist sehr Stolz auf Peter Burling, den jüngsten Steuermann in der Geschichte des America's Cup, der sein Team zum Sieg
geführt hat. Die Kiwis können es kaum erwarten bis zum nächsten
America's Cup im März 2021 in Auckland.

Peter schaute kurz quer durch den Raum, runzelte die Stirn und fragte: »Aroha, bist du dir sicher, dass sich hier im Raum ein großer Flachbildschirm befindet? Ich sehe jedenfalls nichts dergleichen.«

»Aber du siehst doch dort drüben das hübsche Stillleben *beach, bach and boats*. Das Bild lässt sich zur Decke hochklappen – du kannst dir ja denken, was dahinter zum Vorschein kommt.«

»*Are you sure about that?* – Bist du dir da ganz sicher? Ich habe den Rahmen des Bildes erst gestern abgestaubt, da hätte ich die Scharniere eigentlich sehen müssen.«

»Die Mechanik ist fast unsichtbar – Malcolm ist ein echter Tüftler. Er hat den TV übrigens irgendwann auf *TradeMe* für einen lächerlich niedrigen Preis ersteigert. Das musst du dir nur mal vorstellen.«

SCHNÄPPCHEN ONLINE

Während in deutschsprachigen Gefilden *eBay* das Maß aller im Internet versteigerten Dinge ist, hat dieser Online-Gigant hierzulande nur eine eher untergeordnete Bedeutung. Neuseeländer er- und versteigern praktisch ausschließlich via *TradeMe*. Diese Internet-Auktionsplattform hat einen unglaublichen Siegeszug hinter sich. Gegründet in 1999 entwickelte sich der www-Marktplatz mit dem Slogan »*Kiwis Buy and Sell*« innerhalb weniger Jahre zum perfekten Erfolgsmodell und ist die am zweithäufigsten geklickte Webseite Neuseelands – nach Google, versteht sich.

Der Gründer des virtuellen Auktionshauses, Sam Morgan, konnte seine goldene Idee im richtigen Moment gut versilbern, indem er sein *TradeMe* im Jahre 2006 für 750 Millionen Neuseelanddollar an den australischen Medienkonzern Fairfax verkaufte. Die neuseeländischen Medien philosophierten daraufhin lange über die Frage, ob dieser Deal als weiterer Teil des laufenden Ausverkaufs des Landes oder – im Gegenteil – als kluger Schachzug gegen die gierigen Aussies gewertet werden sollte.

Übrigens: Außer den üblichen Kategorien wie Autos, Computer, Kleidung und Möbel enthält *TradeMe* – typisch Kiwi – auch die wichtige Rubrik »*flat-mates wanted*« (»Mitbewohner gesucht«).

Aroha führte Peter den Klappmechanismus kurz vor und hakte schließlich hartnäckig nach: »Nun, Peter, wie sieht's aus?«

Er hatte natürlich nichts gegen Arohas Antrag einzuwenden: »Okay, das war jetzt eine angenehme Überraschung. Du hast mir Appetit auf Rugby im Großformat gemacht. Lass uns folgenden Deal machen: Wir schauen hier gemeinsam XXXL-Rugby und du erklärst mir nebenher die Spielregeln. Die sollen es in sich haben – und ganz unwissend möchte ich ja auch nicht dastehen.«

Aroha freute sich: »Wenn du weißt, was Abseits beim Fußball ist, dann sollten die Rugby-Regeln kein Problem für dich sein. Du gibst also grünes Licht?!«

»Klar, strahlend grünes Licht! Aber treibt es nicht zu bunt, ich muss ja für alles bei Malcom geradestehen.«

Eine gute halbe Stunde später hatten die vier Sportsfreunde praktisch den gesamten Bereich vor dem mächtigen Bildschirm belagert. Nach Peters Vorstellung hätten alle halbwegs gesittet auf Couch und Stühlen Platz nehmen sollen, über die er zuvor, zur Vermeidung von Kratzern und sonstigen Schäden, Wolldecken gelegt hatte. Aber seine Gäste schoben sämtliche Sitzgelegenheiten zur Seite, nahmen die Wolldecken und richteten sich damit kleine Sitzinseln auf dem Fußboden ein.

Das Spiel begann und es schien von der ersten Minute an für die *All Blacks* unter einem ungünstigen Stern zu stehen. Aroha war viel zu aufgeregt, um Peter auch nur eine einzige der erbetenen Rugby-Regeln zu erklären, und selbst Kwan, der als Malaysier nicht gerade ein Vertreter der klassischen Rugby-Nationen war, wälzte sich bei einigen Spielzügen, Schmerzen parodierend, auf dem Boden hin und her.

Peter begann sich leichte Sorgen zu machen. Die erste Halbzeit war noch nicht vorüber und schon lag überall irgendetwas herum: hier die vier gestressten Fans, dort viele volle und leere Bierflaschen, dazwischen Alkopop-Dosen und weit verstreut einige Tüten mit Chips und anderen Knabbereien. Peter, der dem Spiel nur sehr unkonzentriert folgen konnte, versuchte, so gut es ging, etwas Ordnung zu halten. Er kam aber kaum hinterher, die kleinen Bierpfützen aufzuwischen und leere Flaschen einzusammeln. Er wurde zusehends nervöser.

Auch in der Halbzeitpause wurde die Situation nicht besser. Aroha, Kwan, Nora und Tom waren kaum noch ansprechbar und ihre Stimmung tendierte stark ins Depressive, wobei der Alkoholkonsum sicher einen ordentlichen Beitrag dazu geleistet hatte. Die ganze Gruppe näherte sich unaufhaltsam dem Zustand des Vollrausches.

BOOZE CULTURE – SAUFKULTUR

Man muss es leider offen aussprechen: Neuseeland hat ein nationales Alkoholproblem, mit dem es das Land ins internationale Spitzenfeld dieser Disziplin geschafft hat. Mit aufwendigen Kampagnen kämpft das neuseeländische Gesundheitsministerium einen verzweifelten Kampf gegen den exzessiven Alkoholkonsum, der mehr und mehr auch Jugendliche und sogar Kinder (Teens under 14 Jahren) betrifft. Nach der neuesten Studie spricht man von »mindestens 775.000 Problemtrinkern in Neuseeland«, was bei etwa 5 Millionen Einwohnern einen erschreckenden Prozentsatz darstellt. Dabei fällt jedem Betrachter sofort eine spezifisch neuseeländische Trinkgewohnheit auf: Die Rede ist vom *binge drinking*. Hierbei handelt es sich um das bewusste Rauschtrinken (vulgo: Kampftrinken, Komasaufen), das die Kiwis beiderlei Geschlechts und aller Altersklassen allzu gerne praktizieren.

Neuseelands Gesetzesänderung im Dezember 2014, die Promillegrenze für Autofahrer von 0,8 auf 0,5 herunterzusetzen, hatte leider keine positive Veränderung im Trinkverhalten bewirkt, ganz im Gegenteil, die Zahl der Verkehrstoten durch Alkoholeinfluss ist seitdem gestiegen.

Das eigentliche Problem, so sagen die internationalen Suchtwischenschaftler, sei »der zwanghaft verkrampfte Umgang der neuseeländischen Behörden mit dem Thema Alkohol« an sich. Die Wissenschaftler verweisen u. a. auf statistische Bezugszahlen aus dem Amerika der Prohibitionszeit.

Zehn Minuten nach dem Anpfiff zur zweiten Halbzeit begann das Quartett unisono leise, aber unüberhörbar zu schluchzen – die *All Blacks* schienen das Spiel zu verlieren. Der Bier- und Whiskeykonsum erreichte einen vorläufigen Höhepunkt. Um das drohende Chaos möglichst in seiner Entstehung abzuwehren, arbeitete Peter wie ein Gehetzter. Nach einem verlorenen Ball der *All Blacks* warf Tom in seiner Enttäuschung eine fast noch volle Tüte *Pineapple Lumps* quer durch den Raum. Dadurch erschrak Nora, zuckte zusammen und verteilte einen Strahl *Steinlager* quer über die verzweifelte Gruppe. Peter hatte das Gefühl, die Kontrolle zu verlieren – er beschloss, Riqi anzurufen und um Rat zu fragen.

WER HAT'S ERFUNDEN?

Berühmte süße Naschwerk-Kreationen aus Neuseeland sind immer eine Versuchung wert. Dazu gehören unter anderem:

Pinepple Lumps (Ananasstückchen): Bei Jung und Alt beliebte, weiche Kaubonbons mit Ananasgeschmack und einem Überzug aus Schokolade. Die ersten Pineapple Lumps wurden 1935 in Omaru auf der Südinsel hergestellt. Die Entwicklung dieser Süßigkeit soll, wie man so sagt, als Abfallprodukt aus einer anderen hochverehrten Kiwiana-Nascherei hervorgegangen sein, dem *Chocolate Fish* (Marshmallow in Fischform mit Schoko-Überzug).

Whittaker's Chocolate: Schokoladenprodukte von Whittaker's gibt es seit der Firmengründung 1896 in Christchurch. Heute hat sie ihren Sitz in Porirua. Whittaker's wirbt mit dem Sogan: »Good honest chocolate.« Probiertipp: die Sorte *L&P*, weiße Schokolade mit dem Geschmack der neuseeländischen Limo-Ikone *L&P* (S. 15) und Knallzucker. Gibt's auch als zwölf Minitafeln in einer Tüte.

Gerade als Peter Riqis Nummer wählte, drang aus vier Kehlen eine Serie von Tönen, die den melancholischen Gesängen der Wale verblüffend ähnlich waren – das Signal war eindeutig: Die Fans sahen schwarz für die *All Blacks*.

Riqi meldete sich am anderen Ende der Leitung auffallend kurz angebunden und irgendwie mürrisch. Peter hatte den Freund als einen der lockersten Menschen der Welt kennengelernt, aber jetzt klang der sonst so Sozialkompatible vom ersten Moment an genervt, sehr genervt: »Ist es sehr dringend? *You're calling at a bad time!* – Du ruft zu einer ungünstigen Zeit an!«

Peter ahnte natürlich den Grund für Riqis Ruppigkeit, doch die Sorge um Malcolms Haus hatte für ihn oberste Priorität. Er blieb hartnäckig. »Es ist Rugby im Fernsehen. Wir ... ähh ... Neuseeland gegen Australien.«

»Was du nicht sagst! Und?«

Peter sah im Spiegelbild der Fensterscheibe, wie ein *Wallaby* einen *All Black* foulte. Ein Aufschrei schallte durchs Haus. »Aroha und Kwan sind hier. Und zwei Freunde. Sie gucken das Spiel auf Malcolms Riesen-TV.«

»Ja, ja, ist doch gut so! *Get to the point, please!* Komm zum Punkt, bitte! Aber flott!«

Die *All Blacks* stellten sich zum Freistoß auf. Atemlose Stille beherrschte die Szene. »Wie soll ich sagen? Die vier sind inzwischen ziemlich angetrunken und ich fürchte, im Haus könnte einiges zu Bruch gehen. Ich komme mit dem Aufräumen nicht mehr nach. Was würdest du mir raten zu tun?«

Die *All Blacks* hatten Pech beim Freistoß und verloren den Ball an die *Wallabies,* die ihn innerhalb weniger Sekunden im neuseeländischen Feld ablegten und weitere fünf Punkte machten. Damit war das Spiel rechnerisch für Neuseeland nur noch durch ein mittleres Wunder zu retten. Die Reaktionen und Geräusche im Raum waren entsprechend.

»*Sorry,* mein Freund – setz' dich am besten zu den anderen vor den *screen,* zieh' dir ein Bier rein oder zwei und beginn' mit der Trauerarbeit. Und nochmals sorry, ich habe jetzt wirklich keine Zeit mehr – Neuseeland geht gerade unter.«

Riqis kurzer Monolog brachte die Situation wirklich auf den neuseeländischen Punkt. Mit einem devoten: »*Sorry,* Riqi. Ich wollte dich ehrlich nicht nerven ...«, legte Peter auf, doch Riqi war längst nicht mehr in der Leitung.

Als das unglückliche Spiel endlich zu Ende war, begann Peter wie in Trance, das Zimmer aufzuräumen – die Sportfreunde hatten eine große Unordnung, aber wenigstens keine Schäden hinterlassen.

Was man kritisieren könnte ...

Fußball ist eine von Raufbolden gespielte Gentleman-Sportart! Rugby ist eine von Gentlemen gespielte Raufbold-Sportart! (Aphorismus aus England)

Erstens (spezifisch): Obwohl oder gerade weil Neuseeland ein offen diskutiertes, aber (noch) ungelöstes Alkoholproblem vor sich herschiebt, wird kaum jemand ernsthaft erwarten, ein spannendes Rugbyspiel bei Mineralwasser und Limonade verfolgen zu müssen.

Sport und Alkohol stehen nicht nur im Kiwiland eng beieinander. Natürlich gibt es leider immer wieder Fälle von Alkoholexzessen, die negative Schlagzeilen machen. Im privaten Kreis haben sich die Fans in der Regel meistens einigermaßen im Griff. Peter Oblands Sorge vor Verwüstung des ihm überlassenen Hauses ist verständlich, war aber letztendlich dennoch übertrieben.

Zweitens (grundsätzlich): Man sollte in Neuseeland besser niemanden zu Hause anrufen, wenn ein Rugby-Länderspiel, zumal gegen Australien, übertragen wird. Tut man es aus einem wichtigen Grund trotzdem, dann sollte man eine gewisse Ungeduld und Zugeknöpftheit des Gesprächspartner nicht persönlich nehmen, sich unbedingt kurz fassen, das Gespräch wenn möglich vertagen und sich für die Störung ausdrücklich entschuldigen! Vor diesem Hintergrund wird es einigermaßen verständlich, dass auch ein Freund etwas genervt reagiert, wenn ihn ein überaktiver *house sitter* um Rat beim Umgang mit angetrunkenen Gästen bittet – und das ausgerechnet in der kritischen Phase eines Rugby-Länderspiels.

EINE ÜBERSICHT DER RUGBY-SPIELREGELN

Der Ball ist nicht rund. Beim Rugby spielt man per Definition mit einem verlängerten Rotationsellipsoid *(spheroid)*. Dessen Volumen wird mit $V = (4\pi / 3) \times ab^2$ berechnet. Für die, die es genau wissen möchten. Rugby wird mit der Hand und dem Fuß gespielt. Das Spiel dauert längstens 80 Minuten und ist in zwei Halbzeiten zu je 40 Minuten unterteilt. Nach vorne darf nur mit dem Fuß gespielt werden, mit der Hand darf nur zur Seite oder nach hinten geworfen werden. Ein Ball führender Spieler darf von den Spielern der gegnerischen Mannschaft angegriffen, festgehalten und umgeworfen werden. Liegt ein Spieler am Boden, muss dieser den Ball sofort freigeben.

Das Ziel des Spiels ist es, dass ein Spieler den Ball am Gegner vorbei trägt oder kickt und dadurch Punkte sammelt *(scoring)*. Dazu gibt es verschiedene Möglichkeiten:

Versuch *(try):* Es muss gelingen, den Ball im gegnerischen, sogenannten Malfeld *(in-goal area)* auf dem Boden abzulegen (5 Punkte).

Erhöhung *(conversion):* Nach einem erfolgreichen Versuch darf die angreifende Mannschaft den Ball zwischen die H-förmigen Malstangen *(goalposts)* über die Querstange *(cross bar)* treten (2 Punkte).

Sprungtritt *(dropkick):* Ein Spieler tritt den Ball, der vorher den Boden berührt haben muss, aus dem laufenden Spiel heraus zwischen die Malstangen und über die Querstange (3 Punkte).

Straftritt *(penalty kick):* ein erfolgreicher Tritt auf die Malstangen von dem Punkt aus, an dem ein schwererer Regelverstoß der gegnerischen Mannschaft stattfand.

Angeordnetes Gedränge: Der Ball darf mit der Hand grundsätzlich nur nach hinten abgegeben werden. Wenn der Ball aber nach vorne geworfen wird, ordnet der Schiedsrichter ein Gedränge *(scrum)* an. Die 8 Stürmer jeder Mannschaft umfassen sich dazu einander zum perfekten Schulterschluss mit den Armen und drücken gegen die Schultern der gegnerische Achterkette. Jetzt wird der Ball in den zwischen den 8er-Gruppen gebildeten Tunnel eingeworfen und beide Teams versuchen, durch Wegdrücken des Gegners den Ball zu fassen.

Offenes Gedränge: Dieses entwickelt sich aus dem Spielverlauf heraus und wird nicht vom Schiedsrichter angeordnet. Der Ball muss dabei auf dem Boden liegen, und es müssen sich ein oder mehrere Spieler beider Mannschaften, auf den Füßen stehend, um den Ball zusammengeschlossen haben. Der Ball darf nur mit den Füßen herausgeholt werden.

Das Paket *(maul):* Ein solches entwickelt sich, wie das offene Gedränge, aus dem Spielverlauf heraus und wird nicht vom Schiedsrichter angeordnet. Es ist gebildet, wenn sich ein oder mehrere Spieler beider Mannschaften, auf den Füßen stehend, um den Ball zusammengeschlossen haben. Hauptunterschied zum offenen Gedränge: Der Ball liegt nicht auf dem Boden!

Angriff und Verteidigung: Treten des Balles ist in alle Richtungen erlaubt. Nur der Ball tragende Spieler darf angegriffen werden. Es ist erlaubt, diesen durch Umklammern und Tiefhalten *(tackle)* unterhalb der Schulterlinie zu behindern und ihn nach Möglichkeit zu Fall zu bringen. Ein Spieler, der mit mehr Körperfläche als den Fußsohlen den Boden berührt, hat den Ball sofort loszulassen und darf nicht mehr nach diesem greifen. Wenn der Spieler auf dem Boden liegt, dürfen von beiden Teams andere Spieler nach dem Ball schieben und drücken, dürfen dabei aber nicht die Hände benutzen. Beinstellen, Schlagen, Halten am Hals, Sperren ohne Ball sind verboten und werden als Foul geahndet.

16 WILDWECHSEL

MAN BREMST AUCH FÜR TIERE

Als Peter Riqis Namen auf dem Display seines Handys aufleuchten sah, wurde es ihm heiß und er spürte Stiche auf der Haut. Er nahm ab und legte sofort los: »Riqi, ich möchte mich wegen gestern ...«

Weiter kam er nicht, denn Riqi unterbrach ihn sofort bei seiner begonnenen Entschuldigungsansprache, was allerdings eher als Entgegenkommen und nicht als Unhöflichkeit zu verstehen war. »Moment mal, *my friend,* wenn hier jemand eine Erklärung abzugeben hat, dann bin das ja wohl ich. Aber weißt du was? Hat nicht ein deutscher Sportler einmal gesagt ›nach dem Spiel ist vor dem Spiel‹?«

»Ja, ein gewisser Sepp Herberger war das. Ich muss sagen, dein Repertoire an deutschen Begriffen ist verblüffend. Aber was willst du mit dem Herberger-Zitat sagen?«

»Ich meine ganz einfach, dass wir uns das nächste Rugby Länderspiel gemeinsam ansehen sollten – möglichst zusammen mit deinen berüchtigten Gästen von gestern. Das wird uns beiden *peace of mind* (inneren Frieden, Seelenfrieden) geben.«

Innerer Frieden – das hörte sich gut an für Peter, nachdem er sich gestern noch inmitten eines latenten Kriegsgeschehens wähnte. So weit, so gut. Aber Riqis Anruf hatte natürlich einen ganz anderen Grund: »Peter, eine Preisfrage: Was verbirgt sich hinter dem Namen Waitangi?«

Peter freute sich über die Gelegenheit, Riqis Deutschlandwissen Paroli bieten zu können; es sprudelte förmlich heraus: »Waitangi ist ein Ort oder eine Stadt an der Bay of Islands. Und genau dort haben sich deine Altvorderen im neunzehnten Jahrhundert in Flachsrock und Federmantel auf einen Deal mit den uniformierten Tommys eingelassen. Das Werk, das dabei heraus kam, ist der Vertrag von Waitangi. Soviel ich weiß, sitzt deinen Leuten dieser historische Akt bis heute nicht ganz glatt. So! Damit ist die Frage beantwortet. Was ist der Preis?«

»*Choice!* Hervorragend, erstklassig! Ich bin beeindruckt!«

Peter gab sich bescheiden. »Danke, aber es war mir ein Bedürfnis, mich ein kleines bisschen in dieses und andere Themen rein zu lesen. Wer in Deutschland hat schon einen Maori zum Freund? Da versteht es sich von selbst, sich etwas Hintergrundwissen zu verschaffen.«

VERTRAG VON WAITANGI

In dem kleinen Ort Waitangi, nahe Paihia an der Bay of Islands, wurde am 6. Februar 1840 der berühmte und wichtige *Treaty of Waitangi,* bzw. *Tiriti o Waitangi* zwischen der britischen Krone und dem Bündnis der vereinigten Stämme Neuseelands unterzeichnet. Durch diesen Vertrag, oft auch schlicht *The Treaty* genannt, wurde Neuseeland zur britischen Kolonie, und die Maori erhielten den Status britischer Bürger, indem sie andererseits mit der Vertragsunterzeichnung ihre Souveränität aufgaben. Es wurde ihnen jedoch die Besitzstandswahrung an Grund und Land garantiert. Der Vertrag von Waitangi wurde bis September 1840 von 500 Häuptlingen unterzeichnet. Als Vertreter der Königin von Großbritannien unterzeichnete auf britischer Seite der eigens zu diesem Zweck angereiste stellvertretende Gouverneur William Hobson.

Bedingt durch damalige Übersetzungsdifferenzen und spätere Interpretationsschwierigkeiten ist der *Treaty of Waitangi* bis zum heutigen Tag ein kontrovers diskutiertes Dokument geblieben, dessen häufig umstrittene Auslegungen reichlich Zündstoff für Probleme zwischen Pakeha und Maori enthalten. Streitfragen werden durch das 1975 gegründete *Waitangi Tribunal* geregelt.

Der 6. Februar ist ein wichtiger neuseeländischer Nationalfeiertag, genannt *Waitangi Day.*

»Hast du Interesse, die Bay of Islands und vielleicht auch die *Waitangi treaty grounds* (historisches Vetragsgelände in Waitangi) zu sehen?«

Riqi rannte bei Peter offene Türen ein: »Ich brenne förmlich darauf.«

Allmählich kam Riqi zum Kern seines Anrufes: »Also Folgendes. Ich werde für ein paar Tage meine *whanau* in Whangarei besuchen. Meine *auntie* (Tantchen) Turia will mich dringend sehen – es scheint ein internes Familienproblem zu geben, das schnellsten gelöst werden muss. Sie ist zwar eine *drama queen* (melodramatische Person, hysterische Tussi), aber man kann nie wissen ... Um keine Zeit auf der Straße zu verlieren, habe ich vor, ein Flugzeug zu nehmen. Meine Idee ist nun, dass du in ein paar Tagen mit dem Wagen nach Paihia fährst, wir uns dort irgendwann vor dem Wochenende treffen und gemeinsam an der Bay of Islands etwas unternehmen. Später auf dem Rückweg nach Auckland können wir nochmal in Whangarei stoppen. Ich stelle dich dort gerne meiner *whanau* vor.«

FAMILIENANGELEGENHEIT

Whanau ist in der direkten Übersetzung der Maori-Sprache die Familie, insbesondere auch die erweiterte Familie. Es lohnt sich eine kurze und einfache Betrachtung der Maori-Gesellschaftsstruktur: *iwi* ist die Bezeichnung für die Stämme oder den jeweiligen Stamm der Maori. Als Begründer der *iwi* gelten die Besatzungen der legendären Kanus *(waka)*, mit denen die ersten Maori, von ihrer sagenhaften Heimatinsel *Hawaiki* kommend, Neuseeland *(Aotearoa)* erreichten und besiedelten. Durch die Aufteilung der Kanubesatzungen in kleinere Gruppen oder durch den Umzug kleinerer Gemeinschaften in andere Regionen entstanden aus den *iwi* oft mehrere sogenannte *hapu,* also im Prinzip Unterstämme eines *iwi*. Schließlich mündet der gesellschaftliche Aufbau in der Familie, genannt *whanau*. Der Begriff *whanau* umfasst dabei nicht nur eine einzelne Familie, sondern schließt alle Zweige des Familienstammbaums mit ein.

Peter fand Riqis Vorschlag natürlich bestechend – zunächst jedenfalls: »Super! Ich bin dabei! Das heißt ... Moment mal ... da wäre vorher noch zu klären, ob ...«

»Ich weiß, was du sagen willst, *bro!* Ich habe das bereits geklärt: Aroha und Kwan stehen zur Verfügung. Du bist deiner Anwesenheitspflicht auf unbestimmte Zeit enthoben, und dem Haus wird garantiert nichts passieren.«

»Sehr gut, Riqi, *thanks loads!* – tausend Dank! Wenn das so ist, werde ich heute noch ein Motel buchen. Ich sag dir dann Bescheid, wann ich ankommen werde. Aber wie kommst du eigentlich von Whangarei nach Paihia? Soll ich Dich dort einsammeln?«

»*Don't bother!* – Nicht nötig! *Cousin* Hone wird mich auf seinem Weg nach Kaitaia mitnehmen. Das ist bereits abgesprochen. Und noch etwas: Du kannst selbstverständlich Malcolms Ute oder meinen Wagen benutzen – *it's your choice* – du hast die Wahl!«

»Danke für das Angebot, Riqi. Allerdings werde ich meinem Toyota den Vorzug geben. Es sei denn, du findest es unangemessen, mit einem Kleinwagen bei deiner Tante Turia vorzufahren.«

»*No worries, my friend.* Auntie Turia wird vor allem dich kennenlernen wollen, weniger deinen fahrbaren Untersatz. Sie war übrigens einmal kurz mit einem deutschen Immigranten verheiratet.«

*

Peter kündigte Riqi seine Ankunft in Paihia für den Donnerstagabend an, und so fuhr er am frühen Nachmittag in bester Stimmung und voller Vorfreude los. Die Fahrt an die Bay of Islands sollte von Aucklands Norden aus zwar nur etwa drei Stunden dauern, aber Peter plante noch einen Stopp in Mangawhai Heads südlich von Whangarei ein, um seinen ehemaligen Co-Studiosus Werner zu treffen. Seit er nach Neuseeland gezogen war, rief er Peter fast regelmäßig an und betonte jedes Mal, dass er alle Türen offen halten würde, sollte Peter einmal ins Kiwiland reisen. Werner betrieb in diesem beschaulichen Ort der Region Northland ein kleines *business* im Computerbereich und war auf der Suche nach einem Partner für sein Geschäft. Obwohl Peter nicht lange bleiben wollte, schaffte Werner es, ihn zu einem Abstecher an den Strand von Mangawhai Heads zu überreden, fuhr mit ihm danach nach Waipu und ließ es sich nicht nehmen, ihm – quasi als Geheimtipp – den Wasserfall von Piroa Falls zu zeigen.

Die ganze Zeit über hörte Werner nicht auf zu reden und zog Peter mit seinen ganzen Projekten und Visionen stundenlang in den Bann – sicher in der Absicht, ihn als stillen oder tätigen Teilhaber zu gewinnen. Peter war zwar von Abenteuerlust beseelt nach Neuseeland gekommen, konnte sich ein geschäftliches Engagement aber beim besten Willen nicht vorstellen. Er versuchte diese Tatsache Werner möglichst schonend, aber unmissverständlich klarzumachen, bevor er sich förmlich losreißen musste, um nicht vollends aus dem Zeitplan zu geraten. Dennoch bereute er den Umweg nicht – alles, was ihm Werner gezeigt hatte, war den Besuch wert, und die Region um Manghawai Heads gehörte wohl zweifellos zu den schönsten Küstenabschnitten von Northland.

NORDISCHE KOMBINATION

Mangawhai Heads liegt mit seinem breiten Strand etwa 5 Kilometer nördlich des Mangawhai Harbour, einem nicht mehr kommerziell genutzten Naturhafen, der von großen Sanddünen umrandet wird. Schon in der Zeit vor 1940 begann man im Bereich der Hafenöffnung mit dem industriellen Sandabbau. Dies verursachte vermutlich den Einsturz der Düne im Jahr 1978, wodurch der Hafen für die beachtliche Dauer von fünfeinhalb Jahren blockiert wurde. Heute findet dort kein Sandabbau mehr statt.

Der kleine Ort Waipu liegt 20 Kilometer nördlich von Mangawhai Heads an der Bream Bay. Waipu wurde von frühen schottischen Siedlern gegründet, deren Nachfahren noch heute, immer am Neujahrstag, mit den *Highland Games* schottische Traditionen aufleben lassen. Die kleine Olympiade umfasst so typische Disziplinen wie Baumstamm werfen und Dudelsack spielen. Nahe des Ortes befinden sich die Waipu Caves, Höhlen mit einer beachtlichen Glühwürmchenpopulation.

Etwa 5 bis 10 Gehminuten abseits der Waipu Gorge (Waipu Schlucht) liegt der sehenswerte Wasserfall Piroa Falls, dessen Fallbecken zum Schwimmen im kühlen Wasser des Ahuroa River einlädt.

Als Werner Peter endlich weiterfahren ließ – anderthalb Straßenstunden lagen noch vor ihm –, war die Sonne bereits hinterm Horizont verschwunden. In der immer stärker werdenden Dämmerung fiel Peter auf, dass nur wenige Autofahrer frühzeitig ihr Licht einschalteten. Die Neuseeländer schienen ihm echte Lichtmuffel zu sein – für ihn war damit höchste Vorsicht geboten. Peter passierte Whangarei, als es praktisch schon dunkel war, aber auch in diesen fast schon nächtlichen Lichtverhältnissen hatte er es immer noch mit Verkehrsteilnehmern zu tun, die ihm ohne Licht entgegenkamen – das war mehr als auffällig, Peter musste unbedingt jemanden fragen, was es damit auf sich hatte. Um ein wenig Vernunft nach Neuseeland zu bringen, begann er, die Lenker der unbeleuchteten Fahrzeuge mit der Lichthupe auf ihre Nachlässigkeit hinzuweisen. Die weitere Fahrt könnte ja heiter werden ...

NACHTBLIND

Erstaunlicherweise fahren hierzulande tatsächlich viele Autos sowohl bei wetterbedingt schlechten Sichtverhältnissen als auch in der späten Dämmerung ohne Licht. Selbst Fahrer von Behörden- und Firmenfahrzeugen und sogar die Polizei gehen, respektive fahren nicht unbedingt mit gutem Beispiel voran. Es scheint eine kleine Marotte der neuseeländischen Automobilisten zu sein, die auch das gut gemeinte Lichtsignal eines entgegenkommenden »Verkehrserziehers« in der Regel nicht als Aufforderung zum Licht einschalten interpretieren. Übrigens: Die Benutzung der Lichthupe ist auf Neuseelands Straßen eher unüblich und im Wesentlichen auf Aktionen beschränkt, die wirklich mit der Verkehrssicherheit zu tun haben (z. B. fahren mit aufgeblendetem Licht, überfahren der Mittellinie etc.). Die Lichthupe als Aufforderung, die Spur zum Überholen freizugeben, wird – anders als auf deutschen Straßen – auffallend selten eingesetzt.

Der State Highway 1 schlängelte sich in sanften Windungen immer näher Peters Ziel Paihia entgegen. Die Dunkelheit und ein geringes Verkehrsaufkommen machten die Fahrt eintönig. Peter versuchte die aufkommende Monotonie mit etwas Musik zu verscheuchen und drückte ein paar Knöpfe auf seinem Autoradio. Der Sender *More FM Northland* war gut zu empfangen und versuchte sein Bestes, die Hörer mit Oldies aus den drei vergangenen Dekaden zu unterhalten. Peter wurde das schnell zu langweilig – er versuchte, einen Sender mit aktuellerem Repertoire zu finden.

Peter scannte durch die Frequenzen, verpasste bei *Royals* von *Lorde* rechtzeitig Stopp zu drücken, scannte wieder zurück, fand die Station mit dem Song aber nicht mehr, kurzum: Er war gut mit der Bedienung des Autoradios beschäftigt, als urplötzlich ein ihm völlig unbekanntes Tier mit grimassenhaftem, fast comicartigem Gesicht im Lichtkegel der Scheinwerfer auftauchte. Er versuchte blitzschnell, Fuchs, Hase, Dachs und Waschbär mit der in seiner Fahrspur befindlichen Spezies abzugleichen, um den potenziellen Blechschaden und die Tierschutzrelevanz einschätzen zu können. Doch dann gerieten seine im bundesdeutschen Rechtsverkehr antrainierten Reflexe und das kleinhirngesteuerte neuseeländische Linksverkehrsbewusstsein arg durcheinander.

Peter war schlichtweg überfordert, die Datenströme der lawinenartig einprasselnden Eindrücke im Gehirn auch nur annähernd zu koordinieren. Glücklicherweise richtete er seine ganze Konzentration auf seinen rechten Fuß und gab diesem das Kommando für einen immens kräftigen, ausdauernden Tritt aufs Bremspedal.

Ganz reichte es aber trotzdem nicht. Der tapfere Toyota schlitterte durch Peters hektische Reaktion leider über den Fahrbahnrand hinweg und touchierte schräg driftend mit der linken Flanke des Hecks die Leitplanke, kurz bevor er zum Stehen kam. Dem mysteriösen Wesen, das Peter in diese missliche Lage gebracht hatte, war bei seiner riskanten Straßenüberquerung vermutlich gar nichts passiert. Das Tier hatte natürlich auf seine Art Unfallflucht begangen, und Peter saß blass in seinem lädierten Auto, hatte flatternde Nerven und wusste nicht, was er nun tun sollte.

Als der erste Schreck vorüber war, prüfte Peter die Optionen. Einfach weiterfahren? Würde er sich damit womöglich strafbar machen? Würde die Versicherung sich streitig stellen?

Zeugen um eine Aussage bitten? Sinnlos. Es gab keine Zeugen. Zwar fuhren ständig Autos an ihm vorbei und ein paar Fahrer hielten sogar an, um zu fragen, was passiert sei, und um Hilfe anzubieten, aber Peter schickte sie alle dankend weiter: »*Thanks, I'm alright.*« Noch war er viel zu verwirrt.

Die Polizei rufen? Treffer. Das schien ihm der richtige Gedanke zu sein. Peter war zufrieden und spürte, wie er – die Lösung des Problems vor Augen – allmählich ruhiger wurde. 111 ist die neuseeländische Notrufnummer und die erste Eins hatte er auf seinem Handy bereits gedrückt ...

CRASHTEST-DUMMY

Peter Oblands Crash bedurfte keines Polizeieinsatzes. Man hätte dem verschreckten Fahrer unter der Notrufnummer 111 lediglich erklärt, dass, solange niemand verletzt wurde und auch die Leitplanke kaum mehr als ein paar rote Lackspuren abbekommen hatte, kein Anlass für eine polizeiliche oder sonstige amtliche Aktion bestünde.

Hierzu zwei wichtige Regeln, die erheblich von den entsprechenden deutschen Vorschriften abweichen:

- Bei Verkehrsunfällen mit Verletzten ist man verpflichtet, die Polizei so bald wie möglich, jedoch nicht später als 24 Stunden nach dem Unfall zu benachrichtigen.

- Wurde niemand verletzt, so ist man verpflichtet, so bald wie möglich, jedoch nicht später als 48 Stunden nach dem Unfall Eigentümer oder Fahrer anderer Fahrzeuge, die dabei beschädigt wurden, oder Eigentümer von Eigentum, das dabei beschädigt wurde, zu benachrichtigen. Kann man diese Personen nicht ausfindig machen, so muss man die Polizei bis maximal 60 Stunden nach dem Unfall benachrichtigen.

- Hatte man den Unfall mit einem versicherten* Fahrzeug, so soll die Versicherung frühestmöglich informiert werden.

* Es gibt in Neuseeland (noch) keine allgemeine Versicherungspflicht, was mitunter zu Problemen bei der Schadensabwicklung führt.

Noch bevor Peters Daumen die zweite Eins drücken konnte, hielt plötzlich ein weißer Holden neben ihm, verziert mit plakativen Rauten in Gelb und Blau. Die Aufschrift »*Police*« und große Signallichter auf dem Dach ließen keinen Zweifel mehr offen: Es war ein Polizeifahrzeug. Peter atmete auf.

Ein neuseeländischer Ordnungshüter, ganz in Blau gekleidet, entstieg dem wuchtigen Holden. Peter lief aus lauter Erleichterung zu humoristischer Hochform auf und begrüßte den Polizisten heiter: »Noch nicht einmal zu Ende gewählt und schon sind Sie da!«

Auch der *officer* (Beamter, Polizist) war keineswegs schlecht gelaunt und entgegnete lakonisch-ironisch: »Als *New Zealand Cop* hat man schließlich ein Gespür für *little Schuhmachers,* die aus neuseeländischen Kurven fliegen.«

FREUND UND HELFER

Die Polizei fährt Holden Commodore und die Fahrzeuge sind klar gekennzeichnet: Die Grundfarbe ist Weiß, bei Verzierung mit blauen und gelben Rauten hat man es mit der *Highway Patrol* zu tun. Bei blauen und orangefarbenen Rauten stehen einem die sogenannten *General Duties* gegenüber. Das Signallicht neuseeländischer Polizeifahrzeuge leuchtet wechselweise rot und blau. Die Sirene ertönt im Gegensatz zum deutschen »Tatütata« eher wie das Jaulen amerikanischer *police cars,* als ganz wie man es aus entsprechenden US-Kriminalfilmen kennt.

Außer den sofort erkennbaren Polizeiautos sind auch relativ viele unmarkierte »Guerilla-Fahrzeuge« unterwegs, also Einsatzfahrzeuge in normaler Zivillackierung. Diese erkennt man meist erst dann, wenn es zu spät ist und im Rückspiegel rot/blaues Wechsellicht erscheint, das gut getarnt hinter Windschutz- und Heckscheibe angebracht ist. Übrigens: Es werden auffallend viele Alkoholkontrollen durchgeführt, die trotz ihrer Häufigkeit allerdings nur wie ein Tropfen auf den heißen Stein wirken. Der *officer* hält einem dabei ein elektronisches Gerät vor den Mund, während man Namen und Anschrift aufsagen soll. Das Gerät misst grob den Alkoholgehalt in der Atemluft, wenn man dabei in den zweifelhaften Genuss der engeren Auswahl kommt, darf man in ein entsprechendes Präzisionsgerät pusten ...

Peter schilderte dem Polizisten den Ablauf der Havarie, und als ob es das Normalste der Welt sei, löste der Beamte den Fall aus dem Stand heraus: Das rätselhafte Tier, dem Peter indirekt das Leben gerettet hatte, war ganz sicher ein Possum gewesen.

Sein Rat für Peters nächste Begegnung mit derlei neuseeländischer Fauna: »Keinesfalls voll bremsen und nicht die Lenkung verreißen, eher gut zielen und drauf halten ...«

Mit diesen Worten und einem knappen »*Take care!* – Pass auf dich auf!« machte sich der Polizist auf zu seinem Wagen.

Peter war leicht verunsichert und fragte den Polizisten im Weggehen noch nach einem Protokoll – für den Fall der Fälle wegen der Versicherung und so. Der Polizist öffnete seine Wagentür und rief zu Peter, während er sich auf den Fahrersitz fallen ließ: »*Call them – she'll be right, mate!* – Das wird schon klappen, alles wird gut!« Das satte Geräusch der schwungvoll zugezogenen Autotür verhinderte jegliches Widerwort.

Was man kritisieren könnte ...

Im Schrecken der Sekunde kann sich auch ein little Schuhmacher einmal verbremsen.

Das Possum ist ein gut katzengroßes, nachtaktives Tier aus der Gattung der Beutelsäuger. Es sollte gerechterweise nicht mit dem Opossum verwechselt werden, einer in Amerika beheimateten Gruppe von Beutelratten. Tatsächlich soll es mehr als 30 Millionen Possums in Neuseeland geben, und sie erfüllen allein damit – neben einer Reihe ganz anderer Gründen – ganz klar den Tatbestand der Landplage.

Wichtig: Kein Neuseeländer bremst für diese Spezies. Ihre mehr oder minder unappetitlichen Überreste, auch *road pizza* genannt, zieren die Straßen Neuseelands ungefähr im Viertelmeilentakt ...

Die humorvolle Bemerkung des Polizisten bezieht sich auf einen Kult gewordenen Spruch, wonach man für Kiwis* unbedingt bremsen, für Pukekos** vom Gas gehen und für Possums*** zielen und Gas geben soll.

* Kiwi (Apterygidae) oder Schnepfenstrauß, flugunfähiger, nachtaktiver Vogel in den Wäldern Neuseelands. Aber auch als Idiom für den Einwohner Neuseelands (Homo nova zeelandia), für den man ebenfalls bremsen sollte.

** Pukeko – Purpurhuhn (Porphyrio porphyrio) aus der Familie der Rallenvögel, etwa hühnergroß mit dunkelblau und violett schimmerndem Federkleid. Schnabel und Beine sind leuchtend rot.

*** Possum – Fuchskusu (Trichosurus vulpecula) aus der Beuteltierfamilie der Kletterbeutler (Phalangeridae). Possums sind relativ kräftige Tiere mit fratzenhaftem Gesicht, sie werden bis zu 60 Zentimeter lang (plus 30 Zentimeter Schwanz) und wiegen bis zu 5 Kilo.

17 DER WEG ZUR KUNST

DRINGENDE BEDÜRFNISSE KÖNNEN NICHT AUFGESCHOBEN WERDEN

Der Crash wirkte noch lange nach, aber ganz allmählich ließ Peters Aufregung zugunsten des Ärgers über die tiefen Kratzer im Kotflügel seines kleinen Autos wieder nach. Aber alles Lamentieren half ja nichts – die Fahrtüchtigkeit war weder beim Wagen noch beim Fahrer wirklich beeinträchtigt, also konnte es weiter in Richtung Paihia gehen. Peter war froh, seine chaotischen Gedankenströme nun wieder recht gut kanalisieren zu können, und die Klänge aus dem Autoradio wirkten dabei wie Balsam auf der verschreckten Seele: Der Oldie-Sender hatte sich wieder eingerastet und Peter traute sich nicht mehr, während der Fahrt eine andere Station zu suchen. Janis Joplin war zu hören, wie sie den Herrn um einen Mercedes-Benz bat – Peter kümmerte es wenig, er war mit seinem Toyota zufrieden.

Dennoch schien bald darauf irgendetwas nicht in Ordnung zu sein. Störende Geräusche und Schwingungen, die nicht von Fahrwerk oder Motor kommen konnten, führten erneut zur Irritation. Die Lösung des Rätsels lag näher als zunächst gedacht: Peter selbst war die Quelle dumpfer Töne und spürbarer Vibrationen – er hatte plötzlich heftiges Bauchgrimmen. Das vom Vorfall freigesetzte Adrenalin hatte zweifellos Peters Verdauungstakt im Handstreich besetzt, und ein menschliches Rühren, wie man so sagt, verursachte ein schmerzhaftes und trotz der Fahrgeräusche hörbares Brodeln in seinem Unterbauch.

Nun hieß es Strecke zu machen und dabei nur keinem Possum mehr auszuweichen. Peter brauchte dringend eine Toilette. Ein Straßenschild verhieß Kawakawa als rettenden Zufluchtsort – hoffentlich mit stillem Zufluchtsörtchen.

Zwei konzentrierte Kilometer weiter fuhr Peter links vom Highway ab, doch keine erlösende Tankstelle kam bei der Zufahrt zur Stadt in Sicht. Er fuhr eilig weiter hinein ins Zentrum.

STILLES ÖRTCHEN

Kawakawa, die kleine Stadt in Northland, an der Verbindung der State Highways SH1 und SH11 gelegen, ist durchaus einen kleinen Abstecher wert. Das Städtchen wird gerne auch als *train town* bezeichnet. Mitten im Ort beginnt nämlich die *Bay of Islands Vintage Railway* und führt zum 17 Kilometer entfernten Opua. Die Strecke wurde im Jahre 2008 wiedereröffnet und gilt als kleiner Leckerbissen für Eisenbahnenthusiasten.

Ein Stückchen weiter südlich, in Waiomio, gibt eine weitere kleine Attraktion in Form der Kawiti Glühwürmchenhöhlen.

Die Hauptattraktion von Kawakawa jedoch liegt mitten im Zentrum des Städtchens ...

LEUCHTZEICHEN

Neuseelands Glühwürmchenhöhlen sind wahre *crowd-pleaser* (Publikumslieblinge). Außer jener in Kawiti bei Kawakawa und der bereits erwähnten Höhle in Waipu sollten noch die *Te Anau Glowworm Caves* im Milford Sound auf der Südinsel erwähnt werden.

Leuchtender Stern unter diesen besonderen Attraktionen sind allerdings die *Waitomo Caves* südlich von Hamilton auf der Nordinsel Neuseelands. Die *Waitomo Caves* sind das größte Höhlensystem dieser Art und die Besucher werden mit Booten zu den Stellen gebracht, wo die Glühwürmchen (in diesem speziellen Fall sind es die Mücken-

larven *Arachnocampa luminosa*) einen bläulich funkelnden Sternen-
himmel an der Höhlendecke erzeugen.

Endlich: *Public toilet* (öffentliche Toilette) – eine blaue Tafel verhieß
den Weg zur Erleichterung. Zum Glück war im diese Zeit nur noch
wenig los in Kawakawa und ein Parkplatz rasch gefunden. Peters
Bauchschmerzen hatten inzwischen ein kaum noch erträgliches
Maximum erreicht.

›Nichts wie raus jetzt! Aber wo genau ist hier das Toilettenhaus?‹,
dachte Peter, sprang aus dem Wagen, vergaß noch ihn abzuschließen und rannte quer über die Straße, stur dem *Public-toilet*-Schild
folgend. Die Fassade, die Peter durch seine wässrigen Augen wahrnahm, sah nicht nach einer klassischen Bedürfnisanstalt aus, vielmehr assoziierte er Motive aus Tausendundeiner Nacht. Aber es war
nicht der richtige Zeitpunkt, architektonische Überlegungen zu diesem speziellen Thema anzustellen. Peter erreichte mit knapper Not
das dringend ersehnte Separée und schon Sekunden später war seine
digestive Welt wieder in Ordnung.

DRINGENDES BEDÜRFNIS

Als stark tourismusorientiertes Land gibt es in Neuseeland überall
genügend öffentliche Toiletten: in den Orten, in Parks, selbst in der
Nähe vieler Strände. Das ist nicht nur für Reisende mit schwacher
Blase angenehm, es reduziert auch die unfeine Benutzung der anrüchigen »Freiluftklos«.

An vielen stark frequentierten Stränden stehen außerdem Dusch-
häuschen, die kostenlos genutzt werden können. Ein vorbildlicher
Service; ideal für den erfrischenden Sprung ins Meer in der Mittagspause.

In diesem Zusammenhang fällt weiterhin auf, dass auch mit öffentlichen Abfalltonnen im Kiwiland nicht gespart wurde. Zwar quellen

Endlich erleichtert schweifte Peters Blick durch seine kleine Zelle, die ihm den inneren Frieden zurückbrachte. Im fahlen Licht des Raumes sah er überall seltsame Formen und leuchtende Farben an Wänden, Decke und Boden, die ihm wie halluzinogen erschienen. Peter war wieder einmal irritiert: War die Darmattacke schädlicher als zuerst gedacht?

Auch beim Verlassen des anrüchigen Gehäuses sah er immer noch intensive Farben, lauter schräge Formen und sphärische Gebilde. Draußen auf der Straße fühlte er sich von allen Lichtern geblendet, und selbst beim kurzen Blick zurück erschien ihm das Toilettenhaus viel zu bunt, zu schillernd und voller krummer Kanten. Auch vor ihm in den Shops: nur irrwitzige Farben, wahnsinnige Formen, alles glänzte, alles gleißte ... sein Herz pochte.

Erst in der schützenden Hülle des kleinen Wagens kehrte nach und nach wieder Ruhe ein. Peter war immer noch flau zumute und er brauchte noch eine ganze Weile, bis alles zur normalen Ordnung zurück gefunden hatte und er wieder klar sehen konnte.

Mit Tempo 80 glitt Peter Obland sanft auf dem State Highway 1 nach Norden. Der Toyota schnurrte beruhigend und sein Fahrer genoss die augenschonende Dunkelheit der Nacht und die gedeckten Farben des Interieurs. Im Radio sang Cyndi Lauper *True colours*.

Was man kritisieren könnte ...

Wenn die Innereien verrücktspielen, können dabei durchaus bunte Bilder vor den Augen tanzen.

Alles halb so wild! Peter Obland hat sich an einem wahrhaft kunstvollen Ort erleichtern dürfen. Letztendlich hat er seine optischen Illusionen einem Österreicher zu verdanken: Friedensreich Regentag Dunkelbunt Hundertwasser (geboren am 15. Dezember 1928 als Friedrich Stowasser) kam dereinst nach *Aotearoa,* um das Dorf Kawakawa aus seinem Dornröschenschlaf wach zu küssen. Von 1975 an erkor der Künstler diesen Ort in Neuseeland zu seiner Wahlheimat.

Die beschauliche Kleinstadt Kawakawa in der Northland Region profitiert noch heute von dem Umstand, dass der österreichische Künstler und Architekt dort für viele Jahre gelebt hatte und dem Örtchen ein gewisses Örtchen hinterließ: die nicht nur Österreichern bekannte Hundertwasser-Toilette.

Dort geht es natürlich im Hundertwasser-Stil recht farbenfroh und ziemlich schräg zu – außen wie auch innen. Selbst auf der gegenüberliegenden Straßenseite erschlägt einen beinahe die ganze Wucht Hundertwasserscher Kunstdrucke und Repliken: Mehrere Schaufenster sind vollgepackt mit Hochglanzkopien von allem, was der Künstler wohl jemals in seinem ganzen Leben erschaffen hat – den Touristen zum Wohlgefallen ...

Am 19. Februar 2000 starb Hundertwasser auf der Rückreise von Neuseeland nach Europa an Bord der Queen Elizabeth 2 an Herzversagen.

Seinem letzten Wunsch entsprechend wurde er auf seinem Grundstück an der Bay of Islands beerdigt: im »Garten der glücklichen Toten«, in Harmonie mit der Natur unter einem Tulpenbaum, ohne Sarg und nackt, eingehüllt in eine von ihm entworfene *Koru*-Flagge, die eine symbolisierte Farnkrautspirale zeigt.

SCHNECKENFORM

Das *Koru* ist ein typisches und weit verbreitetes Symbol der Maori. Es wird in einer Vielzahl von Darstellungsformen verwendet, unter anderem auch als glücksbringender Schmuck.

Die *Koru*-Flagge, die Friedensreich Hundertwasser für Neuseeland entworfen hat, basiert auf diesem Symbol. Man findet es auch als stilisiertes Logo auf den Leitwerken der Flugzeuge von Air New Zealand.

Für die Maori steckt dahinter eine starke Bedeutung. Das *Koru* (Farn-kraut-(spirale)) stellt ein sich entfaltendes (abrollendes) Farnblatt des Silberfarns dar und steht für den Beginn eines neuen Lebens und die Hoffnung für eine neue Zukunft. Es symbolisiert außerdem Erneue-rung, Frieden, Harmonie und Stärke.

Meistens trägt man das *Koru* als Schnitzerei aus Fischknochen oder in einer höherwertigen Variante aus *greenstone* – Maori: *pounamu,* einer besonderen Art von Grüner Jade (Nephrit) von der Südinsel Neuseelands.

18 EIN QUANTUM TOAST

AUCH KIWIS LEBEN NICHT VOM BROT ALLEIN

Peter erreichte Paihia sehr spät am Abend. Er hatte für dieses Wochenende ein Zimmer in einem Motel gebucht – das Haus *Island View* war durchaus als Quartier der gehobene Kategorie zu klassifizieren, mit viereinhalb Sternen auf der *Qualmark*-Plakette.

Natürlich hätte Peter genauso gut, oder vielleicht besser sogar, eine schlichtere Unterkunft wählen können, zumal er mit seinem Reisebudget vernünftig haushalten wollte, aber er fühlte sich Riqi gegenüber in einer gewissen moralischen Schuld und wollte auf diese Weise einen kleinen Ausgleich schaffen.

RICHTSCHNUR

In ganz Neuseeland ist das *Qualmark*-Gütezeichen zu finden. Es vermittelt mit seinem Sternesystem eine recht verlässliche und übersichtliche Qualitätssicherheit bei der Suche nach einer geeigneten Unterkunft.

Darüber hinaus zeichnet das schwarz-gelbe *Qualmark*-Zeichen mit dem Farnblatt auch viele andere Unternehmen der Tourismusbranche mit Güteempfehlungen aus: Kultureinrichtungen, Mietwagenfirmen, Abenteuer- und Sportveranstalter und einige andere Attraktionen.

Nach dem Einchecken rief Peter Riqi in Whangarei an und erzählte ihm schon mal in Stichworten von seiner Begegnung – er nannte es Kontaktaufnahme – mit der Leitplanke und dem ungeplanten Besuch einer form- und farbenfrohen Örtlichkeit in Kawakawa. Riqi tat der Schaden an Peters Toyota aufrichtig leid, er amüsierte sich aber köstlich über die Szene rund um die Hundertwasser-Toilette. Riqi kannte diese spezielle Lokalität sehr gut – einer seiner zahlreichen *cousins,* der Friedensreich Hundertwasser zu seinen Freunden zählen durfte, lebte in der Nähe von Kawakawa und stand auf Riqis regelmäßiger Besuchsliste. Überhaupt sei der österreichische Künstler stark an ihrer Kultur interessiert gewesen und in die Gemeinde der Maori dieser Region involviert.

Zum Abschluss des Gespräches kündigte Riqi seine voraussichtliche Ankunft im Motel für den frühen Morgen des kommenden Tages an: »Mein *cuz* Hone will morgen zeitig los – er setzt mich bei dir in Paihia ab und hat dann noch ein gutes Stück Highway bis nach Kaitaia vor sich. Lass uns doch zusammen frühstücken. So viel ich weiß, ist das *Island View* eines der wenigen Motels, die ein Frühstücksbuffet anbieten.«

Peter bestätigte Riqis Vermutung und fand den Vorschlag ausgezeichnet: »Das ist mir sehr recht, du weißt ja: Ich bin Frühaufsteher. Dein *cuz* möge umsichtig fahren. Die besagte Kurve ist ziemlich genau zehn Kilometer südlich von Kawakawa.«

Sie legten auf – mit Vorfreude auf das morgige Frühstück fiel Peter rasch in einen traumreichen Tiefschlaf.

*

Am anderen Morgen klopfte Riqi im *Island View Motel* an die Zimmertür, hinter der er einen ausgeschlafenen, tatendurstigen Peter vermutete. Aber es brauchte mehrere Versuche, bis Riqi von Peter, dessen innerer Wecker total versagt hatte, in den Raum gelassen wurde. Zwanzig Minuten später war es endlich soweit: Das Frühstücksbuffet war reichhaltig, und man hatte sogar die Möglichkeit, im Freien unter einem *gazebo* (offener Pavillon) zu sitzen, was Riqi und Peter mit Freude taten. Die Kalt- und Warmtheke hielt überwiegend Kiwispezialitäten, also Elemente der englischen Frühstücksküche, bereit. Weißbrot war zu zwei hohen Türmen gestapelt. Mehrere chromglänzende Turbotoastmaschinen, jeweils mit Schlitzen für 4 Brotscheiben gleichzeitig, waren ständig in Betrieb. An manchen Töpfen mit Aufstrich waren kleine Schilder mit Aufschriften wie *Marmalade, Jam* oder *Jelly* zu lesen.

FRUCHTAUFSTRICH

Das neuseeländische Frühstücksbuffet enthält meist drei verschiedene Grundtypen von Marmelade:

Marmalade	Marmelade aus Zitrusfrüchten
Jam	Konfitüre mit Fruchtstücken
Jelly	Gelee aus Beerenfrüchten

In einer Schale auf einer Kochplatte wurden Spaghetti in hellroter Tomatensoße warmgehalten. Peter dachte an seine Erfahrungen mit italienischen Teigwaren auf Waiheke und folgerte daraus, dass Pasta al dente hier ebenfalls kaum zu erwarten waren. In einer Pfanne am Ende des Buffets brutzelten Speckstreifen, in einer anderen irgendwelche Würstchen unbekannter Machart.

Als sich Riqi einen mittleren Berg dieser Spaghetti mit reichlich Soße auf eine Toastbrotscheibe lud, wusste Peter zunächst nicht, ob er sich mit Grausen abwenden oder selbst eine gewagte anglo-italienische Kombination versuchen sollte. Aber noch bevor er sich entscheiden konnte, forderte ihn Riqi zu einem anderen Geschmackstest auf und zeigte dabei auf einen dunklen, fast schwarzen und zähen Aufstrich in einem weißen Porzellantöpfchen. »Nimm ein Stück Toastbrot, streiche dir etwas davon dünn drauf und probier' es mal – das ist eine echte Kiwi-Ikone ...«

Peter hätte bei einer Blindverkostung kaum einen der Inhaltsstoffe benennen können: Die schwarze Paste schmeckte äußerst seltsam – zuerst salzig, dann wie Suppenwürfel und zum Schluss tendenziell nach

Gewürzkonzentrat unter Beigabe von Zucker; Peter empfand eine wahre Reizüberflutung seiner Geschmacksknospen, wodurch er sich zu einer Spontankritik hinreißen ließ: »Was ist denn das für eine schräge Spezialität? Willst du mir damit Zunge und Gaumen betäuben?«

Zur Krönung dessen, und wohl wissend, dass Peters mitteleuropäisch geprägter Gaumen sich noch lange nicht an die eigentümlichen Variationen neuseeländischer Küche gewöhnt hatte, zerteilte Riqi nun hintergründig lächelnd mit Messer und Gabel seine Spaghetti-auf-Toast-Kombination. Peter wandte sich demonstrativ ab und wartete darauf, dass die Geschmacksexplosion der schwarzen Paste langsam wieder in sich zusammenfällt. Kaum geschehen, geschah etwas Merkwürdiges – Peter verspürte plötzlich den Wunsch nach einer weiteren Kostprobe, und es endete damit, dass er sich eine ganze Scheibe mit der ihm unbekannten Creme bestrich.

HASSLIEBE

Wie vieles andere hierzulande Marmite, der Aufstrich mit Kultcharakter, seinen Ursprung in England, wird aber als Kiwiversion seit 1919 in Neuseeland hergestellt. Marmite besteht aus Hefe-Extrakt (einem Nebenprodukt beim Bierbrauen), Salz, Gemüseextrakt, Gewürzen und zugesetzten Vitaminen. Marmite steht in allen Supermarktregalen, und die Kiwis füttern es ihren Kinder bereits im zarten Säuglingsalter.

Außer Marmite begegnet man überall auch *Vegemite*. Das Internet ist voll von Seiten, auf denen die angeblich großen Unterschiede zwischen diesen beiden Produkten beschrieben, ja regelrecht beschworen werden. Tatsächlich gilt – objektiv betrachtet – Vegemite lediglich als etwas mildere Version von Marmite. De facto ist es einfach das Produkt eines anderen Herstellers – und wird in Australien produziert.

Peter Obland hatte sich schließlich für einen schwarzen Kaffee und eine große Schale Müsli mit Früchten als Hauptbestandteil seines Frühstücks entschieden, konnte sich aber der kaum erklärbaren Faszination von Marmite und Dosenspaghetti auf Toast nicht entziehen. Riqi sah ihm den inneren kulinarischen Zwiespalt an und schob im lachend ein Display aus Plexiglas an seinen Platz – es enthielt einen kleinen Stapel mit Rezeptblättern in mehreren Sprachen, darunter freilich auch Deutsch ...

MARMITE AUF TOAST (FÜR 2 PERSONEN)

Zutaten

4 Weißbrotscheiben, 1 Gläschen Marmite, gesalzene Butter, 4 Scheiben vom Cheddar-Käse, 4 Salatblätter, geflocktes Meersalz, schwarzer Pfeffer, Petersilie

Zubereitung

Die Weißbrotscheiben braun bis dunkelbraun toasten. Die getoasteten Brotscheiben abkühlen lassen und mit der gesalzenen Butter bestreichen. Nun die Marmite als geschlossene Schicht auf die Butter auftragen. Vorsicht beim Aufstreichen, die zähe Konsistenz der Marmite macht das gleichmäßige Auftragen nicht ganz einfach. Hier hilft es, die Marmite bereits einige Zeit zuvor dem Kühlschrank zu entnehmen oder das Gläschen kurzfristig im Wasserbad leicht zu erwärmen. Die Cheddar-Scheiben in dünne Streifen schneiden und dekorativ als Ornament- oder Gittermuster auf die Toastscheiben platzieren. Abschließend mit je einem Salatblatt belegen, leicht mit einigen Flocken Meersalz und etwas schwarzem Pfeffer aus der Mühle bestreuen. Zum Schluss mit Petersilie garnieren und servieren. *Enjoy your meal.*

Marmite-Fans genießen dazu sehr gerne eine Tasse Kaffee mit etwas Milch und einem halben Teelöffel Zucker.

SPAGHETTI AUF TOAST (FÜR 2 PERSONEN)

Zutaten

2 Weißbrotscheiben, circa 200 Gramm Dosenspaghetti in Tomatensoße, gesalzene Butter, geflocktes Meersalz, schwarzer Pfeffer, Petersilie

Zubereitung

Die Dosenspaghetti mit der Soße in einem Topf erhitzen. Parallel dazu die Weißbrotscheiben hell- bis mittelbraun toasten. Die Toastscheiben dünn mit der gesalzenen Butter bestreichen, danach jeweils diagonal in zwei gleichgroße Dreiecke schneiden und leicht versetzt auf zwei großen, flachen Tellern platzieren. Die Spaghetti über die Toastbrotdreiecke gießen. Das Brot soll dabei vollständig von Pasta und Soße bedeckt werden. Mit einer Prise geflocktem Meersalz und etwas gemahlenem Pfeffer (am besten aus einer Pfeffermühle) bestreuen. Die Petersilie dekorativ über die Spaghetti verteilen. Servieren. *Cheers.*

Liebhaber von Dosenspaghetti empfehlen zur Begleitung meist einen leichten Chardonnay oder Sauvignon Blanc.

Anmerkung: Es wird schwierig sein, Marmite (alternativ zur Not auch Vegemite) und echte verkochte Neuseeland-Dosenspaghetti in einem deutschsprachigen Supermarkt zu bekommen. Die inzwischen auch in Deutschland erhältlichen Dosenspaghetti sind zwar eine halbwegs akzeptable Alternative, aber NZ-Puristen schwören auf die Kiwi-Marke *Wattie's*. Der Profi bringt sich diese speziellen Ingredienzien selbst vom Neuseelandurlaub mit (oder lässt sie sich mitbringen). Sich die Zutaten bei einem Versandhändler schicken zu lassen (Marmite kann als UK-Import bezogen werden), ist natürlich ein möglicher Kompromiss.

Fazit: Marmite und Dosenspaghetti auf Toast sind ein treffsicherer Gag bei jedem Neuseelandabend!

Was man kritisieren könnte …

Die Geschmäcker sind bekanntlich verschieden – aber ab und zu lässt sich über Geschmack doch recht gut streiten.

Die dunkle, zähe, salzig schmeckende Masse, die Peter Obland hier von Riqi aufgetischt wurde, war die typisch neuseeländische *Mar-*

mite. Dieses überwiegend als Toastbrotaufstrich (am besten über einer kräftigen Schicht Butter) verwendete Lebensmittel ist britischen Ursprungs. Der traditionelle, langjährige Werbeslogan »*Love it or hate it!*« sagt eigentlich alles. Peters Abwehrreflex ist wohl zu Recht angesprungen, aber probiert haben sollte man diese Kiwi-Ikone durchaus einmal – manchmal ist es sogar der Beginn einer langen geschmacklichen Freundschaft ...

Eine andere Kultspeise ist *Spaghetti on Toast.* Hierbei kommt es aber nicht allein auf die gewagte Kombination von Pasta und Brot an – zu beachten ist auch, dass dieser Kiwiklassiker aus vorgekochten Dosenspaghetti mit relativ dünnflüssiger Tomatensoße besteht, die das idealer Weise vollkommen bedeckte Toastbrot, das man unter dem Pastaberg nicht mehr sehen darf, ganz und gar durchweicht. Mit dem beliebten Klassiker aus Italien hat diese Spaghetti-Variante allerdings nicht mehr viel zu tun – zumindest nicht aus der Sicht deutscher Feinschmecker.

Hinweis: Das Übernachtungskonzept der Motels erfreut sich bei individuell, aber auch organisiert reisenden Touristen großer Beliebtheit. Allerdings wird hier praktisch nie ein Frühstück angeboten.

Wer frisch gestärkt in den neuseeländischen Tag starten und dazu nicht extra noch einmal an einem Café halten möchte, wählt besser ein *Bed & Breakfast (B&B).* Hierbei handelt es sich oft um die Unterbringung in einem größeren oder ausgebauten Privathaus. Wenn man sich außer fürs Land auch für Leute interessiert, ist man hier sicher am richtigen Platz – ein kleiner Plausch mit dem Inhaber kann nützliche Reisetipps enthalten. Wie der Name *B&B* sagt, bekommt man hier immer auch ein Frühstück. Für gewöhnlich handelt es sich dabei um ein traditionelles neuseeländisches Frühstück, d. h. ein gekochtes Frühstück mit Ei, Schinken, Würstchen, *hash browns* (Kartoffelrösti), Champignons und Toast. Tee und Kaffee sind natürlich obligatorisch. Manchmal kommt noch die normale kontinentale Frühstücksauswahl dazu.

19 VOLLE KRAFT VORAUS!

MAN BEKOMMT IMMER, WOFÜR MAN BEZAHLT

Riqi und Peter beschlossen noch während des denkwürdigen Frühstücks, den Tag in Paihia zu verbringen. Die Bay of Islands ist stark auf Tourismus ausgerichtet und hält dementsprechend viele Ausflugs- und sonstige Betätigungsmöglichkeiten bereit. Peter war an einer Tour mit dem verheißungsvollen Namen »Hole in the Rock« interessiert, und auch für Riqi war diese *cruise* (Schiffsreise, Schiffstour, Kreuzfahrt) erste Wahl. Nach Beendigung des Frühstücks machten sich beide startklar.

Die beiden hatten Glück bei der Buchung und konnten schon zehn Minuten später an Bord der *Dolphin Seeker* gehen. Der zügige Ablauf kam ihnen sehr entgegen – sie wollten an diesem Tag noch etwas Zeit für einen Besuch des *Treaty House* in Waitangi freihalten.

Kaum an Bord, legte das Doppelrumpfboot ab und steuerte zunächst mit langsamer Fahrt der Hafenausfahrt entgegen. Bei dieser *cruise* – so wirbt der Veranstalter – könnte man fantastische Meerestiere sehen: Der Törn gilt als hundert Prozent delfin-sicher und als ziemlich wal-wahrscheinlich – Riqi und Peter waren gespannt.

INSELLÖSUNG

Die Bay of Islands hält alles, was der Name verspricht: 144 Inseln ragen hier aus dem Meer wie Streusel aus dem gleichnamigen Kuchen. Bei einer Schifffstour hat man beste Chancen, verschiedene Arten von Delfinen, Wale, Robben, Pinguine und allerlei Seevögel zu sehen. Bei der Fahrt »Swim with Dolphins« besteht sogar die Möglichkeit, mit den beliebten Meeressäugern zu schwimmen.

Der Schifffstörn »Hole in the Rock« führt zum Cape Brett (markiert und geziert mit einem 11 Meter hohen, historischen Leuchtturm) und der vorgelagerten Motukokako Island (auch Piercy Island genannt, von to pierce = durchbohren, lochen, piercen). Das ist die kleine, aber berühmte Felseninsel mit dem Loch. Die etwa 20 Meter breite Öffnung trägt den Namen »Grand Cathedral Cave«.

Als der Kapitän vom Hafenbereich ins offene Wasser wechselte, veränderte sich der Klang der Motoren mit einem Mal vom sanften Schnurren zum energischen Dröhnen.

»Full throttle! Voller Schub voraus!«, rief Riqi begeistert – er und Peter waren beeindruckt, welche Kraft die hämmernden Dieselmaschinen entwickelten und mit welchem Tempo der schwere Katamaran plötzlich unterwegs war.

Peter rief Riqi durch den Fahrtwind zu: »Ganz ehrlich – ich würde mich ja freuen, wenn wir ein paar Meeressäuger sehen können. Aber ganz besonders interessiert mich dieser Felsen dort draußen – wie heißt er doch gleich? – also du weißt schon, der mit dem Loch.«

»Es ist schon ein bisschen mehr als nur ein Loch mit etwas Fels drum herum, aber du wirst es ja bald selbst sehen. Also die meisten nennen die Felseninsel Piercy Island. Etwas besser trifft es Motukokako Island, was allerdings eine Tautologie ist, weil Motu für sich gesehen das Maori-Wort für Insel ist. Ganz richtig ist aus meiner Sicht demnach einfach nur Motu Kokako.«

»Motu Ka ...?«

»Sag jetzt bloß nicht ›Kakao‹ – ich sehe, dass es dir auf der Zunge liegt!«

»Unsinn! Kokako. Motu Kokako.«

»Sehr gut! Übrigens, falls es dich interessiert: Eines der Kanus, mit denen meine Vorfahren *Aotearoa* entdeckten, das *Mahu-hu-ki-te-rangi,* ist der Sage nach genau dort an Motukokako Island angekommen.«

»Danke, Riqi, für die kleine Einführung ins ›Hole in the Rock‹. Ich hab' auf einer Tafel am Pier gelesen, dass sie bei dieser Tour manchmal durch die schmale Felsöffnung hindurch fahren – als kleiner Nervenkitzel.«

GLÜCKSTROPFEN

Bei ruhiger See fährt der Skipper mit dem Boot voller aufgeregter Fahrgäste tatsächlich durch dieses relativ kleine Felsloch von Motukokako Island hindurch. Aus Sicht der Passagiere sieht das Felsloch auch wirklich sehr eng aus – die Pulse beschleunigen synchron, wenn sich das Doppelrumpfboot auf die Öffnung im Felsen zu bewegt. Ist an diesem Tag die Wasseroberfläche ganz besonders ruhig, dann bleibt der Schiffsführer in der tunnelartigen Röhre, die knapp die doppelte Länge des Katamarans misst, sogar stehen und lässt die Motoren zur Steigerung der Dramatik kräftig brummen. Dann jauchzen alle 150 Seelen an Bord im Chor. Schließlich weist der Schiffsführer ausdrücklich auf die Möglichkeit hin, dass von der Höhlendecke Wassertropfen fallen könnten, die laut einer Legende der Maori Glück für die Getroffenen bedeuten, worauf sich die Anspannung der Fahrgäste sofort löst und alle fröhlich lachen.

Peter hatte das Gefühl, dass die Tour hinaus zum *Hole in the Rock* recht lange dauerte. Der Skipper unterhielt die Gäste an Bord mit Erklärungen über die geschichtlichen Hintergründe der Bay of Islands und wirkte selbst erleichtert, als die ersten *bottlenose dolphins* zu sehen waren. Nach fast anderthalb Stunden strammer Fahrt kamen der Leuchtturm von Cape Brett und endlich auch das Felseninselchen mit dem Loch in Sicht.

Die See war ruhig, und außer Fahrtwind gab es keine weitere Luftbewegung. Kein Zweifel, der Mann auf der Brücke würde heute seine »*Rock Show*« präsentieren. Tatsächlich: Nach einem eineinhalbstündigen Anlauf näherte sich das spannende Hochseeprojekt zur Freude aller Beteiligen seinem Höhepunkt. Es wurde wirklich niemand enttäuscht; die Fahrt durch die *Grand Cathedral Cave* war trotz ihrer nautischen Unbedenklichkeit äußerst aufregend. Als das schwere Boot etwas zur Seite auf den Felsenrand driftete und Peter reflexartig den Kopf einzog, fand Riqi beruhigende Worte: »Keine Panik, Peter. *Motu Kokako* bietet genug Platz für alle, falls der Skipper die Bootshülle an den Felsen aufschlitzt ...«

*

Freilich sollte der Rückweg dieselbe lange Zeit wie die Anfahrt dauern – es gibt keine Abkürzungen auf Seewegen. Peter war nun doch etwas ungeduldig geworden, und selbst der relaxte Riqi sah sehnsüchtig einem Hubschrauber nach, der gerade die gelochte Felseninsel umrundet hatte und nun wieder auf seinem flotten Rückflug nach Paihia war; in höchstens zehn Minuten würden Pilot und Passagiere wieder festen Boden unter den Füßen haben, die *Dolphin Seeker* hingegen würde jedoch weit mehr als eine Stunde auf dem Wasser unterwegs sein. Riqi schlug vor, die Zeit für einen *flat white double shot* (NZ-Kaffeespezialität mit doppeltem (statt üblicherweise einem) Espresso) im Schiffscafé zu nutzen: »Ein kleiner Koffein-Kick wird uns gut tun. Solange der Skipper mit Vollgas fährt versäumen wir dort oben nichts, und er wird es sicher melden, wenn wieder Delfine oder vielleicht doch noch ein paar Wale in Sicht kommen.«

Peter genoss einen Schluck vom Kaffee und sagte: »Stell dir vor Riqi, ich bin in der Höhle von einem dicken Tropfen getroffen worden. Bitte bestätige du als Fachmann mein nunmehr immerwährendes Glück!«

Riqi musste lachen: »*No problem, Sir!* Ich bestätige dir hiermit vor allem die Richtigkeit dessen, was der Kapitän gesagt hat. Es war nämlich tatsächlich so, dass in vorkolonialer Zeit die Krieger vom *iwi* dieser Region mit ihrem *whaka* durch das Loch in der *Motu Kokako* fuhren, bevor sie in einen Kampf zogen. Wenn dabei Tropfen von der Höhlendecke auf die *warriors* fielen, dann war dies ein gutes Zeichen und sie konnten bestens motiviert auf ihre Gegner einschlagen. Also dann, Peter – auf in den Kampf, es kann nichts mehr schiefgehen! Wenn du mich kurz für einen Gang in den *bathroom* (Toilette, WC) entschuldigen würdest ...«

Riqi stand auf, während Peter noch dem Bild eines vollbesetzten Maori-Bootes auf hoher See hinterher hing. Der gedankliche Ausflug in die Legendenwelt der Maori währte allerdings nur kurz und die Realität hatte Peter schnell zurück, als das Brummen und Vibrieren der beiden Schiffsdiesel abrupt erstarb und er beim Blick aus dem Fenster sah, dass der Kapitän einen Landungssteg ansteuerte – Paihia konnte das längst noch nicht sein. Peter spielte gedanklich ein paar Optionen durch: Ob vielleicht ein technischer Defekt eine Unterbrechung der Fahrt erzwang? Gab es möglicherweise einen Notfall mit einem Passagier, der einen Landgang erforderlich machte (mehrere Personen waren trotz der ruhigen Fahrt tatsächlich seekrank geworden)? Aber es stieg weder dichter Qualm auf, noch rannten *paramedics* (Sanitäter) kreuz und quer.

Peter sah sich nach Riqi um, der für die meisten seiner Fragen bisher immer eine Antwort wusste, nun aber wohl noch mit sich selbst beschäftigt war. Und so ergriff Peter, der den Grund für den Stopp genau wissen wollte, die Initiative und stieg steile Stiegen zur Brücke empor, um dem Kapitän die Fragen nach dem Warum und Weshalb zu stellen. Der Schiffsführer gab sich jovial und sagte freundlich lächelnd, dass keinerlei Probleme vorlägen, weder technisch noch medizinisch, und er sich nun auf den gebuchten, einstündigen Zwischenstopp auf dem kleinen Inselchen Urupukapuka freuen dürfte.

Was man kritisieren könnte ...

Eine Fahrt mit dem Ausflugsdampfer hat immer etwas Beschauliches, schließlich ist man nicht mit einem Rennboot unterwegs.

An der Bay of Islands werden sehr viele interessante Schiffstouren der unterschiedlichsten Art angeboten. Peter und Riqi hatten eine der Fahrten gebucht, die einen Zwischenstopp von einer Stunde Dauer auf der wirklich schönen, aber an sich unspektakulären Insel Urupukapuka enthält. Dort hat man eine gute Stunde Zeit zur freien Verfügung, kann ein bisschen wandern, schwimmen oder in einem kleinen Lokal (es ist allerdings nicht immer geöffnet) eine Kleinigkeit einnehmen.

Dem zur Ungeduld neigenden Peter Obland war über die Freude des schnellen Eincheckens und seiner großen Begeisterung für den gepiercten Felsen offensichtlich total entgangen, dass er genau diesen Törn gebucht hatte.

Da ihm die Fahrt schon in der ersten Hälfte sehr lang vorkam, hat ihm diese zusätzliche Verlängerung durch den einstündigen Inselaufenthalt einen gewaltigen Schlag in sein Geduldskontor versetzt. Schließlich hat Peter aber genau das bekommen, wofür er bezahlt hatte – auch wenn für ihn in diesem Fall weniger mehr gewesen wäre.

Fazit: Gebucht ist gebucht!

Wäre Peter vielleicht auf einer anderen Fahrt durch die Bay of Islands besser aufgehoben gewesen? *Swimming with dolphins,* mit Delfinen schwimmen, ist für viele Besucher Neuseelands ein ganz besonderes, oft unvergessliches Abenteuer, für manche sogar eine *life-changing experience,* ein lebensveränderndes Erlebnis. Diese Tour wird von Ende April bis Oktober angeboten, als beste Zeit gelten die Monate Mai bis Juli.

Beim *high speed rib ocean adventure* geht es mit dem Hochgeschwindigkeitsboot auf spritziger Fahrt im Slalom zwischen einigen der 144 Inseln dieser Region hindurch. Andere Alternativen sind Törns auf Segelbooten verschiedener Bauart und, um den großen Überblick zu bewahren, Rundflüge mit dem Hubschrauber.

Anmerkung: An der Bay of Islands werden auch gesonderte Fahrten zur Walbeobachtung angeboten, aber selbst in der günstigsten Zeit von Mai bis Juli sind oft nur Orcas, die Killerwale, zu sehen. Die beste »Walsicherheit«, zum Beispiel für Bryde-, Buckel- und Pottwale, bietet sich auf der Halbinsel Kaikoura auf der Südinsel. Auf Delfine ist allerdings an der Bay of Islands immer Verlass.

20 DIE GEDULD DES PAPIERS

EINE UNTERSCHRIFTENSAMMLUNG MACHT GESCHICHTE

Urupukapuka strahlte eine unglaubliche Ruhe aus. Peter hatte sich nach seiner peinlichen Begegnung mit dem Kapitän einen Moment im WC eingeschlossen und traf Riqi später am Steg des Bootes wieder, als seine Frustration über sein eigenes Verhalten ein wenig abgeklungen war. Sie gingen gemeinsam zu dem kleinen Lokal der Insel, wo sie nun auf dessen sonnigem *deck* saßen und ein *menu special* (Tagesgericht) bestellten.

Riqi, der von Peters peinlichem Auftritt beim Kapitän nichts wusste und auch später nichts davon erfahren sollte, schlug unwissentlich in dieselbe Kerbe: »Weißt du, Inseln wie diese hier, aber auch viele andere *landmarks* (Landmarken, Orientierungspunkte, Wahrzeichen) – Vulkane, Hügel, Flüsse, die ganze Natur eigentlich – haben eine besondere Bedeutung für uns Maori; es ist unsere aus der Tradition gewachsene Kultur.«

»Du meinst, die Landschaft ist euch heilig.«

»Ja, natürlich. Allerdings drückt der Begriff ›heilig‹ das Besondere der Bedeutung nur unvollständig und pauschal aus. Es ist nicht leicht zu erklären, aber wir stellen uns die Natur vollkommen ganzheitlich vor – im Grunde wie einen alles umfassenden Organismus.«

»Das klingt schon ein wenig esoterisch, oder? Aber sag' mal, Riqi – soweit ich das beurteilen kann, repräsentierst du doch vollkommen den modernen Menschen, um nicht zu sagen: den modernen Stadt-menschen. Du fährst die neuesten Autos, nutzt sämtliche elektroni-schen Kommunikationstechniken, kleidest dich nach der neuesten Mode und machst angesagte Popmusik – warst sogar schon im Vor-programm von *Guns 'n' Roses* und *Pearl Jam*. Wie passt das mit dei-ner Vorstellung von ganzheitlicher Natur und dem Geist in leblosen Steinen zusammen?«

»Ich finde, das passt bestens zusammen. Du glaubst doch auch an irgendetwas Höheres, das über allem Materiellen steht. Das soll jetzt auf keinen Fall etwas Religiöses im Sinne des aktuellen Mainstream bedeuten. Ich glaube sogar, dass mich meine ethnisch bedingte Kul-tur in allem, was ich tue, positiv inspiriert – auch in meiner Musik.«

»Das erinnert mich an deinen Auftritt damals bei *Music of the World* in Frankfurt. Dort hattest du allerdings gesagt, dass deine Songs nicht die Traditionsmusik der Maori repräsentieren; ich kann mich noch sehr gut daran erinnern.«

»Schon klar. Technisch gesehen hat meine Musik nichts mit der meiner Altvorderen zu tun, aber inhaltlich sieht es wieder ganz an-ders aus – ich würde sogar noch einen Schritt über das rein Musika-lische hinausgehen. Lass' dir Mal *Greenstone and Gold* am geistigen Ohr vorbeiziehen, dann weißt du, was ich meine.«

»Ich sehe, nein höre *Greenstone and Gold* zumindest textlich als eine Art *double feature* (Doppelvorstellung). Du präsentierst darin typische Ikonen der Maori und Kiwis, oder sollte ich besser Pakeha sagen? – Ah Moment, jetzt verstehe ich: Es soll eine Metapher sein, stimmt's?«

»Ganz genau. Ich bin froh von dir zu hören, dass meine Absicht of-fenbar doch rübergekommen ist, wenn auch mit etwas gebremstem Schaum. Ich werde dir gleich drüben in Waitangi zeigen, wie schwie-rig und kurios es sein kann, zwei völlig unterschiedliche Kulturen unter einen Hut zu bekommen.«

*

Als die *Dolphin Seeker* am frühen Nachmittag wieder in Paihia an-kam, hatte Peter das Gefühl, von dieser Tour etwas Wertvolles mit-gebracht zu haben. Der Wassertropfen, der ihn in der *Grand Cat-hedral Cave* getroffen hatte, schien eine erste Wirkung zu entfalten.

Nachdem Riqi und Peter schließlich wieder festen Neuseelandboden unter den Füßen hatten, fuhren sie nach Waitangi.

Waitangi ist ein Ortsteil von Paihia und der Weg dorthin betrug nur weinige Kilometer. Die erste Anlaufstelle ist üblicherweise das *Treaty House,* wo am 6. Februar 1840 der Vertrag von Waitangi von Vertretern Großbritanniens und einigen Maoriführern ratifiziert wurde. Riqi kannte diese *Waitangi Historic Reserve* genannte Lokalität und ein paar der Mitarbeiter offenbar sehr gut, was für Peter schon mal einen monetären Vorteile hatte, weil ihn Riqi bei der Leiterin der Anlage als seinen *cousin* vorstellte und er darauf hin nur den Schüler- und Studenteneintrittspreis bezahlen musste. Riqi ergänzte: »Du weißt ja, dass mein *iwi* von den Northlands kommt, und da ist es wirklich nicht selten, wenn sich nach einem kurzen *haere mai* (Willkommen) herausstellt, dass man miteinander verwandt ist.«

Riqi nahm Peter zunächst mit zum *Te Whare Runanga,* einem Versammlungshaus der Maori, und erklärte ihm etwas von dessen Funktion und Bedeutung. Schließlich gingen sie genau an die Stelle auf dem Rasen vor dem *Treaty House,* wo gemäß der geschichtlichen Aufzeichnung der Vertrag von Waitangi abgeschlossen wurde. Riqi sagte: »Es hat jedes Mal etwas Erhebendes, wenn ich diesen Platz besuche. Ich bilde mir irgendwie ein, dass ihn eine besondere Aura umgibt. Spürst du das auch?«

Peter wusste nicht, wie ernst diese Frage gemeint sein konnte: »Ob du's glaubst oder nicht, ich als deutsches Bleichgesicht spüre tatsächlich etwas. Wahrscheinlich ist es nicht einmal annähernd vergleichbar mit deinen Empfindungen, aber es ist immerhin eine Art Ehrfurcht und vor allem Respekt vor diesem heiligen Grund.«

»*Oh my goodness, the German Pakeha feels the Maori spirit!* – Du meine Güte, der deutsche Pakeha fühlt den Geist der Maori!«

»Ob ich genau den Geist der Maori fühle, bleibt zu bezweifeln, aber die Schwingungen sind für mich spürbar. Ich würde dich lieber etwas Spezielles fragen ...«

»So wie sich die Vorrede zu deiner Frage anhört, muss es sich um etwas Heikles handeln, *isn't it?*«

»Na ja, es ist nur ... weil ich gehört habe, der Vertrag von Waitangi sei bis zum heutigen Tage umstritten geblieben, und gäbe regelmäßig Anlass zu Diskussionen bis hin zu Streitereien.«

»Tja, Peter, damit hast du definitiv nicht unrecht. Aber was genau ist nun deine Frage?«

»Riqi, ich weiß genau, dass du nicht begriffsstutzig bist. Du willst mich vermutlich wieder an der Nase herumführen oder Zeit zum Nachdenken gewinnen. Aber gut – ich spiele mit – hier die Frage: Riqi Harawira, was ist deine Meinung zum Vertrag von Waitangi?«

Riqis Antwort kam ohne Verzögerung: »Der Vertrag von Waitangi ist das Schechteste, was uns Maori passieren konnte – aber ich weiß nicht wirklich, wie man es hätte anders und besser machen können. Ich meine sogar, selbst die *Pakeha* können aus heutiger Sicht froh darüber sein, wie das damals in 1840 hier gelaufen ist!«

Peter war überrascht: »Diese eindeutige, wenn auch leicht verklausulierte Befürwortung habe ich nicht erwartet. Keine Beanstandung des *fine print* (Kleingedruckte)?«

»Glaube mir, das Thema *Treaty of Waitangi* ist so komplex, dass meiner Meinung nach die einzig sinnvolle Art seiner Erörterung in der extremen Vereinfachung besteht. Und deshalb sage ich dir Folgendes: Ohne den Vertrag von Waitangi würdest du dir heute beim *take away* eher *coq au vin* und *bouillabaise* als *fish 'n' chips* und *mince pie* holen!«

VIVE LA FRANCE

Riqi hat in gewisser Weise recht. 1835 waren die Franzosen äußerst stark an Handel und Besiedlung in Neuseeland interessiert und hatten bereits Land gekauft. Mehr noch: Frankreich ließ damals die offene Absicht zur Annexion Neuseelands erkennen. Das galt es aus Sicht der Briten zu verhindern.

Als unmittelbare Reaktion darauf unterzeichnete die britische Krone eine Unabhängigkeitserklärung mit 35 Maori-Häuptlingen aus dem Norden. Diese erklärte Neuseeland zu einem unabhängigen Staat unter britischer Herrschaft und hielt unter anderem fest, dass ohne Einverständnis der Maori kein Anspruch auf Neuseeland geltend gemacht werden könnte.

Peter versuchte sich skizzenhaft im Geiste vorzustellen, wie ein französisch geprägtes Neuseeland aussehen könnte. Aber der Gedanke war zu irreal, als dass dabei etwas Vernünftiges hätte herauskommen können: »Ich bin letztens im Internet darüber gestolpert, dass es vor ein paar Jahren bei den Feierlichkeiten zum Waitangi Day Ausschreitungen gegeben hat und dass zwei junge Maori versucht haben, den damaligen Premierminister John Key zu attackieren. Außerdem hätte irgendeine Partei oder Gruppierung Pakeha-raus-Parolen gebrüllt. Da schlägst du als Verteter der Ureinwohner dieses Landes wohl ganz schön aus der Art.«

»*Easy, easy!* Wie in allen Ländern, wo ehemalige Kolonialmächte ihre Einflüsse hinterlassen haben, gibt es natürlich auch bei uns Aktivisten und Seperatisten, die das etablierte System generell als Ungerechtigkeit empfinden. Aber die beiden Jungs, die vor einigen Jahren John Key angegriffen haben, gehören ganz sicher weder zur einen noch zur anderen Gruppe – sie hatten überhaupt kein politisches Konzept, mit dem sie ihre Tat hätten begründen können – reines Rowdytum also. Es gibt ein paar echte Aktivisten, ja, das stimmt natürlich. Der bekannteste unter ihnen ist Tame Iti – der würde sich am liebsten die Maori-Steinzeit zurückwünschen, und dafür schießt er schon gerne mal mit dem Gewehr auf die Neuseeland-Flagge und zeigt den gewählten Regierungspolitikern als Ausdruck seiner Wertschätzung das blanke Hinterteil. Es gibt auch Separisten – stell dir vor, mein *cousin* Hone Harawira ist richtig berühmt geworden, als er aus der gemäßigten Maori-Partei ausgestiegen ist und seine eigene Partei gegründet hat – sie heißt *Mana Party*. Allerdings hält sich sein Erfolg sehr in Grenzen. Ach ja – Hone ist diesmal wirklich mein *cousin*.«

Peter fühlte sich von Riqis Informationen wie erschlagen: »Mir ist schon klar, dass es eine wirkungsvolle rhetorische Technik ist, Fragen zu beantworten, bevor sie überhaupt gestellt wurden. Wir müssen aber nochmal etwas zurückspulen. Kannst du mir zunächst einmal sagen, wie dieser Vertrag eigentlich zustande kam, wer die Unterzeichner waren und warum er bis heute solche Wellen schlägt? Der Franzosenvermeidungsaspekt kann ja nicht der einzige Grund gewesen sein ...«

ÜBERZEUGUNGSARBEIT

Nach der Forschungsreise von Kapitän Cook im späten 18. Jahrhundert kam eine wachsende Anzahl europäischer Siedler nach Neuseeland. Bis 1839 lebten etwa 2.000 Europäer in Neuseeland. Nachdem aber die Rechtlosigkeit zwischen Händlern, Siedlern und Ureinwohnern immer auffälliger und problematischer wurde, ernannte die britische Regierung einen gewissen James Busby zu deren Regierungsvertreter, um britische Handelsinteressen zu schützen und den wachsenden Gesetzeswidrigkeiten zu begegnen. Trotzdem wuchs die Zahl der Unrechtsmäßigkeiten und der dubiosen Landverkäufe an die *Pakeha* weiter. Deshalb beschloss die britische Regierung, so schnell wie möglich eine effektive Gesetzgebung in Neuseeland einzuführen und entsandte dafür im Jahr 1840 Kapitän William Hobson als Lieutenant-Governor nach Neuseeland. Sein Auftrag war es, die Souveränität Neuseelands auf Basis eines Vertrag mit den Maori-Häuptlingen zu sichern. Ein solcher Vertrag wurde eilig aufgesetzt und noch eiliger in Maori übersetzt. Nach nur eintägiger Debatte wurde der *Treaty of Waitangi* am 6. Februar 1840 von 43 Northland-Häuptlingen unterschrieben. Mehr als 500 Maori-Häuptlinge folgten mit ihrer Unterschrift innerhalb der nächsten acht Monate, in denen der Vertrag überall im Land vorgestellt wurde.

»Dass der Vertrag in den mehr als 170 Jahren seit seiner Entstehung immer wieder zu teilweise kontroversen Diskussionen Anlass gab und immer noch gibt, hat seinen Grund eigentlich in einer Banalität, nämlich in der ungenauen Übersetzung vom Englischen ins Maori. Es war damals der klassische Schnellschuss – de facto blieb nur eine Nacht Zeit, um den Text zu übersetzen. Und das in einer Welt ohne *Google Translator!*«

»Wenn ich mal davon ausgehe, dass dieses Vertragswerk mit Sicherheit mehr als ein oder zwei Seiten Umfang hatte, dann war das einerseits ein beachtliches Übersetzungstempo, andererseits natürlich auch eine ergiebige Quelle für Flüchtigkeitsfehler. Gab es zu dieser Zeit überhaupt so etwas wie amtliche Dolmetscher für Maori?«

»Den Vertrag von Waitangi hat ein Missionar namens Henry Williams in dieser denkwürdigen und sicher schlaflosen Nacht übersetzt. Williams war wohl einer der wenigen, die Maori in Sprache und Schrift beherrschten. Allerdings war er weder professioneller Übersetzer noch Jurist, womit Ungenauigkeiten vorprogrammiert waren. Aber irgendjemand musste den Job ja erledigen ...«

SINNGEHALT

Aus Übersetzungsungenauigkeiten resultiert ein Teil der späteren Interpretationsschwierigkeiten des Waitangi-Vertragstextes. Weitere Schwierigkeiten entstanden aus den unterschiedlichen kulturellen Konzepten der Briten und Maori zu Themen wie Staatlichkeit, Souveränität und dem Eigentum an Land und seinen Nutzungsrechten. Dies führte schon bald zu unterschiedlichen Auslegungen und zahlreichen Kontroversen. Beispielsweise war den Maori bei Vertragsschluss nicht bewusst, dass sie mit dem Verkauf einer Landfläche auch die Rechte an dessen Früchten abtraten. Landverkauf war in ihrem kulturellen Kontext nicht üblich.

Bis heute gibt es Rechtsfragen und konkrete Fälle, in denen der Vertrag unterschiedlich interpretiert wird. Gestritten wird meist um die Frage, welche Landverkäufe zum Zeitpunkt der Unterzeichnung rechtens waren und welche nicht. Aktuell regelt das 1975 gegründete Waitangi-Tribunal solche Streitfragen, und Maori können ihre Ansprüche aus dem Vertrag dort geltend machen – neuerdings formulieren Maori sogar Besitzansprüche auf Küste und Meeresboden. Am 25. Juni 2008 unterzeichneten die Regierung Neuseelands und Vertreter von sieben Maori-Stämmen eine Übereinkunft, die die Regierung verpflichtet, umgerechnet rund 240 Millionen Euro Entschädigung für Verletzungen des Vertrags von Waitangi zu zahlen.

»Aber letztendlich haben den Vertrag doch alle eure Häuptlinge ohne Zwang unterschrieben. Oder wurden ihre Unterschriften erschwindelt wie bei Haustürgeschäften?«

»Quatsch, das natürlich nicht! Richtig ist allerdings, dass praktisch alle, bis auf ein paar Ausnahmen, unterschrieben haben ...«

»... und mit ihrer Unterschrift haben sich die Maori zu Untertanen der britischen Königin (Victoria) gemacht. Also wenn ich damals einer von euch gewesen wäre, dann hätte ich das irgendwie erniedrigend gefunden!«

»Lieber *bro* im Geiste, glaube nur nicht an das Glück und die Seligkeit des historischen Maorilebens. Der frühere Alltag in den Stämmen wird heute leider allzu oft romantisch verklärt. Das waren taffe Zeiten im Land der langen weißen Wolke – sei nur froh, dass du damals keiner von uns warst. Ich bin überzeugt, dass es in dieser Zeit jeder kleine Untertan im Königreich England leichter hatte.«

LAW AND ORDER

Häufige, zum Teil kriegerische Auseinandersetzungen zwischen den Stämmen beherrschten das »normale« Leben der Maori. Um aktive Rivalitäten zwischen den Maori untereinander zu befrieden, versuchte der bereits erwähnte Gesandte James Busby, die sich gegenseitig bekriegenden Stämme mit einer, bislang fehlenden, gemeinsamen politischen Struktur zu versehen. So gestaltete er beispielsweise in Zusammenarbeit mit mehreren *iwi* 1834 eine eigene Flagge für Neuseeland, die heute noch seitens der Maori benutzt wird. 1835 erreichte er, dass sich 35 Häuptlinge der nördlichen Stämme zum »Bündnis der Vereinigten Stämme von Neuseeland« zusammenschlossen und eine Unabhängigkeitserklärung für Neuseeland unterzeichneten. Dadurch sollte natürlich auch der Zugriff dritter Mächte, namentlich Frankreichs auf das Land erschwert oder verhindert werden.

»Ja, das klingt plausibel. Aber kannst du dir dabei wirklich sicher sein? So viel ich weiß haben deine, oder besser eure Ahnen keine schriftlichen Aufzeichnungen angefertigt – alles soll mündlich überliefert worden sein. Damit liegen doch die Zeiten, bevor Kapitän Cook hier anlandete, in ziemlich dichtem Nebel, oder?«

»Deine Skepsis in Ehren; ich gestehe dir auch die eine oder andere dünne Nebelschwade zu, aber grundsätzlich ist gegen historische Fakten, die auf mündlicher Weitergabe basieren, nichts einzuwenden – Forscher und Historiker sind sich da einig. Ein einfaches Indiz dafür ist für mich persönlich die Tatsache, dass keineswegs nur Heldentaten berichtet, sondern auch die negativen Seiten unserer Geschichte nie verschwiegen wurden!«

»Du meinst zum Beispiel den Kannibalismus ...«

»Ich meinte eher die kriegerischen Auseinandersetzungen zwischen den Stämmen, aber auch die Rivalität und Gewalt innerhalb eines *iwi*. Allerdings hätte ich mir ja denken können, dass du, aus dem Land der vollmundigen Presse kommend, natürlich zuerst an reißerische Themen wie die angebliche kannibalistische Vergangenheit der Maori denkst.«

»Kannibalismus hat es also in Wahrheit nie gegeben?«

»Keine Sorge, du sollst deinen Sensationsbericht bekommen: In diesem unappetitlichen Fall gibt es nicht nur mündliche Überlieferungen, sondern sogar mindestens einen schriftlichen Augenzeugenbericht, und das von keinem geringeren als Kapitän James Cook.«

DOKUMENTARBERICHT

James Cook wurde auf seiner zweiten Reise nach Neuseeland gemeinsam mit der gesamten Schiffsmannschaft Augenzeuge des Kannibalismus der Maori. Ein Maori war bei einer Stammesfehde erschlagen worden – die Sieger hatten den Körper zerteilt und teilweise verzehrt. Cooks Offizier Richard Pickersgill kaufte einem Maori den Kopf ab und nahm ihn mit an Bord des Schiffes *Resolution*. Am Nachmittag kamen einige der siegreichen Maori an Bord.

»Sobald sie des Kopfes ansichtig wurden, bezeugten sie ein großes Verlangen nach demselben und gaben durch Zeichen zu verstehen, dass das Fleisch von vortrefflichem Geschmack sei.«

»(Pickersgill) ... erbot sich ihnen, ein Stück von der Backe mitzuteilen (...), sie wollten es aber nicht roh essen, sondern verlangten, es gar gemacht zu haben. Man ließ es also in unsrer aller Gegenwart ein wenig über dem Feuer braten, und kaum war dies geschehen, so verschlangen es die Neuseeländer vor unsern Augen mit der größten Gierigkeit.«

Riqi ließ die kleine Horrorgeschichte kurz wirken, dann resümierte er: »Nun denn, Peter – zufrieden? Bevor du das Ereignis kommentierst, denk' bitte daran, zu welchen Grausamkeiten andere Völker dieser Erde fähig waren und vielleicht immer noch sind. Dein eigenes mit eingeschlossen ...«

Peter kratzte sich am Hinterkopf: »Das hört sich allerdings drastisch an! Bitte verstehe es nicht als billige Ausrede, aber ich als Europäer habe im Zusammenhang mit Kannibalismus eher diese verharmlosenden Bilder vor Augen. Wo beispielsweise ein weißer Forscher mit Tropenhelm im großen Kochtopf sitzt und den Eingeboren in Erwartung der baldigen Mahlzeit das Wasser im Munde zusammen läuft. Es war wohl politisch nicht korrekt, dieses Thema anzuschneiden. Sorry, ich wollte dich wirklich nicht bloßstellen!«

»*No worries, mate!* Du hast mich in keine unangenehme Situation gebracht. Im Übrigen glaube ich, dass der Punkt erreicht ist, wo *political correctness* mehr schadet als sie nützt – soll heißen: Wenn du das Thema nicht begonnen hättest, dann hätte ich es getan. Ich weiß, dass alle Touristen, die sich für Maori-Kultur interessieren, auch etwas über unseren traditionellen Kannibalismus wissen möchten, aber fast niemand fragt offen danach. Verrat du mir doch noch, ob du *rare, medium* oder *well done* vorziehst – ich habe inzwischen gewaltigen Hunger ...«

Peter war froh und erleichtert, dass Riqi so locker mit dem aus seiner Sicht »kochenden« Thema umging. Und während er noch überlegte, ob und wie er die Frage nach der Art seiner Zubereitung beantworten sollte, übernahm Riqi abschließend das Wort: »Falls du möchtest, verrate ich dir jetzt noch kurz, warum meine Vorfahren ihre Feinde verspeist haben. Danach würde ich mich allerdings freuen, wenn wir uns anderen, erfreulicheren Dingen zuwenden – zum Beispiel, wann und wo wir etwas Herzhaftes essen wollen!«

»Einverstanden, sehr einverstanden! Vielleicht essen wir in diesem Fall etwas Vegetarisches ... Nein, ein Scherz, ein Scherz! Aber was war nun schluss- und endlich der Grund für den Kannibalismus?«

»Ich persönlich weiß es nicht, das muss ich ganz klar sagen. Vielleicht war es ja ein Kampf- oder Kriegsritual der Krieger. Aber wie bei allem gibt es auch hierbei genügend Fachleute, die sich für dich ihren Kopf zerbrechen. Genau genommen wurde die Frage bereits an Bord der *Resolution* von zwei hochkarätigen Besatzungsmitgliedern beantwortet. Interessant ist für mich aber eigentlich der Nicht-Grund: Die schlauen Herren haben herausgefunden, dass der Kannibalismus absolut keine ernährungstechnische Ursachen hatte!«

EXPERTENMEINUNG

James Cook hatte auf dem Expeditionsschiff *Resolution* nicht nur die Mannschaft fürs Grobe, sondern auch Akademiker mit dabei. Nachdem praktisch alle an Bord die weiter oben beschriebene Szene miterlebt hatten, vermutete der Naturwissenschaftler Georg Forster »Wut und Rachsucht« als Ursache des Kannibalismus, während der Bordastronom William Wales meinte, dass die Maori Menschenfleisch »wegen des Geschmacks« mochten. Einig waren sich die Beobachter, dass der Kannibalismus auf keinen Fall durch Hunger oder Mangel an Fleisch verursacht wurde.

»Riqi, jetzt stehen wir hier auf dem in welcher Weise auch immer geweihten Boden von Waitangi und sind inzwischen doch ziemlich weit von dem abgekommen, was dieser Ort bei seinen Besuchern eigentlich implizieren sollte. Du hast nun das letzte Wort – bitte ...«

»Mach dir keinen Kopf über die Probleme zwischen Maori und Nicht-Maori. Das sind doch die gleichen zwischenmenschlichen Probleme wie überall. Finde dich einfach damit ab! Was wir brauchen, ist Verständnis und Mitgefühl für die Menschen und unter den Menschen. Neuseeland ist unser Land – Land von Maori und *Pakeha*, und das ist gut so. Okay, da sind sicher noch einige Unstimmigkeiten zu harmonisieren. Aber wir ziehen alle am selben Strang, um letztendlich wirklich zueinander zu finden. Wir werden das schaffen, weil wir spitze sind. Ich sage, das ist *Ourtearoa!*«

»Das hast du schön gesagt. Fast wie aus einem Lehrbuch für Esoterik. Aber ist es nicht eine Spur zu viel Sehnsucht nach der idealen Welt?«

»Meinst du wirklich? Zugegeben, auch ich sehe es gern, wenn die *All Blacks* oder meine *cuzzies* den *haka* vorführen. Und weißt du was? Es waren meine Nichte Majic und mein Neffe Robbie, die einmal verbotenerweise die Maori-Flagge auf der Harbour Bridge gehisst haben. Warum auch nicht? Wenn du meinst, dein Ding durchziehen zu müssen, dann zieh' es durch. Aber trotzdem ist es beruhigend, sich hinlegen zu können, ohne die Sorge, dass dir ein *warrior* mit dem *patu* (scharfkantige Schlagwaffe der Maori-Krieger) nachts im Schlaf den Schädel spaltet.«

»Gar keine Kritik an den *Pakeha?*«

»Doch, sicher! Jeder weiß, dass unsere europäischen Altvorderen ziemlich verschlagen und schlitzohrig waren. Ihre Schandtaten müssen klargestellt und gesühnt werden. Jeder hat sich an die Spielregeln zu halten – so lautet schließlich das einfache Gesetz des Lebens. Jeder hat das Recht auf Fairness. Auch wenn es unbequem ist: So modern und aufgeklärt die Zeiten auch sind, wir müssen uns auch heute zum schlechten Erbe unserer Vorgänger bekennen. Ich denke, damit erzähle ich dir nichts völlig Neues.«

»Harte Sache – ich kann es anders nicht sagen.«

»So, und nun lass uns zur Nahrungsaufnahme nach Whangarei zu *Reva's* fahren. Den Abend können wir dann bei meiner *whanau* verbringen – frag' sie aber besser nichts zum Thema ›*Treaty of Waitangi*‹.«

Was man kritisieren könnte …

An keiner anderen Stelle des Landes hätte der Kontrast der unterschiedlichen kulturellen Hintergründe von Riqi Harawira und Peter Obland offensichtlicher werden können. Peter stand in Waitangi auf schwankendem Grund.

Der Vertrag von Waitangi ist nicht nur ein schwieriges und komplexes, er ist vor allem ein politisch kontroverses Thema. Riqi hat dazu eine klare Meinung, die sich nicht unbedingt mit dem Standpunkt der Mehrheit der Maori deckt. Peter versuchte sich in den Kontext des Waitangivertrages hineinzudenken und bemühte sich etwas verkrampft, dessen Für und Wider aus der Perspektive der Maori, beziehungsweise was er dafür hielt, zu betrachten. Er begab sich damit auf den schmalen Grat zwischen Kompetenz und Naivität.

Auf echtes Glatteis brachte Peter das Stichwort Kannibalismus. Nur Riqis nonchanlanter und selbstironischer Art hatte er es zu verdanken, dass er bei der Vertiefung dieses Themas nicht gehörig auf die Nase fiel. Anmerkung: Auch wenn es sich nicht um ein Tabuthema handelt, so sollte man sich als Neuseelandreisender wirklich sicher über den Grenzverlauf des guten Geschmacks oder angemessenen Respekts sein. Auf jeden Fall muss man es stark vom Kontext der Unterhaltung abhängig machen, ob man den historischen Kannibalismus mit dem Maori, den man gerade kennengelernt hat, wirklich erörtern möchte. Riqis Schlusswort klang für Peter sehr nach Esoterik. Das wäre prinzipiell nicht zu beanstanden, wenn der Begriff Esoterik nicht den Beigeschmack des Versponnenen hätte. Anders als bei seinem deutschen Gast basiert Riqis Weltanschauung natürlich auf den historischen und kulturellen Hintergründen der Maori. In einer stark vereinfachten, aber dennoch sehr anschaulichen Beschreibung ist diese native Denkweise das Resultat aus drei spirituellen Elementen: Lebenskraft *(mauri),* Prestige *(mana),* Geschichte und Mythologie *(korero).*

Fakten und Tipps: Die Bevölkerung Neuseelands setzt sich aus knapp 66 Prozent europäischstämmigen Pakeha und 15 Prozent Maori zusammen. Die verbleibenden 19 Prozent verteilen sich auf Asiaten und Pazifikinsulaner. Viele Pakeha und fast alle Maori verstehen sich eindeutig ihrer ethnischen Gruppierung zugehörig, aber die meisten von ihnen haben etwas von beiden. Die Durchmischung hat bereits in den frühen Zeiten der europäischen Siedler Mitte des 19. Jahrhunderts begonnen und findet natürlich weiterhin statt. Deshalb, aber auch aus anderen Gründen, ist es für Reisende keineswegs leicht zu erkennen, ob man gerade einen Pakeha, einen Maori oder einen Südseeinsulaner nach dem Weg fragt.

In den letzten Jahrzehnten ist ein neues Selbstbewusstsein der Maori entstanden, das die Neuseeländer *Maoritanga* nennen. Frühere Ungerechtigkeiten und bewusste Schwächung der Identität der Maori sind seitdem auf dem Rückgang, wenn auch längst noch nicht völlig beseitigt.

Wichtig: Das alles hat unterwegs in den Städten und auf dem Land absolut nichts Abenteuerliches an sich und Berührungsängste sind fehl am Platze, zumal der multikulturelle Mix der Bevölkerung ohnehin einen großen Teil des Charmes Neuseelands ausmacht.

Besondere Verhaltensregeln gilt es jedoch beim Besuch eines *marae* zu beachten. Ein *marae* besteht in der Regel aus dem Versammlungshaus und dem Speisehaus mit Kochbereich. Das gesamte Areal einschließlich des Vorplatzes sind heilige Bereiche des *iwi,* also des Stammes, dem es gehört. *Manuhiri* (Besucher) betreten ein *marae* nur nach vorheriger Aufforderung durch ein Mitglied des *iwi.* Man lässt die Schuhe vor dem Versammlungshaus stehen und muss in jedem Fall angemessen gekleidet sein. In allem, was man im *marae* tut und wie man sich darin bewegt, sollte stets ein gewisser Respekt vor der Würde dieses Ortes erkennbar sein.

21 SPEZIALITÄT DES HAUSES

FEIERTAGE SIND DEM KIWI LIEB – UND TEUER

Als Riqi und Peter schließlich im Auto saßen, machte sich bei beiden eine gewisse Erleichterung bemerkbar – der Besuch der *Waitangi Treaty Grounds* und das intensive Gespräch hatten mehr Anspannung verursacht als gedacht. Dass Peter dann mit leicht aufbrausendem Fahrstil auf dem Highway Richtung Süden unterwegs war, zeigte deutlich, dass er längst noch nicht zur Ruhe gekommen war.

Nur dem Zufall und vielleicht auch Riqis kleinem Hinweis war es zu verdanken, dass Peter – als er dem Toyota kräftig Sporen gab – im letzten Moment ein ziviles Polizeifahrzeug als solches identifizieren konnte, als er gerade schwungvoll, jegliches Tempolimit verachtend, genau diesen amtlichen Wagen überholen wollte. Die roten und blauen Signallichter hinter der Heckscheibe, oft zusätzlich von einem Heckflügel verdeckt, können nur mit etwas Glück und bei sehr genauem Hinsehen erkannt werden. Riqis Geste, bei der er Zeige- und Mittelfinger der rechten Hand dicht an seine Augen hielt und dann auf das verdächtige Fahrzeug deutete, hat Peter zweifellos eine polizeilich erzwungene Sonderausgabe in beträchtlicher Höhe erspart.

Nach dem kleinen Schreckmoment fuhr Peter etwas verhaltener und kam dennoch viel früher als vermutet am Reva's an. Das Lokal warb für sich auf einer riesigen elliptischen Tafel mit dem Zusatz »*On the Waterfront*« und »*est. 1976*« (*established* = gegründet 1976).

Gaststätten, die in den Siebzigern gegründet wurden, haben in Neuseeland bereits einen gewissen historischen Anspruch. Reva's befand sich in einem auffallend schönen Holzgebäude mit Säulen und Ornamenten, das unmittelbar am zentrumsnahen Hafenbecken lag. Riqi wollte sich hier nochmals kurz mit einem *cousin* (wie kann es anders sein) wegen irgendeiner Familiensache treffen. Riqi schaute kurz ins Lokal, kam wieder heraus und sah sich auf dem Parkplatz um, aber der Verwandte schien nirgends zu finden zu sein: »Peter, lass' dir doch schon mal einen schönen Tisch für uns geben. Ich versuche kurz, meinen *cuz* anzurufen, und komme gleich nach.«

Peter betrat das Restaurant und dachte an ein kühles Bier, um die Wartezeit zu verkürzen. Im Innern war der Gastraum mit viel nautischen Accessoires dekoriert, aber nicht überladen. Peter nahm Kurs auf die Bar. Noch bevor er an der mächtigen Zapfhahnorgel die beleuchteten Ovale mit den Namen der vielen angebotenen Biere lesen konnte, rief ihm ein dicker, gut aufgelegter Barmann mit präzise geschnittener Kurzhaarfrisur und scharf konturierter

Koteletten- und Backenbartkombination zu: »*Sorry, Sir – drinks only with food today!*«

Das war für Peter eine deutliche und dennoch unverständliche Ansage: kein Drink ohne Essen! Er schüttelte den Kopf: »Ich dachte eigentlich nur an ein schnelles Bier im Stehen?«

»Ein Glas Wasser, ja – aber kein Bier, *sorry* – das *council* (Gemeindeamt, Stadtamt) schickt Kontrolleure durch die Gegend«, quittierte der gewichtige Mann hinter dem Tresen Peters Frage.

Dass er in spätestens einer Viertelstunde eine umfangreiche Essensbestellung erwarten dürfte, beeindruckte ihn genauso wenig wie der Vorschlag, ein Flaschenbier zu nehmen und dieses draußen am Pier mit Blick auf die vielen Jachten zu genießen.

»*Sorry, no way.* Das kommt nicht von mir – es ist die Behörde!«

Peter wurde in seiner Verwunderung ein bisschen ironisch und kommentierte die Situation mit der Frage, ob er sich in dieser Stadt auf weitere solcher Kuriositäten einzustellen hätte, zum Beispiel keine Streichhölzer ohne Zigaretten?

Seton, als der sich der Barmann zwischendurch höflich und per unüblichem Handschlag bei Peter vorgestellt hatte, lachte dröhnend und sagte: »*Bloody bureaucrats, sorry!* – Tut mir leid, die verdammten Bürokraten!« Das war sein Schlusswort zu diesem Thema.

RARITÄT

Seton ist ein seltener Name altenglischen Ursprungs und bedeutet »Ort am Meer«. Man begegnet ihm ganz gelegentlich auch in den Varianten Seaton und Seeton.

Riqi hatte mittlerweile seine Suche nach dem vermissten Cousin erfolglos eingestellt und stand nun neben Peter an der riesigen Theke im Reva's. Damit erübrigten sich ohnehin weitere Verhandlungsversuche mit Seton, dem hartnäckigen Getränkeverweigerer, der beide nun zu einem Zweiertisch mit reizvollem Blick auf das abendlich beleuchtete Hafenbecken führte. Mit einem für sein Gewicht erstaunlich federnden Gang kam er ein paar Minuten später wieder an Riqi und Peters Tisch und fragte: »*Are you ready to order?* Darf ich Ihre Bestellung aufnehmen?«

Er zog eine große, gekonnt mit bunter Kreide beschriftete Standtafel heran und erklärte die Spezialitäten des heutigen Tages. Die beiden entschieden sich für ein Steak – Riqi mochte es *rare*, Peter wünschte es *medium* – jeder ein Glas *Mac's Hop Rocker Pilsner* und als Abschluss für jeden ein Tässchen *flat white* zum Wachhalten.

Seton bediente seine Gäste sehr freundlich und das Essen war für neuseeländische Verhältnisse wirklich gut – das Fleisch zart und präzise gegart, die Beilagen (Kartoffeln und Gemüse) gut gewürzt, ohne den Eigengeschmack zu übertönen.

FLEISCHESLUST

Bei der Bestellung von Steaks fragt der Ober *(waiter, waitress)* immer, welche Garung man wünscht:

rare	englisch, blutig
medium	halb durch
well done	durchgebraten

Besonders Rindersteaks sind in Neuseeland sehr empfehlenswert, das Fleisch ist durchweg von guter Qualität, und die meisten Köche *(chefs)* verstehen ihr (Grill-)Handwerk.

Während des Essens war Riqi ständig mit der Kommunikation zu den Nachbartischen beschäftigt, ohne aufdringlich zu sein oder jemanden beim Essen zu stören; der Musiker sah die anderen Gäste wahrscheinlich als sein Publikum an. Peter war erstaunt, dass Riqi von einigen der Leute als Interpret von *Greenstone and Gold* erkannt wurde – es rieselte Lob für sein Talent und seinen Stil. Peter hatte sich mittlerweile daran gewöhnt, dass Riqi in größerer Gesellschaft einen leichten Hang zur Selbstdarstellung hatte. Aber gut, als Künstler muss es das erklärte Ziel sein, Kontakte, viele Kontakte zu knüpfen. *Socializing* nennt man das wohl.

Als sein Handy klingelte, rief Riqi: »Na endlich, das wird der überfällige *cousin* sein!«

Anders als erwartet war Riqis Vermittlungsagent am Telefon und wollte ein paar neue Konzerttermine besprechen. Riqi gab Peter ein Zeichen, dass das Gespräch etwas länger dauern könnte und ging, um nicht zu stören, auf die große Veranda hinaus.

Peter gab Seton derweil das internationales Zeichen für »Bitte bezahlen«, indem er den Arm senkrecht nach oben reckte und Daumen und Zeigefinger aneinander rieb. Seton kam sofort mit Riesenschritten zum Tisch und erkundigte sich nach Peters Anliegen, was dieser durch das Zücken seiner Brieftasche symbolisierte. Seton nickte freundlich und sagte: »*Sure, Sir,* ich kann Ihnen den Beleg bringen. Wenn Sie dann bitte beim Rausgehen an der Kasse bezahlen würden ...«

»ZAHLEN BITTE!«

In neuseeländischen Gaststätten zahlt man nicht am Tisch. Kein Ober kommt auf das entsprechende Handzeichen mit der Geldtasche im Hosenbund herangeeilt, um abzukassieren. In Restaurants der gehobenen Kategorie wird auf ausdrücklichen Wunsch des Gastes die Rechnung im Lederetui an den Tisch gebracht. Man kann dann die Kreditkarte oder auch Bargeld hineinlegen und *waiter* oder *waitress* alles Weitere abwickeln lassen. Die Regel ist aber, dass man beim Rausgehen an der Kasse bezahlt.

Es gilt auch generell das Prinzip: ein Tisch – eine Rechnung. Wenn man separat bezahlen möchte, muss man die Gesamtsumme selbst mit seinen Tischbegleitern auseinanderdividieren. Die Bedienung reicht einem dazu gerne einen Taschenrechner.

Und: Nie wundern, wenn man ohne Buchung nach einem Tisch fragt und freundlich aber bestimmt wieder weggeschickt wird, obwohl das Lokal nicht voll besetzt ist. Der Rezeptionist allein entscheidet, ob er zu den Tischreservierungen, die bereits vorliegen, noch Spontangäste dazu nimmt oder nicht.

Peter überschlug die Zeche, weil er Bargeld bei sich hatte, das er gerne zum Begleichen der Rechnung verwenden wollte. Seine Addition und verfügbares *cash* passten recht genau zusammen, und so verließ Peter den Tisch und steuerte auf Seton zu, der ihn bereits lächelnd hinter seiner Kasse erwartete.

Seton hatte die Summe ebenfalls schon aufaddiert – aber sie war wesentlich höher, als Peter erwartet hatte. So stark konnte er sich eigentlich nicht verrechnet haben, also prüfte er die einzelnen Positionen auf dem Beleg, was eigentlich nicht seine Art war. Komischerweise schien alles, was auf dem Beleg stand, korrekt zu sein. Peters Blick sprang zwischen Rechnung und Seton hin und her, bis der Ober das Rätsel löste: »*Sorry, Sir,* 20 Prozent Feiertagszuschlag – es ist *ANZAC Day, sorry.*«

Was man kritisieren könnte ...

Die Neuseeländer lieben ihre Feiertage. Nur gibt es da ein paar Feinheiten, die manchem die Lust zum Feiern etwas schmälern können.

Der juristische Teil: Eine sehr seltsame gesetzliche Regelung in Neuseeland betrifft den Alkoholverkauf an Feiertagen. Außer generellen Einschränkungen für Verkaufsstellen wie *Liquor Stores* und Supermärkte gibt es noch eine spezielle, besonders kuriose Auflage für Hotels und Gaststätten – sie lautet: »Am Karfreitag, Ostersonntag, am 1. Weihnachtstag und am *Anzac Day* (vor 13 Uhr) dürfen alkoholische Getränke nur ausgeschenkt werden an Personen, die a) dort abgestiegen sind (Hotelgäste), b) dort angestellt sind (Mitarbeiter) oder c) dort eingekehrt sind zum Zwecke des Verzehrs von Speisen (Restaurantgäste)!«

Der monetäre Teil: Nicht weniger seltsam mag der Reisende das Gewohnheitsrecht empfinden, dass an allen neuseeländischen Feiertagen (nicht nur an den oben genannten vier) in gastronomischen Betrieben 15 bis 20 Prozent Feiertagszuschlag, *holiday surcharge,* zur Zeche des Gastes hinzuaddiert werden.

Begründet wird der Aufschlag mit einer anderen eigentümlichen Gesetzesregel, nach der Mitarbeiter, die an den Feiertagen arbeiten, den anderthalbfachen Stundenlohn bekommen und außerdem für diese Feiertagsarbeit zusätzlichen Urlaub nehmen dürfen. Allerdings betrifft dieses Gesetz alle Betriebe, die an Feiertagen geöffnet haben und in dieser Zeit Mitarbeiter beschäftigen, also keineswegs nur die Gastronomiebranche.

Die Entstehungs- und Entwicklungsgeschichte dieser gastronomischen Kühnheit kann nicht mehr nachvollzogen werden und gilt allgemein als eine Art ungeschriebenes Gesetz. Es werden aber von Jahr zu Jahr die Stimmen derer lauter, die diese Gastunfreundlichkeit der neuseeländischen Wirte kritisieren und dagegen opponieren. Tatsächlich sieht man mittlerweile an Feiertagen immer häufiger große Tafeln vor den Restaurants stehen, die mit *»No Holiday Surcharge«* für sich werben.

22 VOLLER TANK UND LEERE HÄNDE

NEUSEELANDS TANKSTELLEN HABEN NICHTS BERAUSCHENDES

Peter setzte sich in einen kleinen weißen Pavillon vor dem Reva's. Es dauerte nicht lange, da erschien auch Riqi: »Peter, falls du Lust hast, mich nach Wellington zu begleiten – mein Agent hat mir gerade einen kurzen Auftritt im *Te Papa* angeboten, und ich habe natürlich zugesagt.«

»Ja klar! Ich bin dabei. Ich weiß zwar nicht, was *Te Papa* ist, aber Wellington an sich interessiert mich auf jeden Fall.«

LUFTBEWEGUNG

Die Hauptstadt Neuseelands kann sich gleich mehrerer Spitznamen *(nicknames)* erfreuen: zum einen wird in Marketing und Werbung mehr oder minder offiziell der Begriff »*Coolest little Capital in the World*« verwendet, was allerdings leicht verkrampft und künstlich anmutet. Als neuesten Slogan hat man sich das beinahe zungenbrecherische »*Absolutely positively Wellington*« ausgedacht. Viel natürlicher klingen dagegen: »*Harbour City*« (sachlich), »*Welly*« (schlicht und salopp), »*Wel-*

»Das *Te Papa* ist unser Nationalmuseum. Es gibt dort am nächsten Wochenende eine Sonderveranstaltung zum Thema *pounamu* (*greenstone* = Nephrit-Jade, die nur auf der Südinsel Neuseelands vorkommt) und die Organisatoren möchten, dass ich zur Eröffnung *Greenstone and Gold* singe – mehr nicht, nur diesen einen Song. Aber frag' nicht, was die dafür bezahlen, die Hälfte wäre schon eine Spitzengage ...«

KULTURTEMPEL

Das *Te Papa Tongarewa* (meist kurz und einfach »*Te Papa*« genannt) ist das Nationalmuseum von Neuseeland, *National Museum of New Zealand (NMNZ),* in der Hauptstadt Wellington. Das Hauptgebäude steht an der Cable Street nahe der sehenswerten Waterfront. Das Außengelände stellt sich als Waldlandschaft dar, außerdem befindet sich dort eine künstliche Höhle.

Der Name *Te Papa Tongarewa* ist Maori und bedeutet sinngemäß etwa »Der Ort der Schätze dieses Landes«.

Auf sechs Ebenen wird dort Neuseeland aus allen erdenklichen Blickwinkeln betrachtet bzw. präsentiert. Einen besonderen Schwerpunkt bildet die Entwicklung Neuseelands von den ersten Besiedlungen bis zum heutigen modernen Staat. Regelmäßige Sonderausstellungen ergänzen das laufende Angebot.

Viel weiter kam Riqi nicht, denn plötzlich hörten die beiden jemanden von Weitem rufen: »*Ay Riqi, mean bastard!* – elender Schweinehund (in diesem Fall freundschaftlich gemeint)! Entschuldige tausend Mal, dass ich dich stundenlang habe warten lassen!«

Es war der sogenannte *cousin,* der nun doch noch eingetroffen war. Er hatte sogar einen echten Namen und Riqi stellte beide gegenseitig vor: »Hemi, Peter. Peter, Hemi.«

NOMEN EST OMEN

Ein paar Maori-Vornamen mit Bezug zu Pakeha-Namen:

Tipene	Stefan
Rawiri	David (der Geliebte)
Pita	Peter (Stein, Felsen)
Maaka	Mark (Gott des Krieges)
Hemi	Hans
Hare	Karl

Hemi war der völlige Gegensatz zu Riqi, sowohl im äußeren Erscheinungsbild als auch von der Wesensart: Er war untersetzt, fast dicklich mit groben Gesichtszügen, und er wirkte geradezu nervös, konnte nicht ruhig stehen und redete viel zu viel. Riqi hatte Mühe, mit Hemi ein Gespräch zu führen, ohne dass der *cousin* ständig von einem Thema zum anderen sprang. Es ging offenbar um eine komplizierte Erbschaftssache, die beide besprechen wollten, bevor sie zur Familie weiterfuhren.

Hemi hielt einen längeren Monolog, dem Peter nicht folgen konnte. Riqi rollte öfters mit den Augen und trat schließlich einen Schritt auf Peter zu: »*Hey, mate,* wir haben ein kleines Problem. Hemi und ich müssen dringend eine Sache klären – nun hat er aber leider die Dokumente bei sich zu Hause vergessen. Das ist jetzt alles dumm gelaufen.« Riqi überlegte kurz, bevor er ergänzte: »Lass uns das so machen: Ich fahre mit Hemi nach Hause und kümmere mich um die Formalitäten – und du springst ins kalte Maori-Wasser und fährst schon mal vor zu meiner Familie. Das Haus liegt ein bisschen abseits, aber solange es noch nicht dunkel ist, wirst du es ohne große

Schwierigkeiten finden. *How does that sound, mate?* – Wie hört sich das an?«

»Na klar, und ich platze dann einfach bei deinen Verwandten zum Abendessen rein ...« Peter war sich überhaupt nicht sicher, ob das ein guter Plan war.

»Komm schon, Peter – du bist doch Mr. Abenteuerlust. Das würde die Situation zwischen Hemi und mir wirklich entspannen ...«

Peter atmete tief – und extra hörbar – ein. »Ok, Riqi, was mach' ich nicht alles für ein wenig Spannung im Leben. Der Grad der Schwierigkeit hängt allerdings noch unmittelbar von der Qualität deiner Streckenbeschreibung ab.«

»Schade, dass dein Auto keinen Navi hat, damit wäre es einfacher. Ich schreibe dir einfach die Adresse und eine Telefonnummer auf, und ich mache dir noch eine kleine Skizze. Ich komme mit Hemi so bald wie möglich nach, okay?«

Peter, der sich für recht orientierungssicher hielt, hatte keinerlei navigatorische Bedenken – somit stand der Fahrt prinzipiell nichts im Wege. Eine Frage hatte Peter aber noch: »Als wer oder was darf ich mich denn bei deinen Verwandten vorstellen? Ich möchte deine Leute auf keinen Fall unangenehm überraschen.«

»Keine Angst, die fressen keine Deutschen, ha!« Riqi lachte herzlich. »*Seriously* (ernsthaft, im Ernst), Peter – du brauchst Dich mit größter Wahrscheinlichkeit überhaupt nicht vorzustellen. Ich habe Tante Turia und Onkel Pita so viel von dir erzählt, dass die sofort wissen werden, wer da vor der Haustüre steht. Mach' dich auf einen herzlichen Empfang gefasst – und lass' mir noch etwas übrig, *if you know what I mean!* – wenn du weißt, was ich meine!«

Peter fuhr los; zunächst ein kleines Stück zurück durch Whangarei nach Norden, dann runter an der Abzweigung, die ihn auf die Ngunguru Road und schließlich zum Haus der Harawiras bringen sollte, das ungefähr zwischen Tutukaka Harbour und der Sandy Bay lag.

ABC

Das Alphabet der Maori hat fünf Vokale, acht Konsonanten und zwei Doppelkonsonanten (linguistisch Digraph) – »ng« und »wh«.

Die Aussprache der Buchstabenkombination »ng« klingt wie das *ng* im englischen Wort *singer* und nicht wie in *finger,* was ein häufig gemachter Fehler ist.

Der Doppelkonsonant »wh« wird üblicherweise als »f« gesprochen.

Riqi hatte als Fahrzeit maximal eine dreiviertel Stunde geschätzt. Peter fuhr entspannt, ohne anzuhalten und hakte einen Straßennamen nach dem anderen ab.

Erst einige Zeit später, als ein gemeiner Gong drohende Ebbe im Benzintank meldete, dachte Peter ans Anhalten. Die Sonne schien aus tiefem Stand schräg aufs Armaturenbrett und ließ die Tankanzeige mahnend rötlich leuchten. Ngunguru, ein kaum wahrnehmbares Dorf, das wohl seinen unaussprechlichen Namen der Straße verliehen haben musste, auf der Peter fuhr, garantierte immerhin die Spritversorgung in Form einer kleinen Bude mit zwei Zapfsäulen.

Peter fühlte sich plötzlich nervös und bemerkte ein aufkeimendes Hungergefühl, obwohl das Essen im Reva's noch keine zwei Stunden zurücklag. Die kleine Tankstelle kam wie gerufen und würde nicht nur die Energiequelle für den Wagen, sondern ebenso für Peters Magen sein.

Der Toyota konnte sich sicher nicht beklagen: Das gezapfte Benzin gab keinen Anlass zur Kritik. Weniger gut dagegen sah es für Peter aus. Süßwaren mehr als genug: Pineapple Lumps, Mini-Pavlovas, Cadbury und Whittaker's Schokolade. Aber das war es auch fast schon. Der Mann in der Tankstelle, ein knorriger älterer Maori, wies auf Peters entsprechende Frage in die Richtung einer kleinen Kühltheke, deren Aggregat laut brummte. Dort fand er wenigstens eine Plastikbox mit zwei Sandwichhälften aus weißem Toastbrot; ein Klebeetikett verriet *Tuna* (Thunfisch) als Belag. Peter nahm noch ein Mineralwasser und suchte nach einer Flasche Wein – ein spontaner Einfall, schließlich wollte er nicht mit leeren Händen dastehen, wenn er unvermittelt bei Riqis Tante und Onkel erscheinen würde.

Peter erklärte dem Tankwart die Situation, worauf dieser sich ihm als Tamati vorstellte. Er war nicht der Eigentümer der Tankstelle, aber Tamati konnte schalten und walten, als ob sie ihm gehörte. Nur Peters Bedürfnisse konnte er nicht hundertprozentig befriedigen.

»Es halten nicht viele Autos hier«, erklärte er, »die meisten Touristen sind auf dem Weg zur Tutukaka Coast und haben ihre Tanks schon in Whangarei gefüllt. Benzin und Öl habe ich immer reichlich, aber Wein und Sekt führe ich nicht. *Sorry, mate.*«

Peter wunderte sich. Jede Dorftankstelle in Deutschland hat mehr Wein und Spirituosen als Benzinsorten zur Auswahl, und hier wollte ihn Tamati einfach auf dem Trocknen sitzen lassen. »Vielleicht wenigstens ein Sixpack Bier vielleicht?«, fragte Peter fast flehend.

Aber Tamati schüttelte nur den kahlen Kopf, worauf Peter sich dazu berufen fühlte, dem geduldigen Tankwart eine ultimative Geschäftsidee vorzuschlagen: »Tamati, nimm Alkohol mit ins Angebot und häng' eine große Werbetafel raus – dein kleiner Laden wird laufen wie geschmiert!«

Zu gerne hätte Tamati diesem Vorschlag zugestimmt, aber wieder musste er verneinen: »Tut mir leid, mein deutscher Freund – das geht nicht. Es ist gegen das Gesetz.«

Was man kritisieren könnte ...

Manche großartigen Geschäftsideen scheitern, noch bevor sie richtig zu Ende gedacht sind.

Obwohl, oder gerade weil Neuseeland ein offen diskutiertes, aber ungelöstes Alkoholproblem vor sich herschiebt, haben spezifische staatliche Restriktionen bewirkt – so befürchten zumindest einige Fachjournalisten –, dass das Interesse am Alkohol im Kiwiland eher gesteigert als geschwächt wird.

Alkoholika können in Neuseeland nur an dafür zugelassenen Stellen erworben werden. In den großen Supermärkten, in Minimärkten *(mini-marts, superettes)* und Nachbarschaftsläden bzw. Tante-Emma-Läden *(convenience stores)* darf nur Schwachalkoholisches, also Bier und Wein, verkauft werden.

Der Kauf von Spirituosen ist ausschließlich in *liquor stores* möglich.

Lizenzierte Gaststätten dürfen alkoholische Getränke nur zum Zwecke des sofortigen Verzehrs an Ort und Stelle verkaufen.

Von Regierungsseite her versucht man, die Zahl der *liquor stores* zu begrenzen und die Neuvergabe von Alkohollizenzen zu erschweren; dennoch gibt es keinen Mangel an Verkaufsstellen für Schwach- und Hochprozentiges. Die meisten *liquor stores* sind Franchise-Betriebe und werden oft von Asiaten, die sich die aufwendige und teure Gründung eines solchen Fachgeschäfts leisten können, betrieben.

Als Kunde verlässt man einen solchen Alkoholshop immer mit einer dieser berühmten schwarzen Plastiktüten, damit draußen niemand bemerkt, dass man Schnaps gekauft hat.

Also: Anders als im deutschen Sprachraum führen Tankstellen in Neuseeland grundsätzlich keine alkoholischen Getränke – weder Bier, Wein noch Spirituosen. Es gibt keine Ausnahmen von dieser Regel. Kurz im Vorbeifahren noch schnell ein Fläschchen mitzunehmen, ist in Neuseeland nicht ganz so einfach wie von Peter Obland gedacht.

Das Mindestalter für den Erwerb von Alkohol beträgt in Neuseeland 18 Jahre.

Interessanter-, ja kurioserweise gibt aber für dessen Konsum (noch) keine gesetzliche Altersbeschränkung. Die *youngsters* oder *kids* müssen sich allerdings in der Aufsicht eines Elternteils oder Erziehungsberechtigten befinden, aus dessen Hand sie das alkoholische Getränk auch dargereicht bekommen, zumal es die Minderjährigen ja nicht selbst kaufen dürfen.

23 WOLKEN IM KAFFEE

MILCHIGE SITTEN UND GEBRÄUCHE

Peter hielt sich präzise an Riqis Skizze und wähnte sich auf richtigem Kurs, aber sein innerer Kompass begann immer unruhiger zu werden. Der Tag ging unaufhaltsam zu Ende; vom Horizont her stieg die Dunkelheit herauf. Die Straße nach Matapouri wurde immer gewundener und die Fahrt anstrengender. Hier irgendwo, ganz in der Nähe der Straße, musste das Haus der Harawiras sein – nur die richtige Stichstraße musste noch gefunden werden. Die Strecke wurde langsamer – es ging in immer enger werdenden Kurven voran; es gab keine Ortsschilder, nur einzelne Häuser waren im Halbdunkel zu sehen; eines davon musste es doch sein. Dann endlich – es war inzwischen finstere Nacht geworden – tauchte im Lichtkegel der Scheinwerfer eine einfache Holztafel auf. Sie trug eine verblasste, mit breitem Pinsel aufgemalte Schrift.

Peter glaubte die Worte *Whanau Harawira* entziffern zu können und lenkte den Toyota sofort mit aufgeblendetem Licht in das schmale Sträßchen, ohne Alternativen in Erwägung zu ziehen. Die Fahrt wurde abermals schwieriger: Das gewohnte rauschende Abrollgeräusch der Reifen ging abrupt in hartes Rumpeln über und der kleine Wagen schien an Bodenhaftung zu verlieren. Aus Asphalt war Schotter geworden – drei Kilometer unbefestigte Straße lagen im Dunkeln vor Peter.

Peter hatte Glück – er war auf dem richtigen Weg und einige, ihm endlos erscheinende Minuten später stand er vor einer hell erleuchteten Anlage mit einem Haupthaus, einem fast ebenso großen Nebengebäude und einer Anzahl kleinerer Hütten, die alle sicher schon bessere Zeiten erlebt hatten, aber insgesamt einen ordentlichen Eindruck machten; der Hof- und Rasenbereich wirkte im Licht mehrerer Strahler aufgeräumt. Peter fuhr langsam und vorsichtig an das Haupthaus heran, um keine hässlichen Furchen im feinen Schotterbelag zu hinterlassen.

Erst als Peter aus dem Wagen stieg, konnte er erkennen, dass es sich hier um eine Pension oder ein Motel handelte. Er betrat einen Raum des Hauses, der wohl als Rezeption gedacht war. Auf einem Aluschildchen stand in geschwungener Schrift der Name »Turia Mahuta«.

Peter atmete erleichtert auf, als plötzlich mit lautem Geräusch eine Tür aufflog und eine etwa fünfzigjährige Maorifrau mit langen wirren Haaren und weit ausgebreiteten Armen auf Peter zueilte: »*Kia ora, I'm Riqi's auntie Turia!* Und du musst Peter sein, Peter aus Deutschland. Ich weiß alles über dich. Es ist so schön, dass du hier bist. *May I give you a hug?* – Darf ich dich umarmen?«

Peter fiel sofort auf, dass Turias Kinn tätowiert war, was zunächst wie ein Kinnbärtchen wirkte, sich aber beim näheren Hinsehen als äußerst fein ziseliertes Motiv aus kombinierten Linien und Spiralformen darstellte.

KUNST AM KÖRPER

Ta moko nennt man die traditionelle Maori-Kunst des Tätowierens. Die Maori sehen das Moko als wichtigen Teil ihrer kulturellen Identität und halten daher Kunst und Technik ihrer Form des Tätowierens bewusst lebendig. Anders als bei der heute verbreiteten Art der Tätowierung, bei der die Farben mittels Nadeln und feiner Stiche in die Haut eingebracht werden, arbeitet der traditionelle Maori-Tattooist mit Kratz- und Schabwerkzeugen. Deshalb ist die mit Moko verzierte Haut nicht glatt, sondern trägt narbige Erhebungen.

Ta moko gehört zur Form der *Tribal Tattoos*. Die historischen, zum Teil aber auch die heutigen, traditionell orientierten Maori-Männer tragen ihr Moko meist auf dem Gesicht, dem Gesäß *(raperape)* und je nach Stamm auch auf den Oberschenkeln *(puhoro)*. Letzteres symbolisiert Beweglichkeit und Geschwindigkeit. Bei Maori-Frauen beschränkt sich das Moko *(wahine moko)* im Wesentlichen auf Verzierung der Lippen *(kauae)*, des Kinns und vereinzelt der Nase im Bereich der Nasenlöcher, was den ersten Atemzug eines Neugeborenen symbolisiert.

Das erste Moko zu tragen, war ein wichtiger Meilenstein zwischen Kindheit und Erwachsensein, und wurde dementsprechend von vielen Ritualen begleitet.

Die sehr speziellen Gesichtstattoos sind heutzutage selten zu sehen, aber man wird wohl keinen Maori finden, der nicht irgendwo an einer mehr oder weniger exponierten Stelle seines Körpers ein, mehrere oder sehr viele Tattoos trägt. Stolz auf die ethnische Herkunft und pure Freude an der Körperkunst sind dafür die Hauptgründe. *Ta moko* wird mittlerweile auch bei Pakeha immer beliebter.

Übrigens: Die Tradition des Moko wurde von den Maori aus ihrer polynesischen Heimat Hawaiki mitgebracht. Machart und Muster sind denen in anderen Teilen des polynesischen Archipels ähnlich.

Peter kam nicht wesentlich über die Begrüßungsformel hinaus: »*Kia ora! Nice to meet you too!*«

Turia führte ganz klar die Konversation – so viel Freude und Begeisterung hätte Peter bei seiner Ankunft im Hause Harawira nicht erwartet, zumal er nicht einmal ein Geschenk dabei hatte: »Ich wollte eine Flasche Wein mitbringen, aber die Auswahl an der Tankstelle war gleich Null.«

»*No worries, my son! You're more than welcome!* – Du bist (auch so) mehr als willkommen!«

Peter konnte hören, dass in den anderen Räumen des Hauses noch weitere Personen anwesend waren und nahm an, es seien Übernachtungsgäste: »Ist das Haus eine Pension oder ein Motel? Es sieht alles sehr gemütlich aus. Riqi hat mir bisher nie etwas davon erzählt.«

Turia sagte, dass es ein *Backpacker Hostel* (Übernachtungsquartier für Rucksacktouristen) sei, aber sie korrigierte sich sofort: »Ich sollte besser sagen, es war einmal ein *hostel*. Wir haben hier sechs *cabins* (Übernachtungshäuschen) und außerdem noch drei Zimmer, die wir eine Zeitlang im Stil eines *Bed & Breakfast* (Frühstückspension, Gästehaus, Zimmer mit Frühstück) angeboten haben. Es ist natürlich offiziell immer noch in Betrieb, aber wir haben kaum Gäste.«

»Das ist ja schade. Ich könnte in Deutschland ein bisschen Werbung machen, wenn du möchtest ...«

»Danke, Peter, aber es ist nicht so, dass die Geschäfte an sich schlecht laufen. Die Lage des Hauses ist nicht schlecht und wir haben sogar Meerblick – du wirst es morgen früh sehen. Wir hatten wirklich gute Jahre, aber inzwischen haben wir alle Aktivitäten auf ein Minimum heruntergebremst.«

»Ich hoffe, nicht aus gesundheitlichen Gründen.«

»Nein, nicht direkt. Schau – Pita und ich sind keine zwanzig mehr und es ist höchste Zeit, kürzer zu treten. Wir wollen zurück zum großen Teil der *whanau*, nach *Far North*.«

HOCH IM NORDEN

Der *Far North District* ist der größte Distrikt der Region Northland. Er erstreckt sich vom Whangarei District im Südosten bis hinauf zum berühmten Cape Reinga im äußersten Norden. Während der *Far North District* im Westen an die fast geradlinig verlaufende Küste zur Tasmansee grenzt, ist die Ostküste zum Südpazifik von zahlreichen

Buchten geprägt, unter denen die Bay of Islands eine der bekanntesten ist.

Anmerkung: In der »Südwestecke« dieses Distrikts liegt der Waipoua
Forest, eines der größten noch vorhandenen Kauri-Waldgebiete des
Landes. Dort steht auch der *Tane Mahuta* (Maori für »Gott des Waldes«), der größte bekannte Kauri-Baum, der mit 51 Metern zu den
größten heute noch lebenden Bäumen zählt. Sein Umfang in Bo-
dennähe beträgt knapp 14 Meter, was einem Durchmesser von fast
4,4 Metern entspricht. Er wird auf ein Alter von über 2.000 Jahren geschätzt.

Turia erzählte weiter, dass sie und Pita das Haus vor lange Zeit ge-
erbt hatten und es nun an ihre Ziehsöhne Riqi und Hemi weiter-
geben werden: »Riqi hat mich kurz vor deiner Ankunft angerufen
und berichtet, dass du Hemi heute kennengelernt hast. Die beiden
verhandeln nämlich gerade, wie es mit dem Übernachtungsbetrieb
weitergehen soll. Ich sage dir ganz ehrlich: Riqi befürchtet, dass das
Geschäft in spätestens zwei Jahren pleite sein wird, wenn Hemi es
übernimmt. Riqi selbst hat aber wenig Interesse an der Geschäfts-
führung – seine ganze Welt ist die Musik.«

Dann klatschte Turia laut in die Hände und rief, wie aus einem
Traum erwacht: »Schluss jetzt mit dem Thema! Ich langweile dich
ohnehin nur, lieber Peter. So – es wird sicher noch eine Weile dauern, bis Riqi mit Hemi hier eintrifft. Ich schlage vor, dass ich dir
schon mal dein Quartier für die Nacht zeige.«

Turia nahm einen Zimmerschlüssel vom Wandhaken und fragte
Peter nebenbei, ob er *skim milk* (Magermilch) oder *whole milk* (Vollmilch) bevorzuge.

Peter wusste mit Turias Frage nichts anzufangen und hatte keine
Ahnung, was er mit den Kuhprodukten an diesem Abend anfangen sollte. Deshalb versuchte er seine Unsicherheit mit vermeint-
lich witziger Schlagfertigkeit zu überspielen und antwortete mit
einer Gegenfrage: »Turia, fragst du wegen meines Frankfurter
Milchgesichts oder ist die Milch für die Katze des Hauses gedacht?
Mir persönlich wäre die Frage nach einem Hellen oder Dunklen
lieber.«

Riqis Tantchen war von Peters Reaktion ehrlich erheitert, sie lachte herzlich und kommentierte schließlich: »Peter, *dear baby-faced* (milchgesichtig) *Pakeha – I like it!* Du bist noch nicht viel in neuseeländischen *accommodations* (Beherbergungsstätte, Unterkunft) rumgekommen, nicht wahr?«

Was man kritisieren könnte ...

Ist das die Milch im Land, wo Milch und Honig fließen?

Ein immer wiederkehrendes Ritual beim Einchecken in neuseeländischen Motels ist die Frage nach der Milch. Die Frau oder der Mann hinter der Rezeption lässt einem die Wahl zwischen Mager- und Vollmilch. Wenn man sich als Gast für eine Sorte entschieden hat, bekommt man zusammen mit dem Zimmerschlüssel einen Viertelliterpack Milch als zweitwichtigste Sache beim Bezug der Unterkunft überreicht.

Der Hintergrund: Jedes Motelzimmer hat eine mehr oder weniger kleine Küchenecke, ausgestattet mit allen wichtigen Kiwi-Utensilien wie Toaster, Flaschenöffner, Korkenzieher und einem Wasserkocher. Auf der Ablage steht außerdem ein Kabinett mit mindestens vielen verschiedenen Tee- und Kaffeesorten, Schokopulver sowie gelegentlich auch ein paar Keksen. Das alles ist eine Art Zimmergrundausstattung, deren Verzehr zur Frühstückszeit oder *tea time* nicht extra berechnet wird.

Und genau dazu gehört auch die Darreichung des Viertelliters Milch: Es ist mehr als eine standardisierte Gewohnheit, es ist praktisch eine Tradition des neuseeländischen Beherbergungsgewerbes. Tee und Kaffee bedürfen im Regelfall des Kuhextrakts, auch heiße Schokolade mit Milch wird gerne eingenommen.

Leider gehen mittlerweile immer mehr Motelbetreiber zu den modernen Kondensmilch-Portionspackungen über, die nicht mehr den sympathischen Flair der Kuhmilchtetrapacks ausstrahlen.

24 WAS DER BAUER NICHT KENNT

DIE UNTERIRDISCHE ERWEITERUNG DES KULINARISCHEN HORIZONTS

Peter wählte Vollmilch ohne besonderen Grund. Turia nahm den Schlüssel und einen Viertellitermilchpack, um damit voraus zum Zimmer zu gehen; Peter folgte ihr beschwingt, aber immer noch eine Spur verwundert. Turia zeigte ihm Kühlschrank, Kochecke und Dusche; der Standard des Raumes und seiner Bestandteile war gut und gepflegt, vielleicht etwas altmodisch – *style of the Seventies* – aber insgesamt vor allem gemütlich.

Turia deutete auf einen offenen Kunststoffkasten in der Kochecke und löste das Geheimnis um die Milch: »Peter, hier in diesem Kabinett findest du Tee, Kaffeepulver, Zucker und so weiter, falls du nach dem Aufstehen einen Kick in den Tag brauchst. Zum Frühstück möchte ich dich natürlich bei der Familie haben.«

Peter wurde ein bisschen verlegen und wusste nicht so recht, wie er sich in aller Form bedanken soll: »Vielen Dank Turia, das wäre aber wirklich nicht nötig ...«

»*That's alright, son!* Richte dich jetzt erst mal in Ruhe in deinem Zimmer ein und erfrische dich, wenn du möchtest. Sobald Riqi und Hemi eintreffen, gibt es etwas zu essen. Pita hat heute Mittag ein schönes *hangi* (traditionelles Essen der Maori) vorbereitet. Freu' dich schon mal drauf!«

Peter konnte sich nicht viel unter einer Mahlzeit namens *hangi* vorstellen und hoffte insgeheim, Turia würde ihn vielleicht mit einem großen Steak nach Art der Maori überraschen. Als sie das Zimmer verlassen hatte, ließ er sich aufs Bett fallen und streifte sich die Schuhe von den Füßen. Er merkte, dass ihn die Autofahrt ins Ungewisse doch ein wenig gestresst hatte, und genoss die Ruhe und die bequeme Matratze.

Genau konnte er nicht sagen, wie lange er so dagelegen und über seine bisherigen Erlebnisse in NZ nachgedacht hatte. Er merkte allerdings, dass seine Augen schwer wurden, und beschloss, seine Lebensgeister mit einer Dusche wieder vollends aufzuwecken – er durfte ja sein großes Steak nicht verpassen. Als er gerade dabei war, sein T-Shirt über den Kopf zu ziehen, klingelte das Zimmertelefon und Turia meldete, dass ihre Ziehsöhne gerade eingetroffen seien. Er sei jetzt herzlich eingeladen, zum *hangi* nach unten zu kommen.

Peters Lebensgeister waren nun auch ohne Dusche wieder fit. Er lief erwartungsfroh zurück zur Rezeption, wo ihn Turia bereits erwartete. Sie führte ihn durch die weit offen stehende Seitentür in den dahinter liegenden Raum, mit dem der recht ausgedehnte Wohnbereich der Familie Harawira begann. Dort ging es sehr lebhaft zu; Peter wurde sogleich von Riqi und Hemi mit kräftigen Umarmungen begrüßt, als hätten sie sich schon seit ewigen Zeiten nicht mehr gesehen. Außer Turia und den Ziehsöhnen waren noch mindestens sieben weitere Familienmitglieder anwesend – zwei davon waren keine Maori, aber alle waren in Bewegung, es war ein Kommen und Gehen. Angesichts der lebhaften Situation im Raum machte Turia Peter den Vorschlag, sich ohne Scheu den Anwesenden selbst vorzustellen: »*Just introduce yourself! Don't be shy! For me it's always like herding cats!* – Stell' dich einfach selber vor, keine Scheu. Für mich fühlt es sich auch immer an, wie einen Sack voller Flöhe zu hüten!«

Aus der offenen Tür zur Küche rief Turia in den Raum, dass vom *hangi* des Tages noch einige vorgekochte Portionen übrig seien, die sie nur kurz heiß machen wollte.

Ein ziemlich massiger Mann mit straffer Gesichtshaut bat Peter namentlich einen Platz an, stellte sich dann als Pita, Turias Ehemann vor. Über den amüsanten Zufall, dass Peter und Pita phonetisch sehr nah beieinanderlagen, gerieten sie ins Plaudern. Pita erzählte etwas vom Land der Maori hier im Northland und dass es ständig Diskussionen mit der Regierung um Besitzrechte an Gebieten der Maoris und der »Krone« gäbe. Peter vermied es, den Vertrag von Waitangi zu erwähnen, obwohl ihn die Meinung von Pita durchaus interessiert hätte. Riqi wird ihn aber nicht ohne Grund vor der Diskussion dieses Themas im Familienkreis gewarnt haben. Günstigerweise kamen bald Turia und zwei weitere Frauen in den Raum; sie trugen mehrere abgedeckte, aus den Rändern dampfende Schüsseln und Schalen; teils waren die Behälter aus Glas und Porzellan, teils aus transparentem Kunststoff. Es roch nach Mais. Peter versuchte zu erkennen, aus was dieses *hangi* tatsächlich bestand, aber die Deckel waren mit Dampf beschlagen und ließen nur ein paar unscharfe Konturen erkennen.

In Peter kroch das Gefühl hoch, *hangi* könnte etwas für deutsche Gaumen und Mägen Ungenießbares sein. Ob er sich – im Sinne der Verhaltensregeln als Gast – aus seiner Unsicherheit heraus sicherheitshalber als Vegetarier oder sogar Veganer ausgeben sollte?

Während Peter überlegte, ob Riqi eine solche Selbstbezichtigung feige oder mutig finden würde, erhob sich Pita etwas schwerfällig von seinem Sitz und sagte an Peter gerichtet: »*By the way* (übrigens), *mate!* Ich hole dir noch schnell als Vorspeise eine besondere Maori-Delikatesse. *Huhu!*«

Huhu? Peter sah im Augenwinkel Riqi heimlich schmunzeln und fragte sich, warum sein Freund ihm bei diesem imminenten Gourmet-Experiment nicht mit seinem Rat zur Seite stand. ›Huhu! Das kann doch kein Gruß oder Ausdruck von Fröhlichkeit am Abend sein‹, dachte Peter mit einem äußerst flauen Gefühl in der Magengegend, während er sich erhob und unauffällig die Fluchtwege überprüfte. Pita kam mit einer runden Plastikdose in der Hand zurück, öffnete den Deckel und neigte den Behälter in Peters Richtung.

Alle im Raum lachten, aber Peters Beine fühlten sich plötzlich an wie Gummi. Er musste irgendwie verhindern, dass er nicht taumelte und ohnmächtig wurde: In der Box wanden sich drei oder vier fingergliedgroße, weiße Larven, wie Engerlinge! Pita nahm eine davon zwischen Zeigefinger und Daumen, wobei die Riesenmade heftig zu zucken begann. Er hielt sie prüfend ins Licht der Deckenlampe – es war inzwischen still geworden im Raum –, nickte zufrieden und führte das zappelnde Wesen zu seinem weit geöffneten Mund ...

Was man kritisieren könnte ...

Eine Einladung zum Essen lehnt kaum jemand ab – es sei denn ...

Bei traditionellen Mahlzeiten können gewisse kulturelle Unterschiede zwischen Maori und Pakeha deutlich zur Geltung kommen. Dabei ist jedoch alles zunächst völlig unproblematisch. Die Gelegenheit, an einem möglichst ursprünglichen *hangi* teilzunehmen, sollte sich kein Besucher Neuseelands entgehen lassen. Dazu kann besonders das *Maori Village Whakarewarewa* in Rotorua empfohlen werden.

Das Hangi ist eine Mahlzeit, die im Erdofen zubereitet wird. In Fall von Rotorua geht das im Handumdrehen, weil die ganze Region praktisch ein stets betriebsbereiter Erdofen ist: Die für ihre vielen heißen Quellen berühmte Gegend ist vulkanisch aktiv, und an zahlreichen Stellen ist es direkt unter einer dünnen Erdschicht bereits kochend heiß.

An kühleren Orten *Aotearoas* muss der Maori-Erdofen erst vorbereitet werden, indem man eine Grube aushebt, auf deren Grund Steine gelegt werden, die zuvor im Holzfeuer stark erhitzt wurden.

Auf diese heißen Steine kommen die Zutaten des Hangi, die in einem Korb aufgeschichtet sind. Diesen bedeckt man als nächsten mit nassen Tüchern oder Säcken und schüttet abschließend die Grube wieder mit Erde zu. Der entstehende unterirdische Dampf gart nun das Essen über eine bestimmte Zeit.

Die klassischen Bestandteile der Schichten im Kochkorb sind Fleisch vom Schwein oder Lamm, aber auch Hühnerteile und Fisch werden gerne verwendet. Darüber liegt verschiedenes Gemüse, hauptsächlich die Süßkartoffel *kumara,* aber auch Kürbis und Mais.

Soweit also auch für europäische Mägen nichts Exotisches.

Schwierigkeiten kann es allerdings mit einer sehr ungewöhnlichen kulinarischen Besonderheit geben – es geht um die *huhu grub.*

Huhu ist die Larve, *grub,* einer Spezies aus der Gattung der Bockkäfer, *huhu beetle,* der seine Eier in totem Holz ablegt, wo dann die Larven heranwachsen. Die weißlichen Insekten haben eine gewisse Ähnlichkeit mit den Engerlingen des Kartoffelkäfers. Eine *huhu grub* kann bis zu sieben Zentimeter lang werden.

Die Maori nennen den Käfer *pepe tunga*. In früheren Zeiten betrachtete man seine Larve tatsächlich als eine kulinarische Besonderheit und aß sie am liebsten lebend direkt vom Holz; heute wird dieser zweifelhafte Genuss meist nur noch als Schocker im Fernsehen oder bei speziellen Events demonstriert.

HEISSE GEGEND

Whakarewarewa ist eine Maorigemeinde (und der Name eines Geothermalfeldes) im Stadtgebiet von Rotorua. Der vollständige Name lautet »*Te Whakarewarewatanga O Te Ope Taua A Wahiao*«, was übersetzt ungefähr »Der Versammlungsplatz für die Kriegszüge von Wahiao« bedeutet.

Das Gelände wird vom Stamm der Tuhourangi/Ngati Wahiao als eine der bekanntesten Sehenswürdigkeiten im Raum Rotorua betrieben.

Whakarewarewa liegt am Ufer des Puarenga Stream und ist das größte Geysirfeld Neuseelands.

25 BLECHERNER JUGENDTRAUM

DIE WELT ZWISCHEN SPOILER UND HECKFLÜGEL

Pita führte die zappelnde Larve in spiralförmigen Bewegungen immer näher an seinen Mund heran. Peter musste davon ausgehen, dass er nun Zeuge einer Schädlingsvernichtung der besonders unangenehmen Art werden würde. Plötzlich stürzte Turia herein und schlug mehrfach mit einem Topflappen in gespielter Heftigkeit auf ihren Ehemann ein: »*Stop it! Pita, stop it!* Lass' doch bitte die Larven in Ruhe – ich brauche sie morgen für die Schule!«

Pita lachte schallend auf, gab der *huhu grub* einen angedeuteten Kuss und legte sie zurück in die Plastikdose, aus der er sie genommen hatte.

Peter lief es heiß und kalt den Rücken hinunter; erst als er Riqis Hand auf seiner Schulter spürte, wusste er, dass die seltsame Vorführung wirklich vorbei war – wundersamerweise hatte er nun wirklich großen Hunger.

Riqi brachte Peter zum Tisch, der sich unter der Last der Speisen fast bog und an dem nun alle Familienmitglieder Platz nahmen. Riqi erklärte: »Onkel Pita bringt diese Nummer mit der *huhu* jedes Mal, wenn er ein paar dieser *grubs* hier hat und Gäste da sind. Er ist ein *cooler comedian,* findest du nicht auch?«

Peter bestätigte Riqis Frage eher halbherzig und fragte seinerseits: »Wieso haben deine Leute überhaupt diese Maden im Haus? Ich kann mir wesentlich possierliche Haustiere vorstellen.«

»*Auntie* Turia ist Lehrerin an der *Primary School* in Whangarei. Der *huhu beetle* ist auch in den Wäldern Northlands immer seltener geworden, und wenn Pita unterwegs ein paar Larven findet, dann bringt er sie mit nach Hause und Turia zeigt sie den Schülern, die so etwas meist noch nie im Leben gesehen haben.«

ERSTKLÄSSLER

Hier eine schematische Darstellung des aktuellen neuseeländischen Schul- und Hochschulsystems. Es ähnelt stark dem amerikanischen Bildungssystem. In dem Fall, dass die *Primary School* bis zum Jahr 8 besucht wird, kann es prinzipiell auch mit dem deutschen System verglichen werden, mit einem wesentlichen Unterschied: Die Schüler an Neuseelands Schulen tragen Schuluniformen. Die Übersicht der Jahrgangsstufen:

Alter Jahrgang

5	Jahr 1	*Primary School Commences* (Grundschulbeginn)
6	Jahr 2	*Primary School*
7	Jahr 3	*Primary School*
8	Jahr 4	*Primary School*
9	Jahr 5	*Primary School*
10	Jahr 6	*Primary School*
11	Jahr 7	*Primary School* oder *Intermediate School*
12	Jahr 8	*Primary School* oder *Intermediate School*
13	Jahr 9	*Secondary School*
14	Jahr 10	*Secondary School*
15	Jahr 11	*New Zealand Certificate of Educational Achievement (NCEA) Level 1*
16	Jahr 12	*New Zealand Certificate of Educational Achievement (NCEA) Level 2*

»*I see!* – Aha! Ach so! Deine Ziehmutter ist Lehrerin. Deshalb also ist mein Freund Riqi so schlau!« Peter grinste breit.

»Danke für das Kompliment! Aber soll ich dem deutschen Bildungsbürger Peter Obland ein haarsträubendes Geständnis ablegen?«

»Jetzt wird es spannend! Lass hören, Riqi – ich platze vor Neugier!«

»Ich war weder in der *Primary* noch in der *Secondary School*. Als ich zu Turia kam, war ich bereits vierzehn, und sie hat mich gleich aufs *College* nach Whangarei geschickt. Die ganzen Jahre davor hatte ich Hausunterricht.«

HAUSUNTERRICHT

In Neuseeland gibt es zwar eine Unterrichtspflicht, aber keine Schulpflicht. Das heißt, Eltern können sich entscheiden, ob sie ihre Kinder in eine öffentliche oder private Schule schicken oder einfach die Lehrertätigkeit selbst ausüben. Das nennt man hier *home school,* manchmal auch *home education.* Dazu müssen die Eltern sich lediglich registrieren lassen und sich an einen allgemeinen Lehrplan halten.

Die ganzen Eindrücke des Abends hatten Peter nun wirklich hungrig gemacht und außerdem wollte er endlich wissen, aus was das *hangi* bestand: Alles roch sehr appetitlich und beim Blick auf die vielen Platten und Schüsseln sah er hoch gestapelte Schichten verschiedener Fleischsorten, weiße und rote Kartoffeln in beachtlichen Mengen, reichlich orangefarbenes Gemüse – Peter vermutete Kürbis – Broccoli, Blumenkohl und viele kleine Maiskolben. Peters spontane Befürchtung, es könnte nicht genug Soße geben, löste sich beim näheren Betrachten in Luft auf, es fand sich ausreichend *gravy*

(Bratensoße, Tunke), um Fleisch und Beilagen ordentlich schwimmen zu lassen.

Turia gab den offiziellen Startschuss und alle gingen fleißig ans Werk. Peter genoss das *hangi* und die unterhaltsame und illustre Runde – zwischendurch bat er Pita sogar, die *huhu show* für ein Erinnerungsfoto zu wiederholen. Ansonsten ging der Abend erwartungsgemäß unter der Einwirkung größerer Volumina Bier heiter bis ausgelassen zu Ende. Als sich allmählich Müdigkeit breit machte, verabredeten sich Riqi und Peter für die Rückfahrt nach Auckland anderntags um *8 am*.

Ebenfalls erwartungsgemäß wurde es am nächsten Morgen später als geplant, viel später. Beim fast schon mittäglichen Frühstück servierte Turia für »ihre beiden Jungs« Riqi und Peter *Eggs Benedict*; Riqi nahm die Version mit Schinken; Peter bevorzugte Lachs.

EI DER DAUS!

Eggs Benedict sind ein wahrscheinlich in New York erfundenes Frühstücksgericht – sicher ohne jeglichen ex-päpstlichen Hintergrund, versteht sich. Eier nach Art des Benedikt dürfen auf keiner Kiwi-Frühstücksspeisekarte fehlen. Es sind pochierte Eier auf halbierten *english muffins* (flache, getoastete Milchbrötchen), manchmal auch *bagels* (ringförmige, weiche Brötchen, ebenfalls getoastet). Dazu gibt es Schinken- oder Lachsscheiben nach Wahl oder auch – für Vegetarier – Avocadostücke.

Tipp für alle, die *Eggs Benedict* (noch) nicht kennen: sehr empfehlenswert!

Riqi und Peter fuhren erst am frühen Sonntagnachmittag wieder nach Auckland zurück. Die Verabschiedung von Riqis Familie war eine Prozedur, die fast eine ganze Stunde in Anspruch nahm – schlussendlich saßen die beiden irgendwann im Toyota. Riqi bot sich als Fahrer an, aber Peter wollte das Steuer selbst in die Hand nehmen: »Herr Harawira, du besitzt zwar das stärkere Fahrzeug,

aber der bessere Fahrer bin ganz klar ich – selbst unter Berück-
sichtigung meines kleinen straßenverkehrstechnischen Malheurs
von vor zwei Tagen!«

Peter wusste, das den Deutschen in Neuseeland generell ein bisschen der Ruf voraus eilt, sie seien alle kleine Schumachers, wie es
ja auch der Polizist am Abend der Havarie schon zum Ausdruck
gebracht hatte. Deshalb gehören Deutsche auch zu der kleinen
Gruppe der Daueraufenthalts- oder Einwanderungsnationen, die
zum Erwerb des Kiwiführerscheins nur eine theoretische, aber
keine praktische Prüfung ablegen müssen. Ganz im Gegensatz zu
den Führerscheinantragstellern vieler anderer Länder, die grundsätzlich alle die praktische Prüfung absolvieren und gegebenenfalls
zuvor Fahrstunden nehmen müssen.

PAPPE UND LAPPEN

Zum Autofahren (und Motorradfahren) in Neuseeland genügt es,
einen entsprechenden Internationalen Führerschein zu besitzen. Das
gilt jedoch nur für einen Aufenthalt bis zu 12 Monaten. Hat man vor,
länger in Neuseeland zu bleiben, so wird es erforderlich, die »New
Zealand Driver Licence« zu erwerben.

Dafür gibt es interessante Spielregeln. Man muss eine theoretische
Prüfung ablegen und in manchen Fällen auch eine praktische, was
schlicht und einfach davon abhängt, aus welchem Land man kommt.

Zur möglichen Erheiterung hier die Liste der Nationen, deren Auto
fahrende Immigranten in Neuseeland keine Fahrprüfung ablegen
müssen:

Australien, Belgien, Dänemark, Deutschland, England, Finnland,
Frankreich, Griechenland, Irland, Italien, Japan, Kanada, Luxemburg,
Niederlande, Norwegen, Österreich, Portugal, Südafrika, Spanien,
Schweden, Schweiz und die USA.

Angehörige aller anderen Nationen, die vorhaben, länger als ein Jahr
in Neuseeland zu bleiben, müssen eine theoretische und eine praktische Fahrprüfung ablegen.

Riqi fragte Peter, ob er denn – wenn er schon als *German* ein solch begnadeter Autofahrer sei – auch wüsste, welcher Nation die bescheidensten Wagenlenkerqualitäten nachgesagt würden, aus neuseeländischer Sicht?

Peter verneinte: »Keine Ahnung, Riqi. Ich kann auch Deutschland nicht als Vergleich heranziehen; von daher ist mir kein Ranking der Nationen bekannt. Den schlechtesten Ruf im Straßenverkehr haben bei uns vermutlich die Senioren.«

»Hier sind es die Asiaten. Glaube mir, diese Einschätzung ist absolut vorurteilsfrei. Achte einmal bewusst darauf – die Zutaten sind oft: möglichst edler, europäischer Wagen, aber wenig Ahnung von dessen Technik und Fahrleistung. Oft verbunden mit der Hemmung, schneller als 80 km/h zu fahren.«

Riqis Bewertung asiatischer Fahrkünste war alles andere als eine gemeine Verleumdung – asiatische Autofahrer werden sogar auf offiziellen Internetseiten neuseeländischer Verkehrsbehörden mit viel Aufmerksamkeit bedacht.

VERKEHRSBEHINDERUNG

»Asiaten sind schlechte Autofahrer!« Neuseelands Verkehrsexperten sind sich nicht ganz einig darüber, ob diese regelmäßig kolportierte Aussage Tatsache oder Legende ist. Die Unfallhäufigkeitsstatistik des Landes zeigt im Vergleich der Nationen zumindest keine Auffälligkeiten bei den Verkehrsteilnehmern aus Asien.

Andererseits sagt *Land Transport New Zealand*, die Straßenbehörde im Verkehrsministerium, dass viele Fahrer aus asiatischen Ländern Schwierigkeiten haben, sich an die verkehrstechnischen Besonderheiten auf neuseeländischen Straßen anzupassen. Sie würden zu einer übervorsichtigen Fahrweise neigen, wodurch sie leider erst recht das Unfallrisiko erhöhen würden. Und so entstehe eine negative Kettenreaktion: Andere Fahrer werden ungeduldig und hupen, wodurch der asiatische Wagenlenker noch nervöser wird, als er ehedem schon ist.

Die größte Herausforderung für Autofahrer aus Asien – so die *LTNZ* – sei übrigens der Kreisverkehr.

In entspannter Fahrweise glitten Riqi und Peter im Toyota durch das nachmittägliche Whangarei. Stadtverkehr, Tempo 50, vielleicht 55, höchstens 60, wenn Peter mutig war. Riqi holte sich bei Peter die Genehmigung für ein Nickerchen – die Nachwirkungen des Vorabends reichten als Begründung. Zwischen zwei Ampeln auf der südwärts führenden Tarewa Road, der Ausfallstraße hin zum State Highway 1, wurden Peters Toyota und einige andere Autos auf der weiß schraffierten, sogenannten *flush lane* von einem laut röhrenden, blauen Mitsubishi Evolution mit geschätzten 80 km/h überholt.

VERKEHRSFLUSS

Flush lanes oder *flush medians* sind im Prinzip Übergangs- bzw. Einfädelspuren. Die neuseeländische Straßenverkehrsordnung beschreibt die Einzelheiten:

Flush lanes sind mit weißen Diagonallinien gekennzeichnete Spuren in der Mitte von städtischen und kommunalen Straßen. Ihre Weite entspricht in der Regel etwa einer Autobreite.

Flush lanes sind nur mit Farbe aufgemalt und nicht erhaben. Allerdings gibt es in den *flush lanes* an einigen Stellen immer wieder erhabene Inseln, die dem Schutz der Fußgänger dienen.

Sinn und Zweck der *flush lanes* sind:

- eine größere räumliche Trennung der Verkehrsströme auf beiden Seiten der Straße herzustellen,

- einen Warte- oder Übergangsbereich für Fußgänger beim Überqueren mehrerer Fahrspuren zu bilden und

- einen Wartebereich für Fahrzeuge zu schaffen, die in Seitenstraßen oder Einfahrten abbiegen oder aus ihnen heraus fahren wollen.

Flush lanes sind:

- <u>keine</u> Überholspuren (mit Ausnahme des Überholens/Vorbeifahrens im kurzen Bereich vor dem beabsichtigten Abbiegen, wenn die Nachbarspur verstopft ist),

- <u>keine</u> Abstell- oder Parkstreifen.

Peter war gleichermaßen erschrocken wie beeindruckt vom Mut und Selbstbewusstsein des Rasers und blickte noch eine Weile gebannt dem zügig davonziehenden Temposünder hinterher. Der »Mitsi Evo'« (wie er von den jungen Kiwis kurz und griffig genannt wird) war das reinste Sammelbecken für alle Attribute des Rausches der Geschwindigkeit: Spoiler vorne und doppelte Heckflügel hinten, tiefer gelegtes Sportfahrwerk, Breitreifen auf Chromfelgen und ein Turbolader sowie ein extra voluminöser Auspufftopf.

GASGEBER

Es gibt in Neuseeland eine besondere Autofahrerspezies: »Boy Racer«. Das sind junge bis sehr junge Führerscheinneulinge, für die das Wichtigste in ihrem bis dato kurzen Leben the need for speed ist.

Um diesem unstillbaren Bedürfnis an Geschwindigkeit nachzukommen, braucht der Teen einen japanischen Gebrauchtwagen der Typen Mitsubishi, Nissan oder Subaru, möglichst mit Turbolader. Damit werden gleichzeitig Motor, Ego und Selbstbewusstsein des jungen Kiwis aufgeladen. Auch auf der sozialen Leiter geht es dadurch röhrend aufwärts.

Selbstverständlich müssen diverse Modifikationen vorgenommen werden. Die wichtigste ist die Installation einer Leistung erhöhenden Auspuffanlage mit einem ungewöhnlich wuchtigen Endrohr für die zwingend notwendige Steigerung des Lärmpegels. Das ist die Grundausstattung und das Markenzeichen aller boy racer. Weitere Anbauteile (Heckflügel, Chromfelgen etc.) sind optional und abhängig davon, ob auch der Geldbeutel einen Turbolader hat oder nicht.

Doch so groß die Unterschiede von Geschwindigkeit und Fahrtechnik auch sein mochten, die Ampel an der Einmündung zum State Highway 1 brachte alles wieder auf Einheitslevel: Tempo Null für den eiligen Mitsubishi, Peters Toyota und etliche andere Fahrzeugtypen.

Peter stand direkt neben dem *boy racer* und glaubte beim Blick in sein Cockpit seinen Augen nicht zu trauen: Der Fahrer war ein blasses Bürschlein mit Milchgesicht und noch nicht einmal Flaum am jungen Kinn. Er hielt mit seinen dünnen Fingern das Lenkrad, über dessen oberen Rand er nur in stocksteif aufrechter Sitzhaltung hinwegsehen konnte.

Als sich beider Blicke kreuzten, nickte Peter dem Jungrennfahrer demonstrativ, aber dennoch höflich zu und rief wie in Trance hinüber: »*Ay, petrolhead* (Autofreak, Rennsportfreak), darf ich fragen – nur so aus Neugier – ob du überhaupt schon 18 bist?«

Der *petrolhead* schüttelte nur den Kopf, ohne Peter anzusehen. Dann sprang die Ampel auf Grün, und während sich Peters Kleinwagen dem geringen Hubraum entsprechend in Bewegung setzte, war der schmächtige Bube mit seinem Muskelauto längst auf den Highway eingebogen und bald schon Peters Blick entschwunden. Im Augenwinkel hatte Peter noch den mit Klettband befestigten Radardetektor auf dem Armaturenbrett gesehen ...

Was man kritisieren könnte ...

Gegen Neuseelands Führerscheinnovizen sind deutsche Jungfahrer geradezu Senioren.

Dass der forsch fahrende, kindliche Wagenlenker noch keine 18 war, erschüttert eigentlich überhaupt niemanden – den Fahrer selbst am allerwenigsten. Was Peter nicht wusste: Neuseelands Teenies können bereits mit 16 Jahren den Führerschein erwerben *(learner licence)*. Nach sechs Monaten wird daraus der beschränkt gültige Führerschein *(restricted licence)* mit dem legal und auf allen öffentlichen Straßen Auto gefahren werden darf. Spätestens mit 18 sind sie alle frei von jeglichen Einschränkungen.

Doch wehe, wenn sie losgelassen ... Die Autonovizen haben nämlich eine besondere Affinität zu ihren Fahrzeugen und kreieren deshalb sehr häufig einen auffälligen und gut hörbaren Kult rund um ihren automobilen Stolz.

Weil aber die Teenies mit rund 30 Prozent Anteil an der Auto fahrenden Bevölkerung Neuseelands leider etwa 60 Prozent aller schweren Unfälle verursachen, hat die jetzige Regierung neue Maßnahmen ergriffen und das Mindestalter für den Führerschein von ursprünglich 15 (!) auf das oben erwähnte Alter von 16 Jahren heraufgesetzt.

Die jüngste Unfallstatistik zeigt tatsächlich eine Verbesserung im betreffenden Alterssegment dieser Risikogruppe.

Keinen negativen Beitrag zur Verkehrssicherheit scheinen Radardetektoren zu leisten. Diese Geräte, die den Schnellfahrer vor nahen Radarfallen warnen, dürfen in Neuseeland legal betrieben werden. Bevor man damit Bußgeld einsparen kann, muss man allerdings mit bis zu tausend Dollar in Vorleistung gehen.

26 LIZENZ ZUM LERNEN

NIEMAND WIRD MIT DEM GOLDENEN LENKRAD IN DER HAND GEBOREN

Die weitere Fahrt war zäh – starker Feiertagsrückreiseverkehr führte zu teilweise langen Staus, wie so oft auf dieser Strecke an solchen Nachmittagen. Die in Neuseeland üblichen, extra eingerichteten *passing lanes* (Überholspuren) brachten den Verkehr auf dem State Highway 1 nur kurzzeitig in Schwung.

Als es wieder einmal nur im Schritttempo vorwärts ging, dachte Peter an den minderjährigen *boy racer* und wie er die Strecke bis hierher wohl bewältigt haben mochte. Irgendwann erreichten sie mit ihrem Toyota den *Northern Motorway,* und Peter war froh, an diesem nachmittäglichen Sonntag nach all diesen nervenaufreibenden Erlebnissen wenigstens so weit gekommen zu sein; der dichte Verkehr sollte sich ab hier spürbar auflockern. Als Peter kurz nach der Abzweigung in Richtung Waiwera in den *Motorway* einfuhr, ahnte er noch nicht, dass zumindest noch ein Abenteuer zu bestehen war, bevor das Wochenende ausklingen durfte.

AUTOBAHN AUCKLAND

Der nördlichste und neueste Abschnitt des *Northern Motorway* zwischen Silverdale und Waiwera ist eine sogenannte *toll road,* also ein gebührenpflichtiges Autobahnteilstück im Sinne einer Mautstraße.

Man kann bzw. muss die Gebühren per Internetregistrierung im Voraus bezahlen (was allerdings vor allem bei Touristen immer wieder zu Verwirrung und Problemen führt). Ein vollelektronischer Scanner an der Autobahn »liest« dann beim Durchfahren das registrierte Kennzeichen und bucht automatisch den Betrag ab.

Es besteht aber auch die Möglichkeit, konventionell zu bezahlen: von Süden kommend kurz vor Silverdale an der großen Raststätte *(service station)* mit BP Tankstelle und einer Ladenzeile mit dem leicht zu merkenden Namen »Autobahn«.

Im Norden gibt es zum Bezahlen der Maut einen Kiosk vor der Auffahrt *(on-ramp)* zum *Motorway*.

Das erste Teilstück dieser »Autobahn« steigt recht steil an, um dann sogleich in einen kurzen Tunnel einzutauchen. Peter quälte sein Auto ein bisschen, weil er sehen wollte, ob oder wie gut der Wagen bergauf beschleunigt – er tat es besser, als erwartet. Im Tunnel angekommen, sah Peter vor sich ein ziemlich auffälliges Fahrzeug aus deutscher, um präzise zu sein bajuwarischer Produktion. Der weiße X6 hatte ein weithin gut sichtbares, gelbes Schild in der Heckscheibe, auf dem zentral ein fettes, schwarzes L prangte. Peter dachte spontan, dass es das Zeichen für *left,* also links war, weil er mal gehört hatte, dass alle aus Europa oder den USA importierten Autos mit Linkslenkung als *left-hand drive* (Linkslenker, Linkssteuerung) gekennzeichnet werden müssen.

Peter stellte sich neu angekommene, wohlhabende Deutsche oder gut betuchte Amerikaner vor, die sich ihren teuren und geliebten Bayern mit zu den Kiwis genommen haben.

STERNE UND STERNCHEN

Celebrities oder *celebs,* auch *high-profile persons,* sind Bezeichnungen für Prominente aller Couleur, erstere eher für die berühmt-berüchtigte Promi-Tussi aus den einschlägigen Magazinen; letztere für hoch-

Peter sah nach links, um seine aufkommende Begeisterung vielleicht mit Riqi teilen zu können, oder ihn um seine Meinung zum eigenwilligen Design des weißen Wagens zu fragen. Aber der sonst so quirlige Musiker schlummerte immer noch mit zufriedenem Gesichtsausdruck.

Peter hielt es natürlich für unangebracht, Riqis *nap* (Nickerchen, Schläfchen) zu stören und erwog mit dem wuchtigen Wagen gleichzuziehen, um nachzusehen, wer wohl drinsaß, was insofern weder riskant noch schwierig war, weil auf Neuseelands *motorways* das Überholen kraftstrotzender Sportwagen und Limousinen auch für Kleinwagen keine Frage der Motorleistung ist – es gilt ja überall und für alle Tempo 100.

Während Peter noch mit dem Gedanken ans Überholen spielte, glaubte er das voluminöse Heck des X6 leicht schwänzeln zu sehen. Ihm fiel außerdem auf, dass dort, wo sonst der Kreis des blau-weißen Firmenlogos glänzt, kunstvolle Zeichen oder Symbole in schwarzer Farbe die Fläche unterhalb des Bürzels füllten; es sah aus wie ein Steißbeintattoo – besser bekannt auch unter der etwas ordinären Bezeichnung »Arschgeweih«.

STICHHALTIG

Ein Steißgeweih als grafisches Attribut am Heck eines Fahrzeuges ist sicher nur eine rare Einzelerscheinung.

Ganz anders ist es bei Neuseeländern beiderlei Geschlechts: Kiwis stehen im globalen Spitzenfeld der Tattooträger und lassen sich mit immer größer werdender Begeisterung Unvergängliches in alle erdenklichen Stellen des Körpers (mitunter sogar mitten ins Gesicht) stechen.

Dabei hat das klassische Arschgeweih einen besonders erfolgreichen Siegeszug über die ganze Welt hinter sich. Diese spezifische Tätowierung des Steißbereichs nennt man hier auf der neuseeländischen Doppelinsel offiziell *lower back tattoo,* aber auch weniger politisch korrekt *arse antlers, tramp stamp* oder *slag tag.*

Großer Beliebtheit erfreuen sich auch die *tribal* Tattoos mit traditionellen Stammes-Motiven der Maori, die sehr gerne auch von Nicht-Maoris getragen werden.

Die Realität, die Peter flugs aus den Gedanken riss, war eine ganz andere: Es wurde nun recht offensichtlich, dass seinen wuchtigen Vordermann wohl ein technisches Problem ereilt hatte, denn er war äußerst unruhig auf Kurs, verzögerte dann stark und zog nach links zur Standspur. Peters Neugier muss es gewesen sein, die ihn veranlasste, ebenfalls nach links zu lenken und hinter dem weißen Wagen – der inzwischen zum Stillstand gekommen war – anzuhalten. Pflichtbewusst drückte Peter das Warnblinklicht seines Toyota an – beim gestrandeten X6 tat sich allerdings nichts dergleichen. Immerhin flogen dort nun die Türen auf, und das teure Stück entließ zwei aufgeregte junge Chinesen, vielleicht auch Koreaner oder Indonesier ins neuseeländische Abendlicht. Peter war sich hinsichtlich der Nationalität nicht sicher, kannte er doch nur Kwan, den Malaysier, als ihm persönlich bekannten Vertreter des fernöstlichen Kontinents.

WAHLKIWIS

Den größten Teil der Bevölkerung machen Neuseeländer europäischer Abstammung, genannt *Pakeha,* aus. Diese stammen größtenteils von den britischen Inseln, können aber auch aus Deutschland, Italien, Polen, den Niederlanden und einigen weiteren europäischen Staaten eingewandert sein. Sie stellen rund 66 Prozent der Gesamtbevölkerung.

Die zweitgrößte Bevölkerungsgruppe bilden die polynesisch-stämmigen indigenen Einwohner Neuseelands – die Maori – mit etwa 15 Prozent Bevölkerungsanteil.

Zwischen 2001 und 2013 stieg der Anteil der Asiaten auf fast das Doppelte, von 6,6 auf fast 12 Prozent, und somit sind sie die drittgrößte ethnische Gruppe (mit den Chinesen vor den Indern als größte Untergruppe). Pazifik-Insulaner machen etwa 7 Prozent der Landesbevölkerung aus, wobei die meisten davon aus Samoa stammen, gefolgt von Immigranten der Cookinseln und Tonga.

Insgesamt sind etwa 25 Prozent der Gesamtbevölkerung nicht in Neuseeland geboren.

Das nunmehr fehlende Fahrgeräusch musste Riqi geweckt haben; er wollte von Peter wissen, ob etwas mit dem Auto nicht in Ordnung sei. Peter sagte: »Mit unserem ist alles in bester Ordnung, aber schau mal nach vorne! Wir sollten wohl unsere Hilfe anbieten.«

Riqi sah nun den X6 und dessen Fahrer, was ihn innerlich genussvoll zu amüsieren schien. Peter hakte nach: »Du empfindest doch nicht etwa Schadenfreude?«

BOSHAFTES VERGNÜGEN

Böse Zungen behaupten, Schadenfreude sei eine typisch deutsche Erfindung, bzw. Empfindung, die viele andere Nationen nicht oder nur schwer nachempfinden können.

Richtig ist auf jeden Fall, dass das Wort Schadenfreude an sich nicht direkt ins Englische (und andere Sprachen) übersetzbar ist: *malicious glee, malicious joy* oder *spitefulness* treffen den Sinn nur ungefähr, sodass *schadenfreude* als deutsches Lehnwort im Englischen, Französischen, Italienischen, Spanischen, Portugiesischen und Polnischen verwendet wird.

»*Schadenfreude?* Nein, das nun wirklich nicht. Aber die Mischung aus deutschem Nobelfahrzeug und chinesischem Fahrer ist manchmal recht explosiv – sozusagen.«

»Du meinst, es sind Chinesen?«

»Ja, ich würde sogar darauf wetten. Ich habe einen Blick dafür.«

Als Riqi und Peter die Wagentüren öffneten, kamen die beiden in Not geratenen Asiaten auch schon winkend auf sie zu, aber alles, was man aus ihrem brüchigen Englisch heraushören konnte, war: »... *don't know* ...« und »... *help* ...«.

Peter sah schon nach wenigen Schritten, dass der X6 schlicht und einfach einen Platten hatte – rechts hinten. Als er die beiden auf dieses Problem hinwies, waren sie noch irritierter als zuvor, und alle Versuche, mit ihnen zu kommunizieren, brachten lediglich zutage, dass sie aus Hongkong kamen, das Auto erst seit Kurzem besaßen und jetzt – nach der Panne – nicht wussten, was sie tun sollten. Sie stellten sich immerhin als Li und Wang vor.

Es war in der Tat aussichtslos: Die jungen Hongkong-Chinesen waren völlig durcheinander und hätten nicht einmal einen Anruf bei der »*AA*« zustande gebracht. Also nahmen Riqi und Peter die Sache in die Hand.

Li und Wang wurden allmählich wieder ruhiger und ließen ihre beiden Helfer gewähren. Riqi machte sich den Spaß und dramatisierte die Panne ein bisschen; er öffnete die Haube und prüfte den Ölstand des Motors. Peter aktivierte das Warnblinklicht und riskierte einen Blick ins Innere. Es roch stark nach Leder, aber ein Linkslenker war es nicht.

»Wozu habt ihr das *L* in der Heckscheibe, wenn das Lenkrad rechts ist?«, fragte Peter, aber die Chinesen verstanden seine Frage nicht. Sie verstanden auch nicht, als er sie fragte, wo das Ersatzrad sei. Aber Peter fand es auch so.

Das schmale Notrad war schnell installiert und der schlappe Extrembreitreifen im Kofferraum verstaut. Den Chinesen war's recht, sie tänzelten glückstrahlend um Riqi und Peter herum. Als die Pannenhelfer ihre letzten Handgriffe getätigt hatten, hielt ihnen Li plötzlich mit beiden Händen und einer angedeuteten Verbeugung einen Geld-schein hin, dessen Zahlenwert mehr als nur eine Null enthielt. Mit Mühe gelang es Riqi und Peter, Li auf 20 Dollar – 10 für jeden – her-unterzuhandeln.

Dann fuhren die jungen Chinesen von dannen. Ein X6 mit No-trad – kein schöner Anblick –, aber immerhin war das Auto wieder mobil. Mit der blauen Dollarnote in der Hand, die zwischen seinen schmutzigen Fingern fast leuchtete, sah Peter dem angeschlagenen Wagen noch eine ganze Weile nach. Das Warnblinklicht war immer noch angeschaltet und würde sicher noch lange bleiben.

STRASSENWACHT

Was in Deutschland der ADAC ist, ist in Neuseeland die *Automobile Association* oder eben kurz *AA*. Die gemeinnützige Organisation wur-de im Jahre 1903 gegründet und hat sich als Verbandszweck Pannen-hilfe und damit im Zusammenhang stehende Dienste für ihre Mit-glieder auf die schwarz-gelbe Fahne geschrieben.

Wie beim ADAC sind die Dienste der *AA* inzwischen sehr umfassend geworden und enthalten alles Erdenkliche rund ums Auto, wie zum Beispiel Versicherungen, Finanzierungen, Produktion von Straßen-karten und Reiseführern usw.

Anders jedoch als beim ADAC sind beim *AA* noch keine internen Skandale bekanntgeworden.

Was man kritisieren könnte ...

In jedem 2-Dollar-Shop Neuseelands gibt es gelbe Plastikschilder mit dem schwarzen L zu kaufen. Licht, Luft oder Liebe?

Es scheint so etwas wie eine *Urban Legend*, ein hartnäckiges Gerücht zu sein, dass das schwarze L auf gelbem Grund ein Auto mit Linkslen-kung kennzeichnet. Verschiedene Quellen in gedruckten Medien und im Internet behaupten dies unerschütterlich seit Jahren. Das ist falsch!

Richtig ist: Das L steht für *learner!* Solange ein Führerscheinneuling mit einer *learner licence* unterwegs ist, muss er das mit zwei entsprechenden Schildern an Front und Heck des Wagens jederzeit für alle anderen Verkehrsteilnehmer sichtbar machen.

Die Schilder müssen jeweils 11 Zentimeter breit und 15 Zentimeter hoch sein und ein schwarzes L von 2 Zentimeter Balkenstärke auf gelbem Grund tragen.

Es gibt diese *learner plates* an vielen Stellen zu kaufen, aber man darf sie sich gerne auch selbst basteln – das ist ausdrücklich erlaubt, solange man sich exakt an die vorgeschriebenen Maße und Farben hält.

Alle wissenswerten Details hierzu und rund um den Kiwi-Führerschein liefert die Internetseite der neuseeländischen Regierungsbehörde *NZ Transport Agency:* www.nzta.govt.nz

27 WAS KIWIS WÜNSCHEN

AUF SCHNÄPPCHENJAGD IM WARENHAUS

Der Pit-Stop-Einsatz am Auto des chinesischen Teams würde Peter noch lange in Erinnerung bleiben. Riqi fielen vor allem ein paar Scherze dazu ein, und er meinte, er könnte sich vielleicht einmal einen Songtext aus dieser und ähnlichen Begebenheiten ausdenken, wechselte dann aber abrupt das Thema, als nämlich einfiel, dass er beinahe einen Geburtstag vergessen hatte: »Ich glaube meine Cousine Aroha – ja genau, dein *flat-mate* – wird heute 24 oder so. Sie macht sich zwar nichts aus ihren Geburtstagen und feiert auch nie, aber sie ist immerhin meine Lieblingscousine. Ich bringe ihr immer ein kleines Geschenk vorbei, worüber sie sich jedes Mal sehr freut. Lass uns gleich doch noch kurz beim *Warehouse* in Albany stoppen und etwas Nettes für sie suchen.«

Peter fand die Idee gut: »Ich kenne dieses *Warehouse* zwar nicht, werde dann dort aber wohl auch nach einem Geschenk Ausschau halten – ich kann schlecht mit leeren Händen auftauchen.«

Riqi wunderte sich ein bisschen über Peters Unwissenheit: »Auch wenn du erst seit Kurzem in Neuseeland bist: *The Warehouse* muss dir schon mal aufgefallen sein. Die großen, tiefrot gestrichenen Gebäude mit dem riesigen weißen *Warehouse*-Schriftzug gibt's doch überall. Gleich beim ersten Kreisverkehr am Auckland Airport steht eines, und es ist nach dem Flughafenterminal so ziemlich das Erste, was jeder Reisende nach seiner Ankunft in Neuseeland sieht!«

»Was für eine Hymne für ein Warenhaus. Lässt du dir deine Auftritte von diesem Unternehmen sponsern? *Riqi Harawira, the Duke of Funk. Proudly presented by The Warehouse?*«

Riqi fand das höchst amüsant: »Super gekontert! Ich werde deine Idee mit meinem Agenten besprechen: ich als Sympathieträger fürs *Warehouse* – das wäre schon was.«

Der Musiker sagte Peter, welchen *exit* (auch: *off-ramp* = Ausfahrt, Autobahnausfahrt) er vom *motorway* nehmen sollte und kam nicht umhin zu ergänzen, dass wirklich jeder in Neuseeland das *Warehouse* kennt, weil die Kiwis immer nach dem Günstigsten Ausschau halten und dort eben jeder ein Schnäppchen machen kann – das behaupte jedenfalls die Werbung; es sei wirklich eine *retail store chain* (Einzelhandelskette) mit Kultcharakter ...

KAUFLAUNE

Sogenannte *department store retailer* verstehen sich im Wesentlichen als klassische Kaufhäuser und definieren sich als Unternehmen des Einzelhandels mit einem sehr umfassenden, tief gegliederten Warenangebot auf einer relativ großen Verkaufsfläche, sozusagen »alles unter einem Dach«. Die bekanntesten Vertreter dieser Art in Neuseeland sind: The Warehouse, Farmers, Kmart und (mit Einschränkungen) im Fachsegment Haushaltwaren Briscoes (mit der sogenannten »Briscoes Lady« als Sympathiefigur). Diese Vier gelten als *discount department stores* – also Billiganbieter mit dementsprechendem Qualitätsniveau der Waren.

Höherwertige Waren, freilich zu dementsprechend höheren Preisen, bieten die *department stores:* Smith & Caugheys (Auckland), Wellington Merchants (Wellington) und Ballantynes (Christchurch).

Es war noch nicht einmal sechs Uhr abends, als Riqi und Peter in Albany eintrafen, wo das *Warehouse* tatsächlich mühelos zu erkennen und aufzufinden war.

Nachdem sich Peter in der relativ ordentlichen Toilette den Radwechselstaub von den Händen gewaschen hatte, war der feierliche Moment gekommen, in dem er dieses von Riqi fast kultisch verklärt dargestellte, rote Gebäude betreten durfte. Peters erster Eindruck war der einer Zeitreise, und er fühlte sich zurückversetzt in die Zeit der ersten Kaufhäuser in Deutschland mit ihrem überquellenden, kreuz und quer gestapelten Warenangebot, als Einkaufen noch ein Abenteuer war.

Ähnlich chaotisch und übervoll wirkte das *Warehouse* auf Peter. Aber es reizte ihn zum Stöbern und er schlängelte sich regelrecht durch die Korridore, die aus einfachen, rot lackieren Regalen gebildet wurden. Es gab praktisch alles – von Bekleidung über Unterhaltungselektronik und Autozubehör bis hin zu Lebensmitteln.

Auf Höhe des Doppelregals für Anglerbedarf hielt Peter inne und staunte nicht schlecht, welch variantenreiches Instrumentarium man kaufen konnte, nur um Fische zu ködern und zu fangen.

Bei den Sportartikeln summte völlig überraschend Peters Handy. Es war Riqi, der seinen Begleiter aus den Augen verloren hatte und ihn angesichts seines Alleingangs durch die Regalschluchten freundlich ermahnte, sich wieder auf den eigentlich Grund des Besuchs im roten Schuppen zu konzentrieren.

Peter fand Riqi bei den Schuhregalen wieder, wo große rote Poster mit weißer Schrift ein *shoe special* mit bis zu 60 Prozent Einsparmöglichkeit anpriesen. Riqi prüfte gerade ein Paar silberfarbene Pumps auf ihre Eignung als Geburtstagsgabe für Aroha. Er schien mit dem Fund zufrieden: 59 Dollar, echt Leder, kleines Chromlogo »Gina Milan«.

Riqi bat um Peters Meinung: »Spitzenqualität können die Schuhe unmöglich sein, aber wenn ich sehe, wie viele Frauen hier anprobieren und kaufen, kann die Wahl nicht falsch sein. Und der Preis segnet ja auch manchmal die Entscheidung.«

Riqi nahm die Pumps und erklärte, dass Aroha, wie viele junge Frauen, ganz wild auf Schuhe sei. Peter schloss dieser sich daraufhin mit einem Paar sommerlich bunter *jandals* an – für ganze 19 Dollar.

ZEHENGREIFER

Die beliebten *jandals* gehören zur unabdingbaren Fußbekleidung aller Kiwis beiderlei Geschlechts. Es sind die Schläppchensandalen aus Plastik- oder Gummimaterial, die in anderen Teilen der Welt überwiegend als Flip-Flops oder Flip-Flop-Sandalen bekannt sind.

Charakteristisch sind die simple, flache Sohle und das Y-förmige Halteband, das zwischen dem großen und dem zweiten Zeh zusammenläuft. Anders als die klassischen Sandalen haben *jandals* keinen Halteriemen für Gelenk oder Verse.

Jandals sind Kiwi-Kult, und es steht die (allerdings umstrittene) Behauptung im Raum, diese Art der Schläppchen sei 1957 von einem gewissen Morris York in Auckland erfunden worden.

Beim Verlassen des *Warehouse* wollte Peter von Riqi wissen, was eigentlich das besondere Flair dieses Kaufhauses ausmacht; er zeigte dabei auf den Parkplatz, auf dem von der zwanzig Jahre alten Rostlaube bis zum neuwertigen *sport utility vehicle* (auch *SUV* = Geländelimousine, Geländewagen) und *saloon* (Limousine) alles vertreten war.

»Ich habe dort drinnen Kunden gesehen, die sich ihrem Outfit nach um ein paar Dollar hin oder her wirklich nicht scheren müssen. Was bringt sie dazu, in einem Niedrigpreis-Laden wie dem *Warehouse* einzukaufen?«

Riqi wusste die Antwort: »Das hat mit einer Marotte von uns Kiwis zu tun – wir ergreifen einfach jede sich bietende Gelegenheit, ein Schnäppchen zu machen. Und darauf hat sich das *Warehouse* präzise eingestellt; es gibt dort immer mehr Markenartikel, die du nirgendwo sonst zu solch einem guten Preis bekommst.«

»Aber es gibt auch ganz schön viele Billigsachen ...«

»Mag schon sein, mein guter deutscher Qualitätsfanatiker! Und weißt du, was das Wichtigste bei der ganzen Sache ist?«

»Jetzt bin ich aber sehr gespannt!«

»*The Warehouse* stellt man in Neuseeland nicht in Frage. Es ist eine Kiwi-Ikone!«

Was man kritisieren könnte ...

Nicht immer ist das Teuerste auch das Beste – und umgekehrt genauso selten.

Selbst als Tourist sollte man *The Warehouse* kennen, zumal es wirklich kaum übersehbar ist. Es ist 91-mal im Kiwiland vertreten, und die auffälligen roten Gebäude sind auch im Vorbeifahren gut zu erkennen und zu erreichen.

Die gesamte *The Warehouse Group* mit ingesamt 241 Geschäften – dazu gehören auch *Warehouse Stationery* (Büro- und Schreibwaren), *Noel Leeming* (Elektronik- und Haushaltsgeräte) und *Torpedo 7* (Sport- und Freizeitartikel) – ist Arbeitgeber für immerhin 12.000 Kiwis – eine Zahl, die bei fast 5 Millionen Einwohnern nicht unterschätzt werden sollte. Das Unternehmen hat sich seit der Gründung im Jahre 1982 zur Galionsfigur des neuseeländischen Einzelhandels emporgearbeitet. Schon die Kinder im Vorschulalter singen den Slogan mit der ohrwurmverdächtigen Melodie: *The Warehouse, The Warehouse, where everyone gets a bargain!* (Letzteres ist das »Schnäppchen«).

Wegen der rot gestrichenen Gebäude wird das Unternehmen auch gerne »*The red shed* – Der rote Schuppen« genannt. Es ist der größte *department store retailer* Neuseelands.

Das Konzept beruht auf niedrigen Preisen für massenhaft importierte Durchschnittsartikel einerseits und auf der konsequenten Geld-zurück-Garantie andererseits. Die Betreiber der *The Warehouse Group* sind deshalb angeblich auch stolz darauf, einen guten Prozentsatz der Klientel aus der Kategorie zu haben, die man im Deutschen als jene kennt, die mit dem Mercedes zu Aldi fahren. Von den Wohlhabenden soll man ja bekanntlich das Sparen lernen können ...

Aber der rote Schuppen wird auch kräftig kritisiert. Drei Gründe dominieren die Anfechtungen: erstens die mindere Qualität der Artikel, die angeboten werden, zweitens der brutale Preiskrieg, bei dem benachbarte Einzelhändler meistens den Kürzeren ziehen, und drittens der angeblich ausbeuterische Umgang mit den Mitarbeitern.

Von nichts kommt nichts – auch Schnäppchen haben ihren Preis ...

28 BERÜHREN NICHT VERBOTEN

NICHT NUR BEIM TANZ KANN MAN JEMANDEM AUF DIE ZEHEN TRETEN

Peter freute sich, wieder vom Ausflug zurück zu sein. Er hatte Riqi noch abgesetzt und war dann ich Richtung »Heimat« gefahren. Als er in den Hof von Malcolm Haus einbog, hatte er fast so etwas wie ein Wieder-zu-Hause-Gefühl, obwohl er nur für ein verlängertes Wochenende in Northland war und ihm der Kurztrip im wahrsten Sinne des Wortes neue Horizonte erschlossen hatte – von den Kratzern im Heck des Toyota einmal abgesehen.

Im Haus war alles in bester Ordnung. Peter setzte sich in Ektorp und ließ die Umgebung nochmals auf sich wirken: die dunkelbraunen Holzdielen – hochglänzend lackiert wie die Planken einer edlen Jacht. Genau in der geometrischen Mitte einer weißen Strukturputzwand hingen einige Schallplatten wie Bilder hinter Glas mit dunklen Rahmen; sie dienten als optische Unterbrechung einer insgesamt schätzungsweise fünf Meter langen Bücherwand: gebundene Folianten und Paperbacks vom Boden bis knapp unter die Decke.

Malcom hat das Haus dem Vernehmen nach in sehr schlechtem Zustand gekauft und anschließend komplett renovieren lassen. Dabei hat er sich entschieden, den gesamten Wohnbereich offen zu gestalten. Ein paar andere Räume, wie zum Beispiel Bad, Schlaf-, Arbeits- und Gästezimmer, und vor allem das Tonstudio, hat Malcolm architektonisch geschickt vom offenen Wohnbereich abtrennen lassen.

Peter suchte in den Regalen des Küchenblocks nach etwas Geschenkpapier, um die *jandals,* die er im *Warehouse* gekauft hatte, ein bisschen nett einzupacken. Freilich wurde er nicht wirklich fündig, was im Haushalt eines Musikproduzenten auch nicht weiter verwunderlich war; aber er fand immerhin eine Rolle braunes Packpapier, in das Peter die *jandals* sorgfältig einwickelte, um das Papier danach mithilfe einiger skizzenartiger Filzstiftstriche zu einer sehr persönlichen Geschenkverpackung zu machen. Peter war nicht sicher, ob Aroha in der *flat* sein würde, also ging er auf das *deck,* um die Lage zu sondieren; durch die breite Fensterfront bot sich ihm im orangeroten Abendlicht ein postkartentauglicher Blick auf Takapuna Beach, das Vulkaninselchen Rangitoto und einen weiten Bereich des Hauraki Golfs, über dem mächtige Wolken wie Kraterdampf in den blauen Himmel quollen.

Pohutukawa-Bäume blühen leuchtend rot als sogenannte *Christmas trees* zur Weihnachtszeit. Ein Besuch der Insel ist also im Dezember oder Januar besonders empfehlenswert.

Rangitoto spielt eine Rolle in der Maori-Mythologie, der Name bedeutet in der Übersetzung etwa »die Tage des Blutens«, wobei es sich um den temporären Blutverlust des Kanuführers Tama-te-kapua handelt.

Aroha hatte Peter bereits gesehen, als er übers *deck* zum Anbau lief, und kam ihm mit einem Glas *bubbly* (auch *champagne* oder *sparkling wine* = Sekt, Prickelbrause) entgegen.

Sie hatte ein paar Leute zu Besuch; auch Kwan war dabei, der Peter später erzählte, dass er Aroha eine »*Guess Gladis Zip Around Purse*« geschenkt hat. »*A real steal* – ein echtes Schnäppchen«, sagte Kwan, der die zweifellos schicke Geldtasche im *Warehouse* für 65 Dollar erworben hatte.

»*I have a crush on Aroha*«, gestand Kwan und hielt sich dabei verlegen die Hand vor den Mund, »das ist der Grund, warum ich ihr diese edle Börse geschenkt habe; sie war zwar super günstig, aber für mich als Studenten eigentlich zu teuer. Meine Zuneigung für Aroha ist übrigens rein platonisch, wirklich, sie weiß nicht einmal etwas davon. Aber die Verliebtheit gibt mir ein angenehmes Gefühl.«

Peter konnte sehen, dass sich alle gut unterhielten, aber nach einer richtigen Geburtstagsfete sah es in der *flat* trotzdem nicht aus – tatsächlich war der Sekt das einzige Anzeichen dafür. Aroha reichte ihm ein Glas und sagte: »Ich weiß nicht warum, aber meine Geburtstage mag ich einfach nicht feiern. Der letzte, bei dem noch ein echtes Fest stattfand, war mein 21ster, aber das auch nur, weil die Familie darauf gedrängt hatte – das war vor fünf Jahren.«

FESTE FEIERN

Der 21. Geburtstag ist ein außergewöhnlich großes Ereignis im Leben junger Neuseeländer. Vielleicht hat das mit der etwas ungewöhnlichen

Peter überreichte sein Geschenk und wollte Aroha angemessen gratulieren: »Ich weiß von Riqi erstens, dass du heute deinen speziellen Tag hast, und zweitens, dass du ihn generell nicht feierst. Aber ein Geschenk nimmst du doch trotzdem an, oder etwa nicht? Übrigens kommt Riqi später noch vorbei, um dir zu gratulieren – solltet ihr noch irgendwo hingehen, sag ihm oder mir kurz Bescheid. Jetzt lass dir aber erst einmal gratulieren, natürlich ganz ohne feierlich zu werden ...«

Mit den letzten Worten streckte Peter ihr unsicher und etwas zögerlich die blanke Hand zur Gratulation entgegen, aber Aroha machte keine Anstalten, diese zu ergreifen. Vielmehr breitete sie mit ausladender Geste beide Arme weit zum *big hug* aus, der großen Umarmung. Peter war klar, dass gegenseitiges An-sich-drücken bis hin zum Bussi-Bussi praktisch global zum neuen Standardritual für Sympathiebezeugungen aller Art geworden war. Zumal er hier in Neuseeland auch schon von weit Unbekannteren umarmt wurde. Gerade jetzt wusste er aber nicht genau, wie er auf Arohas unmittelbar bevorstehende Umarmung reagieren sollte, ohne sich tapsig oder plump anzustellen.

DRUCKSACHE

Der korrekte *hug* aus der Sicht des Umarmenden:

- Eine leicht nach vorn geneigte Körperhaltung einnehmen und die Arme ausbreiten. Kurz innehalten, um dem Gegenüber Zeit zu geben, die Umarmungsabsicht zu erkennen. Im Falle einer positiven Reaktion etwas näher an die Person herantreten. Die Fußspitzen dürfen sich fast berühren.

- Jetzt darf umarmt werden, indem die Arme hinter den Rücken des/der Umarmten etwa im Bereich unterhalb der Schultern und oberhalb der Taille geführt werden. Den Kopf normalerweise links vom Kopf des anderen halten. Wangenberührung nur bei guten Bekannten und Küsschen nur symbolisch andeuten. Die Umarmung grundsätzlich mit sehr sanftem Druck ausführen.

- So wichtig wie die korrekte Einleitung und Ausführung ist auch das Beenden der Umarmung. Nie zu lange und zu intensiv umarmen. Aufmerksam auf unterschwellige Signale achten, die erkennen lassen, dass der/die Umarmte wieder losgelassen werden möchte. Dazu die Arme zurückgleiten lassen, aufrechte Körperhaltung einnehmen und ein, zwei Schritte zurücktreten.

Noch während Peter dieser Gedanke durch den Kopf schoss, hatte ihn Aroha längst an sich gezogen. Gab es eine Art Choreografie des *big hug?* Wohin sollte er mit Armen und Händen, ohne Aroha unangemessen zu berühren?

Peter versuchte vorauszuahnen, zu welcher Seite er den Kopf neigen sollte, um einen Zusammenprall zu vermeiden, und schon kollidierte seine Stirn fast mit der ihren, weil Aroha ordnungsgemäß nach links tendierte, Peter jedoch vor lauter Aufregung nach rechts zielte. Er kam durch Arohas Überraschungsumarmung ins Wanken, verschüttete Sekt, tat einen Schritt nach vorn, um die Balance nicht vollends zu verlieren, und touchierte dabei auch noch ihre Zehen.

Das kann so nicht richtig gewesen sein – Peter war peinlich berührt. Aber Aroha blieb äußerst fröhlich, entließ Peter alsbald aus der höflichen Umklammerung und schien sich nichts aus seinem ungelenken, holzigen Debüt zu machen. Der *Hug*-Debütant vertrieb sich noch ein paar Minuten die Zeit mit illustrem Small Talk, bevor er sich wieder auf den Rückweg in die eigenen vier Wände machte.

Was man kritisieren könnte ...

Obwohl der Freiherr Knigge nie in Neuseeland gewesen ist, gibt es auch im Land der Kiwis ein paar gesellschaftliche Umgangsregeln.

Peter Obland war wohl nicht in der Lage, die Unterschiede der neuseeländischen Herzlichkeitsrituale mit seinen anerzogenen deutschen Reflexen zu koordinieren und manövrierte sich dadurch selbst in eine etwas hilflos wirkende Situation.

Punkt 1: Der Händedruck ist bei Neuseeländern weitgehend unüblich, wenn auch nicht gänzlich ausgeschlossen. Besser man unterdrückt seinen Drang zum Händedruck bis auf Weiteres und beobachtet genau, was der/die andere tut. Bei geschäftlichen Kontakten kommt der Händedruck gelegentlich vor. Im privaten Bereich drücken sich Männer nur in recht seltenen Fällen die Hand; *bros* und *mates* klatschen manchmal auch die offenen Handflächen gegeneinander oder machen *high five*. Bei Frauen untereinander ist der Händedruck generell extrem selten.

Punkt 2: Die Umarmung zu allen erdenklichen Anlässen *(hug, big hug)* verbreitet sich offenbar weltweit unaufhaltsam über alle Grenzen hinweg. So auch in Neuseeland. Frauen umarmen untereinander bei jeder Gelegenheit. Aber auch Männer sollten stets damit rechnen, von Weiblein wie auch Männlein »gehugt« zu werden. Das ist überwiegend dann der Fall, wenn man sich bereits kennt. Aber auch beim ersten Bekanntmachen darf im Falle spontaner Sympathie schon beim Erstkontakt mit einer herzlichen Umarmung gerechnet werden.

29 UNBÜRO-KRATISCHER HÜRDENLAUF

DER LOCKERE GRIFF DER ÖFFENTLICHEN HAND

Als Peter am anderen Morgen hinaus aufs *deck* trat, um von dort zum Briefkasten zu laufen, trafen ihn die Regentropfen eines Schauers, mit dem er gar nicht gerechnet hatte – wieder einmal typisches Auckland-Wetter. Er machte extra-große Schritte, um schnell und einigermaßen trockenen Fußes »sein« Wohnzimmer zu erreichen. Dabei hätte er fast das Kuvert übersehen, das schon reichlich durchgenässt auf dem Boden vor ihm lag. Er hob es auf und sah, dass es nicht an Malcolm adressiert, sondern per Handschrift an »*The House Sitter of 14 Sanders Ave.*« gerichtet war. Etwas abgesetzt darunter stand »*Peter?*« – Vorname mit Fragezeichen, aber kein Nachname.

Peter hatte natürlich seine neuseeländische Adresse bei allen in Frankfurt hinterlassen, die sie für dringende Fälle wissen sollten. Aber dieses Kuvert war nicht frankiert, kam also nicht per Post, sondern musste von jemandem persönlich eingeworfen worden sein. Während er den leicht aufgeweichten Umschlag öffnete, kombinierte Peter, dass er nur von einer Person kommen konnte, die von Peters Tätigkeit als Haushüter wusste, aber sich beim Namen nicht ganz sicher war. Peter zog einen gefalteten Bogen aus gelbem Papier aus der Hülle; die Schrift floss an den Rändern durch die Feuchtigkeit etwas aus, aber der Text blieb dennoch gut lesbar: Es war eine mit dem Computer gestaltete Einladung des *Neighbourhood Watch* der Sanders Avenue.

Die Gruppe veranstaltete einmal im Jahr ein Nachbarschaftsfest, zu dem sie alle Anwohner der Straße, aber auch deren Freunde, Besucher und in diesem Fall auch den *house sitter* in Malcolms Haus einluden. Aus dem bunten Anschreiben ging unter anderem hervor, dass die Organisatoren das Fest bei gutem Wetter auf dem *cul-de-sac* am Ende der Straße stattfinden lassen wollten.

sisch ausgesprochen, was Kiwis als gekünstelt empfinden würden: »Kal di Säk« trifft es phonetisch wohl am besten.

Natürlich ist ein *cul-de-sac* nichts Unanständiges. Tatsächlich wird damit eine Sackgasse mit Wendeplatte an deren Ende bezeichnet. Bei längeren Straßen wird es dem Autofahrer per Schild mit *»No Exit«* angezeigt.

Viele Häuser liegen hierzulande nicht an Durchgangsstraßen. Vor allem solche mit der begehrten Cliff-Top- oder Standlage sind nur über Stichstraßen erreichbar, die mit einem *cul-de-sac* enden.

Mary und Timothy Connor waren seit Jahren schon die Hauptinitiatoren des Festes. Für den relativ bescheidenen Beitrag von 15 Dollar pro Person würden Mary und Timothy eine reiche Auswahl von Getränken besorgen und auch sonst sämtliche Vor- und Nachbereitungen des Festes übernehmen. Peter hatte den Eindruck, dass es sich um ein sehr engagiertes Paar handeln musste. An mindestens zwei Stellen im Text hieß es »*get to know each other*« und »*make new friends*«. Es ging also ums gegenseitige Kennenlernen und die Gelegenheit, neue Bekanntschaften zu schließen.

Angesichts des nassen Blattes in der Hand fiel Peter auf, dass ein Ausweichtermin für den Schlechtwetterfall nicht angegeben war. Die Einladung endete mit der fett gedruckten Zeile *bring a plate* (auch: *potluck* = Essen, zu dem jeder etwas mitbringt).

Das alles klang für Peter spannend, weil er letztendlich nicht nach Neuseeland gekommen war, um sich dann in der Anonymität der Anwohnerschaft einer Vorstadtstraße von Auckland zu verstecken – er entschloss sich spontan zur Teilnahme.

›Woher wissen diese Leute der *neighbourhood watch* eigentlich, wer ich bin?‹, dachte Peter noch, als er den gelben Bogen nochmals überflog. Schließlich fiel sein Blick auf das Datum, an dem das Nachbarschaftsfest stattfinden sollte – es war ausgerechnet das kommende Wochenende, an dem er mit Riqi nach Wellington reisen wollte, was natürlich Priorität vor fast allem anderen hatte.

Da die Wettervorhersage für die ganze Woche eher ungünstig aussah, wollte Peter die Einladung nicht einfach in den Papierkorb werfen, ohne die Option einer Terminverlegung auszuloten. Er nahm sich vor, am besten gleich mit Mary und Timothy persönlich zu sprechen; ihre ganzen Details zur Kontaktaufnahme standen am Fuß des Blattes, lediglich ihre *street address* (Wohnadresse) war verschmiert und schwer zu entziffern.

Peter las die Adresse als Nummer 33 in der Sanders Avenue. Das war nicht besonders weit von Malcolms Haus, und weil ein kleiner Fußmarsch nie schaden kann, lief Peter kurz entschlossen los. Inzwischen hatte auch Auckland-Petrus nach dem Schauer wieder auf »heiter bis wolkig« umgeschaltet.

Er kam schneller als gedacht bei der gesuchten Adresse an und versuchte den Namen Connor auf dem Briefkasten oder Klingelschild ausfindig zu machen, um sicherzustellen, dass er am richtigen Haus war. Doch Fehlanzeige: Nirgendwo war ein Name sichtbar, nicht auf der *letter box* (Briefkasten), nicht an der Haustür. Dasselbe Bild auch bei den Häusern rechts und links daneben, wo Peter der Neugierde wegen ebenfalls nachsah – nirgendwo ein Name. Peter wunderte sich zwar ein bisschen, ließ sich aber ansonsten nicht aus der Ruhe bringen und entschloss sich, einfach bei Haus Nummer 33 zu klingeln. Aber keines der Häuser hatte eine Klingel – also klopfte er.

PRIVATSPHÄRE

Mit Ausnahme von den Apartmentblocks in Auckland und ein paar anderen größeren Städten findet man in Neuseeland praktisch nirgendwo die Namen der Bewohner an den Häusern. Kein Kiwi käme auf die Idee, das zu tun – weder auf dem Briefkasten noch auf dem Klingelschild, wobei es Letzteres ohnehin so gut wie gar nicht gibt.

Die Post verteilt Briefe und Päckchen ausschließlich nach der Hausnummer. Das ist wichtig zu wissen, weil durch einen banalen Schreibfehler oder harmlosen Zahlendreher eine möglicherweise dringend erwartete Postsendung im schlimmsten Fall auf Nimmerwiedersehen vom Postweg abkommen kann. Selbst nach Jahren des Wohnens in ein und demselben Haus erhält man immer wieder Post mit den Namen eventueller Vorbewohner oder sonst wem. Den Postboten kümmert es wenig: Er verteilt vorschriftsmäßig konsequent nach Hausnummer …

Ein freundlicher, bärtiger Herr öffnete nach kurzer Wartezeit die Tür, aber Connor hieß er nicht und die Vornamen Mary und Timothy waren ihm in der näheren Nachbarschaft auch nicht bekannt: »Ich muss aber dazu sagen, junger Freund, dass wir noch nicht sehr lange hier in diesem Haus wohnen. Ich kann also unmöglich alle Leute in dieser Straße kennen.«

Peter musste den Bewohner in Haus Nummer 33 wohl Mitleid erweckend angesehen haben, denn dieser bat ihn ins Haus, wo er bei einer Tasse Tee in den *White Pages Online* nachschauen könnte. Der nette Herr hieß Jon, eigentlich Jonathan. Drinnen stellte er Peter seine Frau Jennifer vor, ebenfalls eine sehr angenehme Person, die Peter bat, sie einfach »Jen« zu nennen. Ihr Tee, zu dem Jen *shortbread* reichte, war zwar hervorragend, aber trotz der Stärkung verlief Peters Suche im Internet ergebnislos. Er stippte gedankenversunken einen *shortbread finger* tief in den Tee; beim Hochnehmen brach die Tee getränkte Hälfte ab und fiel spritzend in die Tasse zurück. Jon und Jen sahen einander schweigend an – Peter konnte spüren, dass sie ein Lachen unterdrückten.

KRÜMELMONSTER

Shortbread ist ein (ursprünglich schottisches) Gebäck aus Mürbeteig, das klassischerweise in England und deshalb sehr gerne auch in Neuseeland bevorzugt zum Tee gereicht wird. Die Ingredienzien dieses sehr beliebten Keksgebäcks sind im Grunde lediglich Butter, Zucker, Mehl und Stärke.

Shortbread begegnet einem in drei Formvarianten:

- handtellergroße Scheiben, von denen man vorgeprägte Segmente abbricht,
- kleine, etwa 1 Zentimeter dicke Scheiben, *shortbread rounds,* oder
- fingerlange *shortbread fingers.*

Peter fragte Jon, ob es vielleicht Sinn machen würde, so etwas wie das *Local Residents' Registration Office* anzurufen – man merkte ihm an, dass er etwas Mühe hatte, die Übersetzung für das Einwohnermeldeamt zustandezubringen. Jon lachte herzlich und irgendwie befreiend, dann gab er Peter zu verstehen, dass Neuseeland bei Weitem nicht so gut organisiert sei wie Deutschland und ein Einwohnermeldeamt so ziemlich das Letzte sei, was die Leute sich hier wünschen. Vielleicht eine Spur zu vorwitzig, brachte Peter seine Verwunderung über die Nichtexistenz einer solchen Behörde zum Ausdruck. Jon quittierte Peters Einwand kurz und bündig: »*That would be as useful as a hole in the head!* – Das wäre so überflüssig wie ein Kropf! Kiwis sind Individualisten und wollen nicht gerne von Bürokraten behelligt werden, *if you know what I mean.*«

Peter bekam einen kleinen Hustenanfall durch die Krümel des *shortbread,* das er seit dem peinlichen Teetassenunfall nur noch trocken aß.

Was man kritisieren könnte ...

Von wegen: von Amts wegen! Neuseeländer mögen keine Überverwaltung.

Die meisten Neuseeländer (zumal jene mit britischen Wurzeln) wissen, wie *well organised* Bewohner oder Besucher aus dem deutschsprachigen Raum sind. Aber Kiwis wollen von Neuankömmlingen nicht unbedingt hören, was alles in NZ besser gemacht werden sollte. Vor allem im Rahmen eines Plausches beim Fünfuhrtee empfiehlt es sich für den Gast, sich auch wie ein Gast zu verhalten, sonst fühlen sich Neuseeländer (zurecht) schnell bevormundet.

Ordnung schaffende Behörden, wie auch öffentliche Gebühreneinzugsstellen, sind den Kiwis suspekt. Bürokratische Einrichtungen existieren für Bereiche, in denen das tägliche Leben ohne übergeordnete Kontrollen vielleicht wirklich nicht funktionieren würde. Ein Einwohnermeldeamt zählt nach neuseeländischem Maßstab ganz klar nicht dazu.

Die Führerscheinverwaltungsabteilung im Transportministerium ist das höchste der Gefühle, was die Registrierung von Wohnorten angeht, aber selbst hier hat man die Wahl, ob die Adresse auf der Lizenz erscheinen soll oder nicht.

Da die Neuseeländer extrem gerne umziehen, wären Einwohnermeldeämter binnen kürzester Zeit ohnehin hoffnungslos überlastet und würden schnell zu gigantischen Wasserkopfbehörden werden. Das würde den Steuerzahler Unsummen kosten und zudem zusätzlich individuelle Gebühren auslösen. Auch so etwas mögen die Kiwis überhaupt nicht.

Anmerkung: Objektiv betrachtet wird leider auch im Kiwiland die Fraktion der Beamten immer stärker, und die Bürokratie nimmt ganz allmählich europäisches Format an. Man hört und liest in den letzten Monaten immer häufiger den Begriff *nanni state,* Bevormundungsstaat. Nicht nur professionelle Kritiker warnen vor der schleichenden Überverwaltung des Landes. Wer Neuseeland kennt und liebt, kann diese Mahnungen sehr gut verstehen.

30 ALLE TELLER UND TASSEN IM SCHRANK

ES IST NICHT SCHWER, EIN GUTER GAST ZU SEIN

Jon hatte Erbarmen und schien beschlossen zu haben, die Sache nun selbst in die Hand zu nehmen. Er fragte Peter, um was es bei seiner Suchaktion eigentlich ginge, und bot ihm an, ihm vielleicht auf anderem Wege helfen zu können, wenn er mehr Details wüsste. Peter sagte: »Im meiner Post war eine Einladung zum Nachbarschaftsfest hier in der Sanders Avenue am Wochenende. Dazu habe ich ein paar Fragen an die Organisatoren Mary und Timothy Connor, die dem Rundschreiben nach in der Nummer 33 wohnen.«

»Diese Einladung war bei uns ebenfalls im Briefkasten – wir werden sicher teilnehmen«, rief Jen, und es dauerte nicht lange, da hatte sie den gelben Bogen aus einem Stapel Post gefischt und auf den Tisch gelegt, wo ihn Jon eine Weile studierte: »Ah ja, tatsächlich – die Absender heißen Mary und Timothy. Aber Moment mal – welche Nummer, sagst du, hat das Haus der Connors?«

»33, zumindest habe ich es so interpretiert.«

»Du brauchst eine Brille, deutscher Freund – es ist die 88.«

Volltreffer! Darauf hätte Peter auch selbst kommen können; er sagte Jon und Jen nicht, dass seine Einladung vom Regen durchnässt war – die sympathischen Leute hätten es sicher als billige Ausrede gewertet.

Peter bedankte sich schließlich für sehr nette Gastfreundschaft und setze seine Reise durch die Sanders Avenue fort. Er lief relativ gut gelaunt die Straße entlang bis zum Haus mit der Nummer 88. Das Haus der Connors war auffallend groß und lag direkt am *cul-du-sac;* die Eingangstür stand halb offen, aber der Höflichkeit halber klopfte Peter natürlich an, ohne einzutreten. Es erfolgte keinerlei Reaktion; Peter hörte, wie angenehme Late-Night-Jazzmusik in mittlerer Lautstärke aus dem Innern des Hauses drang – wahrscheinlich bemerkte man ihn deshalb nicht.

Peter trat vorsichtig ein, was offenbar kein Fehler war, denn kaum war er richtig drinnen, hörte er schon eine Frau laut rufen: »Nur rein mit dir – du bist Peter aus Malcolms Haus, nicht wahr? Schön, dich hier in Haus Nummer 88 zu sehen. Ich bin Mary.«

Sie stand an einem mannshohen Kühlschrank und war mit dem Sortieren des Inhalts beschäftigt. Die gut gekleidete und gepflegte Frau um die Fünfzig ließ alles stehen und liegen, um Peter zu umarmen, der sich dabei diesmal gar nicht schlecht anstellte. Mary sagte: »Jetzt bist du sicher überrascht, nicht wahr? Vor ein paar Minuten haben Jon und Jen angerufen und mir in Stichworten alles über deinen Besuch bei ihnen erzählt. Sie haben sich auch gleich für das Nachbarschaftsfest am Samstag angemeldet; dort werden wir sie dann endlich persönlich kennenlernen. Wie ich höre, hast du wohl ein paar Fragen zu unserem kleinen *get-together* (Treffen, Beisammensein)?«

Peter klopfte jemand von hinten auf die Schulter; es war Timothy, der ihn mindest ebenso herzlich wie zuvor seine Frau begrüßte – kein Händedruck natürlich, dafür aber eine kräftige Männerumarmung: »Ich bin Timothy, wie du dir sicher denken kannst. Bitte sag' einfach Tim zu mir; alle tun das, und du musst dir nicht die deutsche Zunge beim ›*th*‹ verrenken.« Er lachte.

Peter Tim war wohl gerade dabei, im Garten ein Barbecue vorzubereiten – starker, appetitlicher Grillgeruch durchzog das ganze Haus. Der Hausherr bat Peter, doch einfach zu bleiben, dann könnten sie seine Fragen bei einem saftigen Steak besprechen: »Wir haben heute Fleisch und Wurst auf Vorrat eingekauft. Ich glaube, wir haben dem *Mad Butcher* kaum noch etwas in der Theke zurückgelassen.« Peter traute seinen Ohren kaum, schon wieder wurde er eingeladen – und ein Blick in die Augen der beiden herzlichen Gastgeber machte ihm klar, dass er auch diese Einladung nicht würde ausschlagen können.

Mary bat Peter, der sich mehrfach bei ihr für die freundliche Einla-dung zum Essen bedankte, in den Innenhof des winkelförmig gebau-ten Hauses. Außer einem großen Grillgerät sah Peter dort eine große, lange Tafel aus klar lackiertem, hellem Massivholz mit zwei langen Sitzbänken aus dem gleichen Material, die Platz für mindestens acht Personen boten; das ungewöhnliche Ensemble stand mitten auf dem frisch gemähten Rasen, wo es gleichermaßen natürlich und stilvoll aussah. Peter strich mit der Hand über die glatte Oberfläche der Tafel und Mary las an seinem Gesichtsausdruck ab, dass er die Holzart, aus dem die Möbel bestanden, nicht kannte: »Das ist Kauri – also das Holz vom Kauribaum. Es ist für uns der schönste Baum überhaupt.«

Der Bestand der Kauri wurde mit der Ankunft der europäischen Siedler (wegen der hervorragenden Eignung des Holzes im Schiffbau) stark dezimiert.

Der Kauribaum steht heute unter Naturschutz und darf nur noch von den Maoris zu bestimmten traditionellen bzw. rituellen Anlässen gefällt werden.

Dennoch sind aktuell viele Produkte aus dem äußerst festen Kauriholz erhältlich. Diese werden jedoch aus Kauristämmen hergestellt, die im Sumpf versunken sind und heute für die Verarbeitung zu exklusiven und dementsprechend teuren Möbelstücken ausgegraben werden.

Der größte Kauribaum ist der *Tane Mahuta* (Der Gott des Waldes) im Waipoua Forest des *Far North Districts*.

Tim reichte Peter eine Flasche Lagerbier und forderte ihn auf, sich zu setzen, während er die Steaks auf den Barbecue legte. Mary stellte derweil eine große Schüssel mit Kartoffelsalat auf den Kauritisch. Peter fiel auf, dass die Kartoffeln ungeschält und zu Würfeln geschnitten waren; der Hauptbestandteil des Dressing war aus Mayonnaise zubereitet – das war definitiv ein anderer Kartoffelsalat, als Peter ihn aus seiner Heimat kannte.

Während Tim die Steaks wendete, fragte er Peter nach seinem Anliegen, was ja gleichermaßen auch der eigentliche Grund seines Besuches war. Die Frage war gerade gestellt, als sich Peters Handy meldete. Peter sah mit fragendem Blick zu Tim, der sofort mit einer Handbewegung andeutete, dass er den Anruf unbedingt annehmen sollte. Es war Riqi: »*Aye bro,* ich bin gerade bei Aroha, um ihr nachträglich das Geschenk zu überreichen – gestern Abend ist es dafür viel zu spät geworden, weil mich mein Agent mindestens fünf Mal wegen des monatlichen Terminplans angerufen hat. Und jetzt stelle ich fest, dass der Herr Obland im ganzen Haus nicht aufzufinden ist! *So, who's sitting the house?*«

»*I see, big Riqi is watching me!?*«

»Ich gebe ja zu, dass ich eine ganz leichte Neigung zum Kontrollfreak habe, dafür weiß ich aber, dass du einen starken Hang zur präzisen Planung hast – um das Wort Pedanterie zu vermeiden. Aber schau mal, genau das ist der Grund meines Anrufes. Ich will dir nur sagen, dass ich mich mit einem Termin vertan habe: mein Auftritt im *Te Papa* ist nicht am kommenden, sondern erst am darauffolgenden Wochenende – nur für den Fall, dass du etwas planen möchtest ...»

»Danke, Herr Harawira, der Seitenhieb hat gesessen. Aber weißt du was? Die Terminkorrektur kommt mir tatsächlich recht gelegen. Hier wird ein kleines Nachbarschaftsfest veranstaltet, das ich ansonsten verpasst hätte.«

»Ja wer sagt's denn? Als ob ich's geahnt hätte. Und noch etwas: Malcolm hat mir die fertige Abmischung meines neuen Songs *Please find me Girl* geschickt. Ich leite dir gleich mal den Link weiter – ich bin gespannt auf dein Urteil. *See you!*«

Peter legte auf und wendete sich an Tim, um ihm mitzuteilen, dass sich durch das Telefonat sein Anliegen und somit der Grund des Besuches in Wohlgefallen aufgelöst hätte – und er nunmehr sicher kein Anrecht mehr auf Steak und Kartoffelsalat hätte. Tim musste lachen, legte ein schönes Stück Fleisch, das er zuvor noch kurz hatte ruhen lassen, auf einen großen Teller und stellte ihn vor Peter auf den Tisch: »Allein die Erkenntnis, dass du mehr Humor hast als ich einem Deutschen je zugetraut hätte, ist mehr als nur ein Steak wert. *Please help yourself with the potato salad.* – Greif ruhig zu, bedien' dich selbst beim Kartoffelsalat.«

Als Mary und Tim ebenfalls an der Kauriholztafel Platz genommen hatten, aß Peter etwas vom Fleisch und den Kartoffeln und wollte seinem Gaumen kaum trauen, wie gut es schmeckte. Sie prosteten sich gegenseitig zu und Peter offenbarte: »Eigentlich wollte ich euch nach einem Ausweichtermin für das Nachbarschaftsfest fragen, weil erstens labiles Wetter angekündigt ist und es zweitens so aussah, dass ich am Wochenende mit Riqi Harawira in Wellington sein würde. Der viel beschäftigte Musiker hatte mir allerdings das verkehrte Datum genannt – er war es, der vorhin angerufen und den Zeitpunkt korrigiert hat. Nun klappt es also doch mit der Teilnahme und ich möchte mich hiermit offiziell für das Fest anmelden.«

Alle waren zufrieden; Mary und Tim freuten sich, dass ein temporärer Anwohner aus Übersee Interesse an ihrem Nachbarschaftsfest hat: »Wir haben übrigens keine Bedenken, was das Wetter angeht. Es ist das siebte Jahr, in dem wir dieses Fest organisieren, und wir mussten uns nur ein einziges Mal wegen eines Regenschauers eine Weile unterstellen und hinterher die Sitze trocken wischen. Wir kalkulieren immer das typische Auckland-Wetter mit ein: alle vier Jahreszeiten an einem Tag!«

PRIMA KLIMA

Auckland hat subtropisches Klima, d. h. lange warme Sommer und kühlere, relativ feuchte Winter. Die durchschnittlichen Sommertemperaturen (z. B. im Januar) schwanken zwischen 24 °C und 30 °C, während die Höchsttemperaturen im Winter (z. B. im Juli) bei 14 °C bis 20 °C liegen.

Im Mittel regnet es in Auckland mehr als zum Beispiel in der Hauptstadt Wellington oder in Christchurch auf der Südinsel. Der meiste Niederschlag fällt dabei in den Wintermonaten, mit einem Jahresdurchschnitt von etwa 1.250 Millimetern.

Obwohl das Klima der Stadt stark von geografischen Punkten wie Hügeln, Meeres- oder Luftströmungen abhängt, übersteigt die Temperatur selten die 35 °C-Marke.

Insgesamt ist Auckland Neuseelands klimatisch mildeste Großstadt – sagen die Meteorologen.

Peter genoss das Menü und bedankte sich in aller Form dafür. Bevor er sich wieder von Mary und Tim verabschieden wollte, fiel ihm noch etwas ein: »Ach ja, was ist eigentlich mit dem Hinweis ›*bring a plate*‹ auf der Einladung gemeint. Ich kenne die Buddelparty in Deutschland, zu der die Gäste die Getränke, also ein oder zwei Flaschen oder auch mal einen Sixpack, selbst mitbringen. Aber einen Teller mitzubringen, kann ich mir beim besten Willen nicht als ernst gemeinte Aufforderung an Partygäste vorstellen. Es gibt doch in diesem Land keinen Porzellanmangel, oder etwa doch?«

Was man kritisieren könnte ...

Man muss kein Elefant sein, um sich im Porzellanladen völlig auf dem Holzweg zu befinden.

Bring a plate gehört zu einer der häufigsten Einladungsvarianten bei neuseeländischen (Grill-)Partys und Feiern.

Natürlich bedeutet *plate* in der wörtlichen Übersetzung u. a. auch Teller. Und es soll auch schon Partys gegeben haben, auf denen dem Gastgeber tatsächlich das Essgeschirr ausging. Aber Peter Obland sollte Übersetzungen nicht zu wörtlich nehmen und Ausnahmen nicht als Regel sehen.

Bring a plate ist Kiwi-Kult und wichtiger Bestandteil des Kiwi-Lifestyle. Es bedeutet ganz einfach, dass jeder Gast einen Essensbeitrag zum Fest leisten und ein Gericht zum Teilen für alle mitbringen soll.

Der entstehungsgeschichtliche Grundgedanke ist – ähnlich wie bei der deutschen Buddelparty – Kosten und Aufwand für den Gastgeber zu reduzieren. Dabei muss es sich bei den *plates* nicht unbedingt um fertig zubereitete Speisen handeln; auch Rohprodukte wie Steaks, Hühnerteile usw. eignen sich bestens zum Mitbringen. Dieses Prinzip hat den Vorteil, dass man bei der Wahl des Menüs eigene Präferenzen optimal berücksichtigen kann, falls man zum Beispiel Vegetarier, Veganer oder Meeresfrüchteallergiker ist.

Bei Feiern unter dem Motto »*bring a plate*« stellt der Gastgeber in der Regel die Getränke und das Grillgerät bereit. Um auf Nummer sicher zu gehen, sollte man jedoch im Zweifelsfalle immer rückfragen.

31 **SHOPTHERAPIE**

DIE HEILSAME WIRKUNG VON MARKENWAREN

Am Tag vor dem Nachbarschaftsfest zog von Nordosten her die hohe Bewölkung einer nahenden Warmfront auf und am Samstagvormittag setzte allmählich leichter Regen ein, der bis zum Nachmittag immer stärker wurde und damit die Durchführung des Festes leider unmöglich machte. Nachdem Anfang der Woche geklärt worden war, was *bring a plate* bedeutet, hatte Peter noch am Freitag mit relativ großem Aufwand und viel Akribie eine ansehnliche Wurst- und Käseplatte gerichtet und trug diese nun durch den strömenden Regen hinüber zur *flat*. Da ihr eigentlicher Verwendungszweck inzwischen kein Thema mehr war, wollte er die Platte gerne Aroha und Kwan überlassen; für sich selbst hatte er reichlich *venison salami* (Hirschsalami) und *aged cheddar* (gereifter Cheddarkäse) zurückbehalten und sachgerecht im Kühlschrank gelagert.

Kwan war gerade alleine in der Wohnung, nahm die Platte mit Begeisterung entgegen und freute sich sehr darüber, obwohl er wegen einer Laktoseintoleranz nur die Wurst essen konnte. Peter, dem wohl immer noch die Aufdeckung seiner Bildungslücke zu schaffen machte, fragte Kwan, ob ihm als Asiaten eigentlich der Begriff *bring a plate* bekannt gewesen sei. Aber noch bevor der Befragte antworten konnte, flog die Tür auf – es war Aroha, die von einer Einkaufstour in der City zurückkam. Sie war behängt mit Tragetaschen aller führenden und teuren Modegeschäfte Neuseelands: Dotti, Kookai, Pagani, Overland und so weiter – der Gegenwert von gut und gerne mehreren hundert Dollar baumelte an ihren Händen, deren Knöchel unter der modischen Last bereits etwas weiß geworden waren. Aroha wirkte untypisch aufgedreht, was vermutlich durch die beim Shopping freigesetzten Glückshormone ausgelöst wurde. Jedenfalls bedankte sie sich überschwänglich bei Peter für die *nibbles* (Nascherei, Häppchen, kleiner Imbiss) und fand es überhaupt sehr günstig, dass die beiden Herren gerade anwesend waren – sie wollte ihnen nämlich bei dieser Gelegenheit gerne die Beute ihrer Schnäppchenjagd zeigen und um ihr Urteil bitten.

Aroha Tragetüten waren wie ein Füllhorn der Modeaccessoires: Blousons, Schuhe, Schals und einiges mehr. Es klang fast wie eine Entschuldigung, als sie sagte:»Kwan, du weißt es ja, aber dir, Peter, möchte ich sagen, dass ich wirklich ganz selten solche feinen Sachen einkaufe, und noch viel seltener so viele auf einmal. Aber ich bin ganz ehrlich – *I had a shopping spree today* ... – ich war heute im Kaufrausch ...« (*shopping spree* = Einkaufsbummel, Shoppingtour)

Sie hielt ein kunstvoll gestricktes, mit Silberfäden durchwirktes Jäckchen zur Bewertung durch Kwan und Peter hoch. Die Marke auf dem Label ließ auf einen stolzen Preis schließen. Als Aroha bemerkte, wie sich die beiden Herren zuerst vielsagend ansahen und dann praktisch synchron mit den Augen rollten, ergänzte sie:»Und ich bin noch einmal ehrlich – es hat mir richtig gut getan, heute von Geschäft zu Geschäft zu ziehen. Und das Schönste daran ist, dass mir mein Vater zum Geburtstag das Kreditkartenkonto ordentlich aufgefüllt hat. Ich kann also die Miete trotzdem noch bezahlen.«

Was man kritisieren könnte ...

Mit Tragetaschen behängte Frauen sind meistens besser als der Ruf, der ihnen manchmal vorauseilt ...

Es gibt in Neuseeland den pseudo-medizinischen Begriff *retail therapy,* also Einkaufstherapie. Hauptsächlich Frauen sind von einer Krankheit namens Kaufzwang befallen, die nicht heilbar ist, aber unter Anwendung eben dieser *retail therapy* für kurze Zeit gelindert werden kann, bevor neue Krankheitsschübe weitere Einkäufe erforderlich machen.

Besonders im Raum Auckland grassiert ein fieberartiges Konsumbedürfnis unter nahezu hundert Prozent der weiblichen Einwohner.

Deshalb wird der langjährige Slogan der Stadt »*City of Sails*«, Stadt der Segel, gerne mit »*City of Sales*« persifliert – am treffendsten wohl mit »Stadt der Schnäppchen« zu übersetzen.

Leider ist damit nicht zu spaßen: Neuseeland hat weltweit eine der höchsten prozentualen Raten an Depressionserkrankungen. Die soziologischen Ursachen sind völlig unklar.

Bekannt dagegen ist, dass viele der betroffenen Personen das Einkaufen zur Stimmungsaufhellung brauchen. Wo es bei Männern schon ein Plasmafernsehgerät oder ein ganzes Auto sein muss, helfen bei Frauen bereits kleinere Dosen wie modische Kleidungsstücke, Schönheitspflege und der regelmäßige Gang zum Friseur.

Die Große Krise von 2008 hat dem Phänomen nichts anhaben können: Wenn es sonst kaum reicht zum Leben – solange aus der Kreditkarte noch ein paar Dollar rausgequetscht werden können, wird auf *retail therapy* nicht verzichtet! Dementsprechend lautet ein anderer Spruch: »Wenn das Leben hart wird, gehen die Harten einkaufen, um zu leben!«

Der Einzelhandelsverband springt verständlicherweise gerne aufs Trittbrett dieser Therapie- und Konjunkturlokomotive und entfaltet sogleich ein Werbebanner, auf dem zu lesen ist: »*Shop 'til you drop!* – Einkaufen bis zum Umfallen ...«

32 PROST MAHLZEIT
BUDDELPARTY IM SPEISELOKAL

Riqi war in bester Stimmung, als er Peter am nächsten Nachmittag anrief: »Weißt du was? Ich möchte dich zum Essen einladen. Ich hatte gestern ein super Publikum in der Takapuna Bar und war besser denn je – bei *Greenstone and Gold* sind die Leute vor Begeisterung fast ausgerastet. Den Erfolg möchte ich mit dir feiern. Such' dir ein schönes Restaurant raus und wir gehen noch heute Abend hin – die Rechnung übernehme selbstverständlich ich.«

»Das ist nett von dir, aber feiert man als Musiker seine Hits nicht üblicherweise mit einer Vertreterin des weiblichen Geschlechts – oder sogar mit mehreren?«

»Ja, sicher! Aber alles zu seiner Zeit. Jetzt bist du dran – ich bestehe darauf!«

»Also gut, akzeptiert. Und schon mal vielen Dank dafür. Welche Geschmacksrichtungen stehen denn zur Wahl?«

»*Kiwi style, all asian styles, indian, italian, mexican and so on* – im Grunde alle, die du dir denken kannst ... na ja, ein Lokal für deutsche Spezialitäten haben wir hier allerdings nicht!«

GAUMENFREUDE

Auf Basis der überwiegend angelsächsisch geprägten Küche hat sich durchaus ein bestimmter *kiwi style* entwickelt, d. h. man isst sehr gern Fleisch, vor allem Lamm und Rind, das in durchweg guter Qualität angeboten und meist gebraten serviert wird. Mit dem Meer sozusagen direkt vor der Haustür ist es naheliegend, dass überall ausgezeichnete Fisch- und Meeresfrüchtegerichte zu finden sind. Typischer Bestandteil von Gerichten sind Kumara (Süßkartoffel) und Kürbis, aber auch reichlich anderes Gemüse. Auch das typisch britische *fish 'n' chips* ist sehr populär, genauso wie die zahlreichen Sorten an Pasteten *(pies),* die mit Fleisch, Fisch oder Gemüse gefüllt werden. Als typischer Sonntagsbraten hat sich Lammbraten durchgesetzt. Dieser wird meist mit Bratkartoffeln, Kartoffelstampfer, Kumara, Kürbis und/oder Erbsen serviert.

Als typisches Einwanderungsland bietet Neuseeland außerdem ein auffallend breites Spektrum der internationalen Küche: Die Immigranten aus sämtlichen Kontinenten haben ihre besten Gerichte mitgebracht. Man findet überall italienische, griechische, japanische, chinesische, koreanische, thailändische, türkische, marokkanische und selbst karibische Speisen in Restaurants oder bei *Take-aways.*

»Okay, ich denke, es wird auch ohne Schnitzel und Spätzle gehen! Aber sag' mal, wie wär's mit einem *hangi* in einem maorischen Restaurant?«

»Vergiss es, falls es nicht sowieso als Witz gemeint war! *Hangi* gibt es nicht einfach so auf der Speisekarte. Aber wenn ich eines Tages einmal umsatteln sollte, dann werde ich gerne ein ›maorisches Restaurant‹ eröffnen – ich werde damit wahrscheinlich der Erste sein. Danke für die Geschäftsidee!«

UNTERIRDISCH

Das bekannteste Maori-Gericht ist selbstverständlich das *hangi.* Wie bereits erwähnt, wurden für das Original geeignete Löcher in die Erde gegraben, in denen dann Fleisch, Gemüse und Kumara in Rauch, Dampf und Hitze gegart wurden. Heute wird das Gericht in seiner modernisierten Version durchaus auch im Ofen zubereitet.

Hangi wird jedoch nicht in Restaurants angeboten. Die Möglichkeit, *hangi* kennenzulernen, besteht praktisch nur bei Veranstaltungen in Maorigemeinden oder im privaten Bereich.

»Gern geschehen – es war nur die Retourkutsche für Schnitzel und Spätzle. Aber im Ernst – was hältst du von Curry und Tandoori? Lass uns in ein indisches Lokal gehen!«

»Bestens! Ich schlage vor, wir treffen uns um sieben im *Palace of India. See you later.*«

»Warte, gib' mir bitte mal die Koordinaten. Ich habe ja keine Ahnung, wo der indische Schlemmerpalast sein soll.«

»Nichts leichter als das. Das Lokal ist zwei Blocks nördlich vom *Sentinel.* Unser alles überragendes Hochhaus kennst du ja. Am *roundabout* (Kreisverkehr) in der Auburn Street wirst du das *Palace* rechter Hand leicht erkennen. Parkplätze gibt es direkt davor.«

»*Hang on, Riqi,* einen Moment noch – mir fällt gerade ein, dass ich Aroha und Kwan mitbringen könnte. Die beiden unterstützen mich beim *house sitting job* nach Kräften und ich könnte mich auf diese Weise zwischendurch einmal erkenntlich zeigen.«

»Eine gute Idee. Also dann bis um sieben. Und vergiss den Wein nicht. *See ya!*«

Peter dachte kurz nach, konnte sich aber beim besten Willen nicht vorstellen, warum Riqi am Ende des Gespräches explizit darauf hinwies, dass er den Wein nicht vergessen sollte. Natürlich würde er, wie alle anderen, zum Essen ein Glas Wein oder auch ein Bier bestellen, aber das war ja ein völlig normaler Vorgang, an den man ja nicht besonders denken musste.

›Typisch Riqi, immer zu einer kleinen Fopperei aufgelegt. Vielleicht gibt es aber auch Weinzwang in dem Lokal?‹. Na wenn schon, es muss ja kein Bier sein, dann nehme ich eben einen Sauvignon Blanc ...‹, dachte Peter und ging zur *flat,* um den Abend mit Aroha und Kwan festzumachen.

Rechtzeitig am Abend fuhr Peter mit seinen beiden Mitbewohnern zum *Palace.* Aroha und Kwan hatten jeweils eine Flasche Wein dabei, die sie auf der etwa zehnminütigen Fahrt in den Händen behielten. Peter ging davon aus, dass sie ihm die Flaschen als Geschenk für die Einladung überreichen wollten, aber konkrete Hinweise für diese Vermutung gab es zunächst nicht. Ihm schwante nichts Gutes.

Als sie beim *Palace of India* ankamen, wurden sie bereits auf dem Parkplatz von Riqi erwartet; seltsamerweise hielt auch er eine Flasche in der Hand. Es handelte sich in seinem Fall allerdings um Sekt, der nicht ganz billig aussah. Riqi machte aber, genau wie die beiden Studenten, keinerlei Anstalten, Peter die Flasche zu überreichen – vielmehr sagte er zur Begrüßung: »Aha, du hast also tatsächlich den Wein vergessen«, was Peter noch mehr irritierte, so dass er verschämt und leise fragte: »Hmm, kannst du mir nicht einfach sagen, was es mit euren Flaschen auf sich hat?«

»Du weißt es nicht? Dann wollen wir's fürs Erste auch dabei belassen«, gab Riqi lakonisch zur Antwort und zwinkerte dabei heimlich Aroha und Kwan zu. Die vier Freunde betraten mit ihren drei Flaschen das Lokal. Peter wunderte sich weiterhin, dass seine Begleiter den Wein und Sekt so offen bei sich trugen, entschied sich aber, nach Riqis kryptischer Antwort das Spiel einfach mitzuspielen.

Das *Palace* hatte einen großen Gastraum und eine offene Küche; schon vom Eingang aus konnte man dort vier oder fünf gut beschäftigte Köche arbeiten sehen. Peter fiel auf, dass an der hellen Rückwand ein goldener Rahmen hing, in dem ein etwa A4 großer Bogen mit einem großen, fett gedruckten A relativ auffällig zur Schau gestellt wurde; er vermutete, dass mit dem A der Sauberkeitsgrad oder Ähnliches des Lokals gemeint war.

SAUBER WÄHRT AM LÄNGSTEN

Gaststätten werden auch in Neuseeland regelmäßig auf Sauberkeit und Hygiene kontrolliert. Die Überprüfung der Lebensmittelsicherheit erfolgt auf Basis einer entsprechenden Kriterienliste durch Mitarbeiter der *food safety authority (NZSFA)*. Die aktuelle Liste wurde völlig neu überarbeitet und kommt erst seit Juli 2013 zur prakti-

Kaum hatten sich die Vier der kleinen Empfangstheke genähert, kam auch schon ein indischer Mitarbeiter auf sie zugeeilt, dessen optischer Blickfang ein buschiger, langhaariger Schnauzbart war. Der sehr freundliche Herr nahm ein paar Speisekarten aus einem Fach und führte alle an einen Tisch, den Riqi telefonisch vorbestellt hatte. Der Tisch stand in einer nischenartigen Aussparung der Wand, die mit buntem und goldenem Ornamentschnitzwerk eingerahmt war, wie man es schon in vielen Bollywoodfilmen gesehen hat und das eine reizvolle Tadsch-Mahal-Romantik ausstrahlte. Sie nahmen Platz und Aroha, Kwan und Riqi stellten ihre Flaschen mitten auf den Tisch, was Peter dem Gastronomen gegenüber als tendenziell provokativ empfand. Es lief Punjab-Musik.

LOKALTERMIN

Die meisten Restaurants der Durchschnitts- oder Mittelklasse sind in Neuseeland eher sachlich und einfach eingerichtet. Langes Sitzen wie beim gemütlichen Lieblingsitaliener in Europa ist hier sowieso kein Thema; Neuseeländer gehen sehr früh zum Dinner, und spätestens um 22 Uhr hat der letzte Gast in der Regel das Lokal wieder verlassen. Wer es erst gegen oder nach Mitternacht ausklingen lassen möchte, zieht dafür in eine Bar oder einen Nachtklub weiter. Für ein erstes, halbwegs stilvolles Date bei einem schmackhaften Essen wählen viele Kiwis eine asiatische oder indische Gaststätte – viele davon sind recht nett eingerichtet, und manchmal steht sogar eine Kerze auf dem Tisch. Geraucht wird in neuseeländischen Lokalen natürlich nicht.

Es musste etwas Besonderes mit diesem Lokal auf sich haben; immer wieder kamen Gäste herein, von denen tatsächlich die meisten eine Weinflasche mit in den Gastraum brachten. Peter vermutete inzwischen ein bestimmtes System hinter der Sache, aber er kam nicht drauf, was es sein könnte. Es gelang ihm nur schwer, sich auf die Speisekarte zu konzentrieren. Während die anderen die lange Liste der leckersten Gerichte studierten, wollte Peter wissen: »Sag mal, Riqi, wie hast du das eigentlich gemeint ...?«

Weiter kam er allerdings nicht, denn der schnauzbärtige Inder erschien am Tisch, allerdings noch nicht, um die Bestellungen aufzunehmen. Breit lächelnd, aber ohne etwas zu sagen, nahm er Riqis Schampus und die beiden Weinflaschen vom Tisch. Riqi sagte: »Den Champagner als Apéritif bitte!«

Der Ober nickte gehorsam und enteilte mit den Flaschen so flott, wie er gekommen war.

Peter hatte das vage Gefühl, dass sich seine drei Freunde demonstrativ hinter ihren Speisekarten versteckten. Er konnte nicht anders, als zu fragen: »Seid mal ganz ehrlich zu mir! Wollen hier alle den Restaurantbetreiber ärgern und um seinen Getränkeumsatz bringen?«

Riqi fragte zurück: »Sagt dir eigentlich *BYO* etwas?«

Bevor Peter antworten konnte, erschien erneut der Ober mit vibrierenden Barthaaren in der Nische, hatte vier Sektgläser und Riqis *Deutz* in der Hand, von dem er den Folienschutz und die Agraffe entfernt hatte – der Korken war noch drin. Er stellte die Gläser vor seinen Gästen ab, öffnete routiniert die Flasche mit dezentem »plopp« und fragte, während er einschenkte, ob man schon bestellen wollte?

»*Please give us another minute. Our german friend is stuck in a cultural gap* – unser deutscher Freund steckt in einer Kulturlücke fest«, was original nach Riqi klang, aber nicht vom ihm, sondern von Kwan vorgetragen wurde.

Peter war sich nun vollkommen sicher, dass ihn seine Freunde bewusst mit der Lösung um das Geheimnis der Flaschen zappeln ließen. Er nahm die Herausforderung an.

›Wenn ich in manchen neuseeländischen Dingen auch ahnungslos sein mag, so weiß ich mir aber immer zu helfen‹, dachte er selbstbewusst und hatte einen spontanen Plan. Mit der Bitte, sich für ein gewisses Bedürfnis entschuldigen zu dürfen, verließ Peter Tisch und Nische, orientierte sich kurz und ging außerhalb des Blickfelds der anderen zu einem Tisch, an dem zwei Paare saßen, die er kurz zuvor mit zwei Weinflaschen hatte eintreten sehen. Dann stellte er ihnen mit einem höflich vorangestellten »*excuse me, please*« die Gretchenfrage des Abends.

Doch wie in einem abgekarteten Spiel wollten sie Peter partout keine vernünftige Antwort geben. Sie waren in bester Stimmung, und während der Ober ihre beiden Weinflaschen öffnete und etwas davon in die bereitgestellten Gläser einschenkte, machten sie sich auf sympathische, geistreiche Art einen großen Spaß daraus, den deutschen Fragesteller vollends zu verwirren.

Was man kritisieren könnte ...

Was für den einen das Selbstverständlichste der Welt ist, kann für den anderen ein Buch mit sieben Siegeln sein.

Der Schlüssel zu diesem neuseeländischen Rätsel liegt in der Buchstabenkombination *BYO*. Diese drei Lettern stehen für *bring your own,* was ganz einfach die Möglichkeit oder Erlaubnis für den Gast bezeichnet, die eigenen (alkoholischen) Getränke in eine Gaststätte mitzubringen. Selbstversorgung à la Kiwi.

Ursprünglich war die Idee des *BYO* auf jene Lokale beschränkt, die keine Schanklizenz und deswegen einen klaren Wettbewerbsnachteil gegenüber den voll Lizenzierten hatten. Im Laufe der Zeit erfreute sich *bring your own* aber einer immer größer werdenden Beliebtheit und wurde daher auf praktisch alle Einrichtungen des Gastgewerbes ausgedehnt. Heute schließen nur sehr wenige, in der Regel sehr gehobene Etablissements die Variante *BYO* ausdrücklich aus.

Die überwiegende Mehrzahl aller Speisegaststätten wirbt offensiv und überall bestens ersichtlich mit dem Kürzel *BYO*.

Bring your own ist in Neuseeland Teil einer Tradition und über die Maßen populär, weil man damit nun mal auch Geld spart. In jedem Stadt- oder Ortsbereich, in dem sich ein paar Gaststätten angesiedelt haben, findet man dementsprechend auch genügend Spirituosengeschäfte *(liquor stores),* die meistens abends lange und am Wochenende sogar bis in die späte Nacht geöffnet haben.

Als Nicht-Angelsachse gilt es, eine hohe mentale Hürde zu nehmen, wenn man sich das erste Mal überwinden soll, mit einer Flasche Wein oder Sekt in der Hand ein Restaurant zu betreten, als sei es das Selbstverständlichste der Welt. Am besten man übt das ein paar Mal in Begleitung von Kiwi-Freunden.

33 ÜBERDRUCK IM UNTERBAUCH

EIN LAUNIGER ABEND MIT ERNSTEN NEBENWIRKUNGEN

Als das Geheimnis um das Buchstabenkürzel *BYO* schließlich gelüftet war, konnte sich auch Peter ganz auf sein Menü konzentrieren und es uneingeschränkt genießen. Er hatte sich für Dal Makhani mit Naan-Brot, einem Linsengericht aus dem Punjab, und drei kleine Samosas, gefüllte Teigtaschen, als Vorspeise entschieden.

Aroha, Kwan und Riqi amüsierten sich noch lange über Peters verzweifelte Suche nach dem Ausweg aus dem Labyrinth neuseeländischer Eigenheiten, genossen aber genauso wie er den Abend. Das Essen war schmackhaft, aber auch sättigend, sodass sich unweigerlich irgendwann bei jedem leichte Müdigkeit bemerkbar machte. Dann, beim Kaffee zum Abschluss, ließ Riqi seine Tasse mit deutlichem Klirren auf den Unterteller sinken und fragte so laut und klar, dass andere Gäste sich zum Tisch der vier Freunde umdrehten: »*My place or yours?*«

EINDEUTIG ZWEIDEUTIG

»*My place or yours?*« ist die klassische, aber äußerst heikle Abschlussfrage am Ende eines *date,* also eines Rendezvous: »Zu mir oder zu dir?«

> Man sollte sich indes sehr sicher sein, wem und wo man diese Frage stellt, und vor allem auch in welcher Lautstärke.

Nach einer kurzen Kunstpause gestand Riqi, dass er diese Frage durchaus ernst gemeint hatte, wenn auch nur im übertragenen Sinne. Der Musiker hatte einen neuen Song komponiert und war offenbar an der Meinung der anderen interessiert.

Peter sagte: »Das hört sich doch gut an. Ich würde die Komposition wirklich gerne hören.«

Kwan nickte zustimmend und Aroha war von der Idee ebenfalls angetan: »Um auf deine peinliche Frage einzugehen, *dear cousin* – ich meine, es ist wohl am besten, wenn wir zu dir gehen. Du bist doch sonst immer abergläubisch und spielst deine neuen Lieder vor der offiziellen Veröffentlichung nur auf deiner Lieblingsgitarre. Du wirst *Ourtearoa* ja sicher nicht im Kofferraum dabei haben.«

»Das ist natürlich völlig richtig, Aroha. *Good on you! Ourtearoa* wartet zu Hause auf uns. Dann also los – ab zu mir nach Birkenhead!«

Und schon rollten Riqis schwere Limousine und Peters Kleinwagen durch die klare Nacht an Aucklands North Shore. Peter realisierte erst viel später, dass sich keiner Gedanken über etwaige Blutalkoholpegel gemacht hatte ...

Riqi fuhr mit Aroha und Kwan an Bord zügig voraus, Peter folgte ihm mühelos und beschwingt. Nach einem kurzen Stück auf dem Motorway, den sie über die Ausfahrt zur Onewa Road wieder verließen, fiel Peter plötzlich deutlich hinter Riqi zurück – er wurde für ein oder zwei Minuten von heftiger Übelkeit befallen, die sich genauso blitzartig wieder verzog. Peter rechnete nach, berücksichtigte den Zeitfaktor und die Menge der Speisen – nein, der Alkohol konnte wirklich kein Problem sein. Er schloss an der Abzweigung zur Hinemoa Road wieder zu Riqi auf, und kurz darauf kamen sie an.

Es war ein an sich unscheinbares, aber hübsches *traditional kiwi home* mit Fassade aus *weatherboard*. Riqi hatte das Haus gemietet und teilte es sich sozusagen mit seinen beiden Kids aus geschiedener Ehe, die an den Wochenenden und in den Ferien bei ihm wohnten;

er hatte sich für dieses Haus entschieden, weil die Wohnbereiche optimal voneinander getrennt waren. Sein mittelfristiges Ziel war es jedoch, ein Haus in Takapuna zu kaufen, sobald ihm ein günstiges Objekt angeboten werden sollte; aktuell waren die Immobilienpreise an der North Shore allerdings unrealistisch hoch.

Die Vier betraten das Haus durch einen um vier oder fünf Stufen erhöht liegenden Eingang, von dem aus man die Harbour Bridge und die nächtlich beleuchtete Skyline von Auckland City sehen konnte. Peter war von dieser Aussicht begeistert, konnte sie aber nicht wirklich genießen, weil er für ein paar Augenblicke wieder einen Schub dieser Übelkeit empfand, die ihn auch schon auf der Fahrt heimgesucht hatte. Zum Glück ging sie auch dieses Mal schnell wieder vorüber.

Hinter dem Eingang schloss sich ein geräumiger Windfang an, in dem Riqi ein großes *Stand-up Paddle Board* dekorativ an eine der Seitenwände gehängt hatte. Brett und Paddel waren mit äußerst plakativen Motiven verziert, die an die *Tribal-Tattoos* der Maori erinnerten.

STEHVERMÖGEN

Das *Stand-up Paddling (SUP)*, Stehpaddeln, ist ein Wassersport, bei dem man aufrecht auf einer Art besonders breitem Surfbrett steht und mit einem Stechpaddel den gewünschten Vortrieb erzeugt. Die Technik des *Stand-up Paddling* geht auf polynesische Fischer zurück, die sich in ihren Kanus stehend auf dem Meer fortbewegten. Heute wird Stehpaddeln als eigenständiger Wassersport alternativ oder ergänzend zum Windsurfen und Wellenreiten betrieben. Der Vorteil: Es sind weder Wind noch Wellen für diese Art des Surfens nötig. Stehpaddler können bei Händlern und Verleihern unter Boards zwischen 1,8 und über 4 Metern Länge wählen.

»*Beer or wine?*«, war Riqis erste Frage, nachdem er den anderen im Wohnraum Plätze auf einer schwarzen Couch angeboten, respektive zugewiesen hatte, weil er das Ledermöbel quasi als Auditorium für seine Gäste betrachtete, denen er in Kürze seine neueste Komposition vorstellen würde. Peter wählte Bier, weil er annahm, dass etwas kühl Prickelndes seinem weiterhin flauen Magengefühl am ehesten abhelfen konnte. Auch Aroha und Kwan wählten Bier. Peter überlegte, ob den beiden vielleicht auch unwohl sein könnte, konnte dafür aber keinerlei Anzeichen erkennen, während sich bei ihm allmählich kalte Schweißperlen auf der Stirn bildeten.

Riqi informierte sein Testpublikum kurz über seine Absicht, nun Rhythmus- und Schlagzeuggenerator sowie die Gitarre namens *Ourtearoa* zu holen und die elektrischen Geräte anzuschließen, um in ungefähr fünf Minuten mit dem Testvortrag beginnen zu können. Dann verschwand er durch die Tür in einer nachträglich eingebauten Wand aus Gipskarton *(gib board),* die noch roh und unverputzt geblieben war und sicher den Bereich abtrennen sollte, in dem die Kids wohnten, wenn sie im Haus waren.

AUFBAUHILFE

Das jedem Hausbesitzer gut bekannte *gib board* ist ein Werkstoff, ohne den in Neuseeland gar nichts geht. Damit sind jene Gipskartonplatten gemeint, die auch in deutschsprachigen Ländern für die Verkleidung von Innenwänden verwendet werden. Dieses Baumaterial ersetzt die bis zu seiner Erfindung verwendeten Holzplatten, seine Herstellung gehört zu den wenigen großen Industrien im Lande.

Hier in Neuseeland wird *gib board* jedoch nicht nur zum Innenausbau verwendet – das ganze, meist hölzerne Grundgerippe eines Hauses wird damit beschlagen, also auch die Außenflächen.

In neueren Häusern (ab etwa 1980) werden die zahlreichen Hohlräume, die sich aus dieser Bauweise ergeben, mit Isoliermaterial aufgefüllt und die Außenseiten mit Styropor beklebt, bevor eine Holz- oder Plattenverschalung angebracht bzw. ein Gips- oder Zementputz aufgetragen wird. Bei älteren Bauten sucht man Isolierungen allerdings vergeblich.

Nach höchstens zwei Minuten stand der beneidenswert quirlige und gut gelaunte Riqi zusammen mit drei Mac's Gold in den Händen auch schon wieder im Raum, stellte die Flaschen vor seinen drei

Freunden auf den Boden und sagte beiläufig: »*How could I forget this?*«, um danach sofort wieder hinter der Tür zu verschwinden.

Peter wollte sich, solange Riqi sein Musikequipment zusammenstellte, noch etwas Wasser ins Gesicht werfen und ließ sich von Aroha den Weg zum Badezimmer zeigen. Kaum dort angekommen, musste er abermals massiv aufkommende Übelkeit bekämpfen und brauchte eine gewisse Zeit, bis er wieder in der Lage war, zurück zu den anderen zu gehen. Als Peter die Zimmertür öffnete, war Riqi, auf einem Barhocker sitzend, damit beschäftigt, *Ourtearoa* sorgfältig nachzustimmen, während Aroha und Kwan gemeinsam einen Papierbogen studierten, auf dem Riqi den Text des Songs ausgedruckt hatte.

Peter konnte das Zimmer allerdings nicht betreten, um endlich Riqis musikalischer Präsentation zu lauschen – er schloss die Tür sofort wieder und rannte in größter Not zurück ins Badezimmer, um gerade noch rechtzeitig einen großen Teil seines Mageninhaltes ins WC und nicht anderswohin zu übergeben. Peter war die Unpässlichkeit über die Maßen peinlich; obwohl er kein Esoteriker war, empfand er sie als Strafe für seine Begriffsstutzigkeit an diesem Abend. Sein Kopf schien zu bersten, sein Blick wurde starr und er hatte das Gefühl, sich dringend verkriechen zu müssen.

Lange Minuten später verließ Peter mit weichen Knien endlich das Bad und blieb vor der Tür zum Wohnraum stehen. Musik drang aus dem Zimmer, aber es war nicht Riqi, der spielte – *OMC* sangen ziemlich passend *How bizarre*. Ohne dass sein Bewusstsein es hätte verhindern können, drehte Peter sich wie ferngesteuert um und öffnete eine Tür in der rohen Gipskartonwand, begann immer schneller zu laufen, fand mit schlafwandlerischer Sicherheit die Ausgangstür und rannte wie ein Einbrecher auf der Flucht den kurzen Fußweg entlang, an dessen Ende sein kleiner Toyota stand, der ihn schließlich in seine schützende Blechhülle aufnahm.

HÖCHSTE TÖNE

Auch wenn Popsongs aus Neuseeland höchst selten in den Top Ten internationaler Charts vertreten sind, gibt es dennoch immer wieder hörenswerte Musikproduktionen guter Bands und Einzelinterpreten. Hier ein paar Anspieltipps für »*Kiwi all time hits*« mit Ohrwurmpotenzial:

Don't Dream It's Over	Crowded House
Sway	Bic Runga
Slice Of Heaven	Dave Dobbyn with Herbs
Weather With You	Crowded House
How Bizarre	OMC
Why Does Love Do This To Me	Exponents
Anchor Me	Mutton Birds
Gutter Black	Hello Sailor
April Sun In Cuba	Dragon
Home Again	Shihad
Victoria	The Exponents
Bliss	Th' Dudes
I See Red	Split Enz
Always On My Mind	Tiki Tane
Walking Off A Cliff Again	The Mint Chicks
Philosophy	Hollie Smith
Pull The Catch	Fat Freddy's Drop
Light Surrounding You	Evermore
Somebody That I Used To Know	Gotye feat. Kimbra
Royals	Lorde
Greenstone and Gold	Riqi Harawira

Diese Liste erhebt keinerlei Anspruch auf Vollständigkeit und die Reihenfolge der Songs ist zufällig gewählt.

Peter konnte sich an kein einziges Detail der Fahrt nach Takapuna erinnern. Der Kopf war im einen Moment zum Platzen voll, dann wieder leer wie ein Vakuum – er wusste nicht, was wirklich los war.

Nur kurz im Rotlicht einer Ampel auf der Anzac Street fühlte er sich für einen Sekundenbruchteil der unerlaubten Entfernung von der Truppe schuldig – hatte er doch Aroha und Kwan zurückgelassen, ohne sich darum zu kümmern, wie sie später nach Hause in ihre *flat* kommen sollten ...

Plötzlich klopfte jemand stark an die Glastür zum *deck;* Peter schreckte auf, er war in Ektorp entkräftet eingenickt und wusste zunächst weder, wo er war, noch wer gerade an die Scheibe klopfte.

Es waren Aroha und Kwan: »*You look ill!* – Du siehst krank aus!«, war Arohas Einstieg in die Anamnese. Was denn mit ihm los sei, wollte sie von dem glasig blickenden Peter wissen.

Er stammelte: »*Oh, I'm so sorry* ... dass ich einfach abgehauen bin ... ohne Euch Bescheid zu sagen ... wie war Riqis Song?«

Weiter kam er nicht mehr. Mit einem gewürgten »Moment mal ...« sprang Peter auf und eilte ins Bad, um dort zum zweiten Mal an diesem Abend seinen Magen zu entleeren.

Als er von seinem ausgedehnten Besuch der Toilette wieder zurückkam, warteten seine beiden *flat-mates* immer noch im Wohnzimmer. Aroha half ihm mit ein paar Decken, sich auf der Couch bequem einzurichten. Sie hatte zwischenzeitlich Tee aufgesetzt, den sie nun holte. Sie bat Peter, nachdem sie mit zwei dampfenden Tassen zurückgekommen war, doch bitte zu beschreiben, was mit ihm nicht in Ordnung war.

Peter erzählte ihr in Kurzform seine subjektiven Eindrücke der Ereignisse dieses Abends und gestand ihr die Vermutung, dass er psychisch negativ konditioniert sein könnte und dass der Brechreiz daher rührte. Ohne lange nachzudenken, sagte Aroha mit unüberhörbarer Ungläubigkeit in der Stimme: »Das glaubst du doch selbst nicht! Ich denke, das ist eher ein Fall für ›Doktor‹ Kwan.«

Kwan, als Student der Medizin, sollte nun ihrer Meinung nach zeigen, was er kann. Peter war beeindruckt, wie der Arzt in spe vorging. Kwan wollte von Peter wissen, was genau er im *Palace* gegessen und wie viel er getrunken hatte, wann die Übelkeit begonnen, welche Konsistenz und Farbe das Erbrochene hatte und ob er ihm den Bauch abtasten dürfte.

Peter ließ ihn gewähren; es ging ihm hundeelend und selbst Aroha wurde immer blasser.

Schließlich schien Kwan seine amateurärztliche Diagnose gefunden zu haben: »Für mich ist der Fall klar. Wenn es bis morgen früh nicht deutlich besser geworden ist, musst du unbedingt zum Arzt gehen. Länger zu warten wäre unverantwortlich!«

Was man kritisieren könnte ...

Wenn der Geist verrücktspielt, schließt sich der Körper oftmals an.

Wer den hohen hygienischen Standard in der Gastronomie des deutschsprachigen Raumes gewohnt ist und die penible Arbeit des Wirtschaftskontrolldienstes als globalen Standard vermutet, kommt so ohne Weiteres niemals auf den Gedanken, im Restaurant verdorbene Speisen serviert zu bekommen.

Und doch mischt Neuseeland wieder einmal in der Weltspitze mit – allerdings in diesem Fall mit einer unrühmlichen Leistung – der Lebensmittelvergiftungen.

Täglich erkranken 500 Neuseeländer an einer Vergiftung durch Lebensmittel, die sie sich in circa 60 Prozent der Fälle durch außer Haus eingenommene Mahlzeiten eingefangen haben. Leider bietet auch das in vielen Restaurants gut sichtbar präsentierte »A« als Zeichen des optimalen Hygienestandards keine hundertprozentige Sicherheit vor *food poisoning.*

40 Prozent der Fälle werden allerdings durch selbst zubereitete Speisen verursacht, was die *New Zealand Food Safety Authority* als *kitchen crime* (Verbrechen in der Küche) bezeichnet.

Im Fernsehen klärt man die Kiwis in den Werbeblocks mit kleinen Ratgeberbeiträgen (*Food-Smart*-Kampagne) zur Lebensmittelhygiene auf: Rohprodukte und Hände waschen, Speisen ordentlich kochen, Produkte und Reste kühl lagern.

»Be food smart! Clean, cook and chill! – Schlauer schlemmen! Putzen, kochen, kühlen!« – das empfehlen die Initiatoren der Kampagne im Originalwortlaut.

Was für die heimische Küche gilt, sollte für professionelle Kochstellen ganz besonders gelten. Im Hinblick auf die Reduzierung der enorm hohen Zahl von Vergiftungsfällen warf sich die *NZFSA* lange selbst vor, die Richtlinien und Vorschriften zur Überwachung und Sicherstellung der hygienischen Standards seit 30 Jahren nicht mehr überarbeitet oder aktualisiert zu haben. Ganz zu schweigen vom Rückstand bei den Kontrollen vor Ort. Seit Juli 2013 sind nun endlich gänzlich neue Regelungen in Kraft getreten.

34 ERKENNTNISSE AUS DER PRAXIS

REISE INS ZENTRUM DER ÄRZTLICHEN KUNST

Die Nacht schien nicht enden zu wollen. Peter war die ganze Zeit von der fixen Idee befallen, Kwans sachliche Diagnose sei nicht mehr als die Fehleinschätzung eines unerfahrenen Medizinstudenten, der noch nie in seinem Leben auf einen echten Patienten losgelassen wurde. Er konnte von der psychosomatischen Komponente seiner Übelkeit nicht ablassen.

In sehr regelmäßigen Intervallen trieb ihn der Brechreiz zum Badezimmer, bis der zum Vorschein geförderte Mageninhalt nur noch aus dem Tee bestand, den Aroha ihm in ihrer Fürsorge in einer großen Kanne auf den Tisch in seiner Reichweite gestellt hatte. Gegen Morgen schließlich schlief Peter für ein paar wenige Stunden ein. Als er wieder wach wurde, entdeckte er die beiden Zettel, die Aroha und Kwan wohl zurückgelassen hatten. Aroha, kurz und bündig: »*Get well soon!* – Gute Besserung!«

Kwan schrieb eine medizinstudentische Überweisung mit einem kuriosen orthografischen Fehler: »*Definitely foot poisoning. Better see doctor!*«

Und darunter: »*Phone call from Riqi – he's recommending Dr. Robinson, Mairangi Bay!*«

Abermals setzte spontane Übelkeit ein. Dieses Mal vom Unterbauch ausgehend.

Später gelang es Peter, sich mit großer Mühe in einen halbwegs zivilisationstauglichen Zustand zu bringen. Ihm war inzwischen klar, dass es in diesem Fall ohne professionelle allgemeinmedizinische Hilfe nicht ging. Dr. Robinson war im Internet schnell gefunden, und Peter notierte die Adresse auf dem Rand von Kwans Zettel.

Peter rief in der Praxis an, schilderte einer *nurse* (Krankenschwester, Pflegekraft) das Problem und fragte, ob er möglichst sofort losfahren könnte.

»*No worries, I'll squeeze you in* – ich quetsche dich in den Terminplan«, war ihre freundliche und passende Antwort, denn wie ausgequetscht fühlte er sich ja sowieso schon; Peter empfand spontanes Vertrauen.

Zwanzig Minuten später erreichte er die Gemeinschaftspraxis, in der außer Dr. Robinson drei weitere Doktoren ihre medizinischen Dienstleistungen anboten. Auf ein paar mit aufgesprühtem Äskulapstab markierten Parkplätzen standen japanische und koreanische Kleinwagen, zu denen Peters Toyota bestens passte. Das Gebäude machte nicht gerade den Eindruck eines modernen Ärztehauses – es sah sogar etwas renovierungsbedürftig aus.

Peter stellte sich an der Rezeption vor, wo man ihn bereits erwartete. Eine mütterliche, aber sehr gepflegte Mitarbeiterin namens Lorraine ließ ihn einen Bogen mit seinen persönlichen Daten, Vorerkrankungen, Allergien etc. ausfüllen und fragte abschließend, wie er später gerne bezahlen wollte: Cash, Kreditkarte, Eftpos. Danach wurde er noch für ein paar Minuten auf eine etwas abgewetzte Wartebank geschickt.

PLASTIC FANTASIC

Eftpos ist ein extrem weitverbreitetes Bezahlsystem in Neuseeland, wobei *Eftpos* eine Abkürzung für *Electronic Funds Transfer at Point of*

Sale ist und 1989 offiziell im Land eingeführt wurde. Dazu hat der Kunde eine spezielle Bankkarte, die – das ist ein wichtiges Detail – keine Kreditkarte ist.

Wenn mit der *Eftpos*-Karte bezahlt wird (alle neuseeländischen Shops und Geschäfte haben dafür ein entsprechendes Gerät auf der Ladentheke stehen), erfolgt eine direkte Abbuchung vom Konto des Karteninhabers. Also so wie es in deutschen Landen bei der EC-Karte funktioniert. Dem Geschäft wird der Betrag über Nacht auf das Konto gebucht.

Jeder Kiwi hat eine *Eftpos*-Karte und bezahlt fast alles damit. Barzahlung ist in Neuseeland ziemlich unüblich. Der Vorteil des *Eftpos*-Systems gegenüber der Kreditkarte ist, dass eine eventuelle Unterdeckung des Inhaberkontos unmittelbar im Moment des Bezahlens sichtbar wird.

Übrigens: Die Kiwis benutzen *Eftpos* doppelt so häufig wie jedes andere Land, in dem es dieses oder ein vergleichbares Bezahlsystem gibt.

Alles in der Praxis wirkte – vom PC an der Rezeption abgesehen – sehr antik. Bei Schränken und Regalen dominierte das Material Holz und die Farbe dunkelbraun. An den Wänden hingen überall wellige, mit Nadeln an die Tapete gepinnte Gesundheitsposter.

Durch ein paar offenstehende Türen hatte Peter fast ungehinderte Einsicht in zwei der Sprechzimmer und weitere Behandlungsräume; sie muteten alle wie sorgfältig ausgesuchte und gut erhaltene Exponate an, die in einem Museum für die Geschichte des neuseeländischen Ärztewesens stehen könnten. Peter vermutete, dass es die Doktoren waren, die gelegentlich eilig durch den großen Empfangsraum liefen, aber keiner davon hatte einen weißen Kittel an, an dem man sie eindeutig als Mediziner hätte erkennen können.

Trotz mehrerer »*Turn off your cell phone!* Handy ausschalten!«-Schilder im Warteraum rief Peter Riqi an und bedankte sich für seine Empfehlung.

Dabei konnte er es allerdings nicht unterlassen zu erwähnen, dass er eigentlich eine modernere Praxis erwartet hatte, mit Parkett und weißen Schränken, mit hygienischen, abwaschbaren Sitzmöbeln im Wartezimmer, Informationstafeln hinter Glas im Alurahmen und teuren Apparaten in den Behandlungsräumen.

Als Riqi auf seine Wunschvorstellungen lediglich mit einem sehr gedehnten »Hmm...« reagierte, ging Peter ins Detail: »Weißt du, wir benutzen in Deutschland für Ärzte manchmal die Bezeichnung »Halbgötter in Weiß«, und ich vermisse hier tatsächlich die Doktoren in ihren blütenweißen Kitteln mit umgehängtem Stethoskop, und irgendwie habe ich auch ein paar edle Audis oder Volvos auf dem Ärzteparkplatz erwartet.«

Was man kritisieren könnte ...

Wie schnell lässt man sich doch von Äußerlichkeiten leiten – wo es doch vor allem auf die inneren Werte ankommt.

Wenn man es als Reisender oder Einwanderer aus A, CH oder D gewohnt ist, den Arzt klischeehaft als den unnahbaren »Halbgott in Weiß« zu sehen, der einem aus seiner unendlichen Güte heraus eine Audienz in seinen heiligen Hallen gewährt, dann darf man diese rostige Denkschablone in Neuseeland getrost und dauerhaft ausrangieren.

Das fängt mit der telefonischen Terminbuchung an, bei der man selten auf eine Besuchszeit in der fernen Zukunft vertröstet wird.

Manchmal wundert man sich bei der ersten Ankunft in der Praxis über das schlichte Gebäude, in dem der Arzt tätig ist. Und freilich gibt es auch einige innerstädtische Praxen, die in modernen Geschäftsgebäuden untergebracht sind, aber das überwiegende Gros der Praxen residiert in unauffälligen Häusern im *kiwi style*. Dementsprechend sollten auch die Erwartungen an die Optik des Innenraumes, des Wartebereiches und der Sprechzimmer nicht zu hoch gesteckt werden.

Generell kann gesagt werden, dass auf Äußerlichkeiten in neuseeländischen Arztpraxen nicht der größte Wert gelegt wird. Diese Grundhaltung wird konsequent bis zum persönlichen Erscheinungsbild der Doktoren daselbst durchgehalten: Den vielerorts auf der Welt unvermeidbaren weißen Kittel trägt hierzulande kein Arzt. Auch das dekorative Stethoskop dient als Werkzeug, nicht als Ehrfurcht einflößendes Artefakt, und bleibt normalerweise auf dem Schreibtisch liegen, wenn es nicht gebraucht wird ...

Schlussbemerkung: Der Ärztestand in Neuseeland wird weit weniger elitär eingestuft als in vielen anderen, zumal europäischen Ländern. Der Grund dafür liegt möglicherweise darin, dass das neuseeländische Gesundheitssystem mit dem aus deutschsprachigen Ländern nicht wirklich vergleichbar ist. Prinzipiell basiert es auf einem steuerfinanzierten Grundgerüst, was unter anderem zu einer völlig anderen Struktur des Etats für das staatliche Gesundheitswesen führt.

35 UM DER PILLEN WILLEN

AUF DER SUCHE NACH DEM BEIPACKZETTEL

Ein grau melierter Herr Mitte sechzig kam aus einem der Sprech-zimmer und rief fragend »*Peter Obland?*« in den Raum. Es war Dr. Robinson, obwohl kein weißer Kittel an ihm strahlte und kein Ab-hörgerät vor seiner Brust baumelte.

Nachdem sich Peter als der Gesuchte zu erkennen gegeben hatte, begrüßte ihn der Arzt freundlich und führte ihn in Richtung seines Sprechzimmers. Dort bat er Peter, neben seinem wuchtigen Schreib-tisch auf einem alten Sessel Platz zu nehmen. Der Doktor strahlte große Ruhe und Souveränität aus und ließ sich von Peter die Krank-heitssymptome schildern. Dieser beendete seine Beschreibungen mit dem Hinweis, dass er aufgrund der Diagnose durch einen ma-laysischen Medizinstudenten bereits wüsste, an einer Lebensmittel-vergiftung erkrankt zu sein. Peter zeigte dem Arzt den Zettel, auf dem Kwan den Begriff *foot poisoning* notiert hatte, und Dr. Robinson amüsierte sich herzlich über die falsche Schreibweise des Wortes.

Schließlich begann er damit, die gleichen Fragen zu stellen wie Kwan in der gestrigen Nacht. Aber der Doktor fragte noch viel mehr und wollte auch einige persönliche und private Dinge von seinem Patienten wissen, die aus Peters Sicht eigentlich nichts mit der Ana-mnese zu tun haben konnten. Von sich selbst überrascht, erzählte er dem sympathischen Arzt sogar von seiner peinlichen *Bring-your-own*-Erfahrung vom Vorabend und der fast schon traumatischen Befürchtung, deshalb an einer Psychose erkrankt zu sein. Peter bat Dr. Robinson, ihm das stärkste Gegenmittel zu verschreiben – er hatte, weiß Gott, keine Lust, eine solche Nacht noch einmal zu durchleben.

Nach einer Zeitspanne, in der sein Hausarzt in Deutschland gut und gerne zwei bis drei weitere Patienten durchgeschleust hätte, wurde er von Dr. Robinson nicht nur befragt, sondern parallel dazu abgehört, abgetastet und abgeklopft. Während er seinen Befund sorgfältig in den PC eingab und einige Zeit später der Drucker ein Rezept und die Rechnung ausspuckte, erfuhr Peter auch einiges von seinem Doktor: von dessen frühen Tagen als junger *GP* auf der Südinsel, wo er seine erste Praxis mit geliehenen Möbeln aus dem Rugby-Clubhaus ausgestattet hatte. Er erzählte kurze Anekdoten aus seiner Jugend- und Studentenzeit in England und darüber, wie er eine Apothekerin kennengelernt hatte, die später seine Frau wurde und ihm den Startimpuls gab, Mediziner zu werden.

ONKEL DOKTOR

Wer ein gesundheitliches Anliegen oder Problem hat, geht in Neuseeland zunächst immer zu einem *GP*. Dieser ist mit dem Allgemeinmediziner des deutschen Sprachraumes vergleichbar, wobei *GP* für *General Practioner* steht, es ist also ein praktischer Arzt. Der *GP* überweist den Patienten im Bedarfsfalle an einen Facharzt oder auch ins Krankenhaus.

Der Besuch beim *GP* muss vom Patienten bezahlt werden; das ist ein fester Bestandteil des neuseeländischen Gesundheitssystems und gilt für alle Neuseeländer, nicht nur Reisende, wie manchmal fälschlicherweise berichtet wird. Die Kosten dafür werden vom Staat subventioniert und variieren derzeit zwischen 50 und 90 Dollar, um eine ungefähre Größenordnung zu nennen. Für Kinder ist der Betrag natürlich entsprechend geringer.

Als er ihn aus seinem Sprechzimmer hinausbegleitete, hatte Peter das Gefühl, einem väterlichen Freund begegnet zu sein. Auf dem Weg zum *front desk* (Empfang, Rezeption) erwähnte er nur kurz, dass sich eine ausführliche Diagnose- und Therapiebesprechung erübrigt, zumal er durch seinen Mitbewohner Kwan schon wüsste, welches pathologische Problem tatsächlich vorläge: »Vergiss diese psychosomatische Geschichte. Die Medizin wird dir helfen, die ›Fußvergiftung‹ sehr schnell in den Griff zu bekommen. Bitte richte deinem malaysischen Freund halb-kollegiale Grüße aus – ich glaube, aus dem jungen Mann wird einmal ein guter Arzt.«

Plötzlich erschien Peter die Praxis viel schöner als am Anfang. Die dunklen Holztöne der Einrichtung strahlten eine therapeutische Wärme aus. Zugegeben: einige Gebrauchsspuren und etwas Verschleiß konnten nicht übersehen werden, aber wo gehobelt wird, fallen schließlich Späne.

Lorraine, die flotte Leiterin der Rezeption, hatte Peter den Weg zur nächsten Apotheke beschrieben; schon fünf Minuten später war er dort. Es war ein kleines Ladenlokal, übervoll mit pharmazeutischen Produkten in Schränken, Vitrinen, Aufstellern, Körben und in der verglasten Theke. Der Kundenbereich bot Platz für höchstens zwei oder drei Personen.

»Lucy« verkündete das Namensschild einer netten Asiatin, die das Rezept entgegennahm. Sie nickte nach intensiver Lektüre des Papiers und sagte in korrektem, aber schlecht ausgesprochenem Englisch, dass die medizinischen Mittel in fünfzehn Minuten abholbereit sein würden. Peter unterdrückte die Frage, ob das nicht vielleicht ein bisschen lange sei, um zwei großen Tablettenpackungen aus der Schublade zu holen und auf den Ladentisch zu legen; er zeigte sich lieber von seiner geduldigen Seite und setzte sich in einer Ecke der Apotheke auf den einzigen Stuhl zur Überbrückung der fragwürdigen Wartezeit. Ihm war nach wie vor flau in der Magengegend, aber der Brechreiz war – außer am Morgen – nicht wieder aufgetreten.

Peter konnte die Apothekerin durch eine Glasvitrine, die ihren Arbeitsplatz vom Kundenbereich abtrennte, gut bei der Bearbeitung seines Auftrages beobachten. Sie goss beide Tablettensorten aus größeren Containern in zwei flache Porzellanschalen. Von dort füllte Lucy Pille für Pille einzeln in neutrale, weiße Tablettenröhrchen.

Dann druckte sie auf einem kleinen kompakten *printer* Etiketten aus und klebte beide akkurat auf die Behältnisse. Peter fragte sich, welche speziellen Medikamente das wohl sein konnten, die ihm hier mit einigem Aufwand in mühsamer Handarbeit verabreicht wurden.

War die Vergiftung schlimmer als Dr. Robinson ihm eingestehen wollte? Waren es womöglich unerprobte Medizinimporte aus unklaren Quellen, und war Peter eine Art *guinea pig* (Versuchskaninchen) für die Pharmaindustrie?

PILLENDREHER

Eine Apotheke findet man in Neuseeland mühelos in jedem Ort: entweder als eigenständige, spezialisierte *pharmacy,* als Kombination mit einer Drogerie *(chemist's)* oder als Abteilung in einigen Supermärkten. Die Versorgung mit Medikamenten entspricht internationalem Standard.

Dennoch gibt es eine kleine Besonderheit: Als Patient erhält man in Neuseelands Apotheken so gut wie nie verschreibungspflichtige Medikamente in ihren Originalverpackungen. Aus Kostengründen werden die meisten pharmazeutischen Produkte in großen Gebinden von der *Pharmac (Pharmaceutical Management Agency of New Zealand)* importiert. Von dort werden die Medikamente an die Apotheken verteilt, die diese zur Ausgabe an den Patienten je nach Substanz rezeptgetreu abfüllen, abzählen oder auch abwiegen.

Die Apothekerin beendete ihre Arbeit, indem sie von Hand mit Kugelschreiber »2 × pro Tag 2« und »Jede Stunde 2« auf freie Stellen der Etiketten schrieb. Derart präpariert kam sie nach exakt einer Viertelstunde wieder in den Vordergrund des kleinen Shops und reichte Peter die Tabletten in einer kleinen Papiertüte.

Peter bat die freundlich lächelnde Lucy um ein Glas Wasser, um die erste Pillensequenz noch an Ort und Stelle einzunehmen. Während sie seinem Wunsch nach Wasser nachkam, schaute er sich sein medizinisches Versorgungspaket genauer an. Er stülpte die Tüte um, öffnete die Röhrchen und wollte schließlich seinen Augen nicht trauen: Nirgendwo fand sich ein Beipackzettel, der ihn über die Risiken und Nebenwirkungen der Mittel aufklärte. War das Wissen über die *side effects* der Medikamente nicht das Wichtigste überhaupt, fragte sich Peter und reklamierte die fehlenden Beipackzettel bei Lucy, die gerade mit einem Becher Wasser vom *water cooler* (Wasserkühler,

Wasserspender) zurückkam. Die Asiatin verstand nicht, was Peter meinte, aber es lag definitiv nicht an der Sprache.

Was man kritisieren könnte ...

»Was ich nicht weiß, macht mich nicht heiß« ist ein gut funktionierendes Wirkungsprinzip – nicht nur bei Placebos.

Verschreibungspflichtige Medikamente werden in Neuseeland überwiegend ohne Beipackzettel ausgegeben, die im Übrigen hier auch kein Mensch vermisst. Übertriebenes Sicherheitsdenken ist absolut kein Wesenszug der Neuseeländer, und was Pharmazeutika angeht, ist der Neuseeländer an sich grundsätzlich und primär an deren Wirkung interessiert, weniger an Nebenwirkungen und eventuellen Risiken.

Sollten massive Nebenwirkungen eines Mittels bekannt sein, so wird dem Kunden, respektive dem Patienten, dies bereits bei der Verschreibung durch den Arzt mitgeteilt. Spätestens vor Ort beim Apotheker wird auch dieser nochmals auf mögliche Risiken und/ oder Vorsichtsmaßnahmen hinweisen.

Warnhinweise, die direkt mit der Einnahme der Arznei zusammenhängen und eine negative Auswirkung auf den *kiwi lifestyle* haben, werden vom Apotheker gleich auf das Etikett mit aufgedruckt, beispielsweise: *»Avoid direct sunlight while on medication«* oder *»Don't conduct any vehicle or machinery during medication«*, wenn das Mittel die Haut empfindlich für Sonnenlicht macht oder das Führen von Fahrzeugen und Maschinen beeinflusst.

36 BEIM WORT GENOMMEN

DER KLEINE GIPFEL DER GARAGEN-TORHEIT

Die Struktur des *neighbourhood watch* in der Sanders Avenue funktionierte prächtig; es schien sogar ein mehr oder minder geheimes Informationssystem darin integriert zu sein.

Peter ahnte davon noch nichts, als er am nächsten Morgen aufwachte. Es ging ihm allmählich wieder besser – er fühlte sich aber nach wie vor schwach, was allerdings eher daher rührte, dass er nicht wagte, etwas zu essen. Er stand gemütlich auf und schaltete das Fernsehgerät an; im Zweiten lief eine morgendliche Wiederholung von *Shortland Street;* Sophie glaubte in dieser Folge, ihr Professor Ashton hätte eine verbotene Affäre mit einer Studentin, und wollte der Vermutung auf den Grund gehen.

SEIFENOPER

Shortland Street ist das Musterexemplar einer *daily soap* im neuseeländischen Fernsehen. Die Serie läuft bereits seit 1992 und hat damit die längste Laufzeit aller vergleichbaren TV-Serien des Landes; die Einschaltquote ist außergewöhnlich hoch. Die Seifenoper ist abends um sieben auf TV2 zu sehen und spielt in einem Krankenhaus in dem (erfundenen) Auckland-Vorort Ferndale.

Peters Handy summte und er sah im Display, dass es die Hauptaktiven der Nachbarschaftswache waren. Er drückte die grüne Taste: *»Hello Peter, how are you?* Wir sind's: Mary und Tim! Wir haben gehört, dass du dir den Magen verdreht hast.«

Peter war völlig überrascht und konnte sich beim besten Willen nicht erklären, woher seine entfernten Nachbarn diese Information bekommen haben könnten. Er wollte allerdings nicht nachfragen und schrieb es ihrem detektivischen Spürsinn zu: *»Hi Mary, hi Tim!* Danke für Euren Anruf. Und richtig, ich hatte eine Lebensmittelvergiftung, aber das Gröbste ist überwunden. Ich werde sicher bald wieder etwas essen können.«

»Genau deshalb rufen wir auch an. Wir kennen uns mit solchen Dingen aus. Es wäre falsch, wenn du vor lauter Furcht tagelang nichts mehr zu dir nimmst. Wir haben einen wunderbaren *mince pie* hier und möchten dich einladen, rüber zu kommen und etwas davon zu essen – es wird dir gut tun! Außerdem haben wir einen exzellenten Pinot Noir vom Te Kairanga Estate hier.«

KOHLDAMPF

Neuseeland darf sich einiger Superlative aus vielen Themenbereichen rühmen – nur aus der Kategorie »Kochkunst & Esskultur« ist leider wenig Herausragendes dabei. Die Kiwiküche (*Kiwiana Cuisine* oder heiter *Kwisine Kiwiana*) ist grundsätzlich angelsächsisch geprägt und hat es nie zu wirklicher Eigenständigkeit geschafft.

Durch die starken Einwanderungsströme kam sehr schnell das gesamte Spektrum der asiatischen (vor allem der chinesischen, thailändischen, indischen) Küche hinzu. Die originale Neuseelandküche hatte durch den enormen Publikumserfolg fremdländischer Speisen somit nie eine wirkliche Chance, aus ihrem internationalen Schatten-dasein herauszutreten. Die typisch neuseeländischen Nationalge-richte sind somit schnell aufgezählt:

Fish 'n' Chips	Panierte Fischfiletstücke mit Pommes frites oder frittierten Kartoffelspalten, dazu Remou-lade *(tartar sauce)*
Roast lamb/mutton	Lamm-/Hammelfleischbraten mit Kartoffeln, Kumara, Kürbis
Steak	Rind- oder Schweinefleisch gegrillt (bevor-zugt auf dem Barbecue)
The boil-up	Einfaches Eintopfgericht auf Basis des *hangi* der Maori. Traditionell: Schweinefleisch, Kar-toffeln, Kürbis etc. im Stapeltopf gemeinsam gegart. Boil-up gibt es natürlich auch mit vie-len anderen Zutaten und Fleischsorten.
Meat pies	Teighülle mit einer Füllung aus gehacktem *(min-ced)* oder gewürfeltem *(chopped)* Fleisch und *gravy*, einer dicken Bratensaftsoße. Variationen enthalten auch Gemüse, Käse und oft auch eine Haube aus Kartoffelpüree *(potato mash)*.

Vierzig Minuten später – eine Dusche musste schon noch drin sein – saß Peter im Wohnzimmer der Connors. Es fiel ihm dieses Mal etwas auf, was ihm bei seinem ersten Besuch in diesem Haus entgangen sein musste: raumhohe Thermo-Doppelverglasung über drei Seiten des Hauptraumes.

SCHEIBENWISCHER

Fenster mit Doppelverglasung sind in Neuseeland absolut unüblich und wenn überhaupt, dann findet man sie nur in Luxushäusern, die in Verkaufsbroschüren gerne mit dem besonderen Qualitätsmerkmal »*European Standard*« angepriesen werden.

Neuseeländische Wohnhäuser bis hinauf zur hochwertigen Kategorie haben lediglich Fenster und Schiebetüren mit Einfachverglasung. In Verbindung mit meist sehr dürftiger oder gänzlich fehlender Wandisolierung und einer nicht vorhandenen Heizung kann man sich die klimatische Situation in solchen Gebäuden leicht vorstellen.

Natürlich sind Thermoglasscheiben auch hierzulande erhältlich, und neuerdings bietet ein Unternehmen auch zugeschnittene Scheiben an, die man auf das vorhandene Glas aufkleben und sich damit ohne Schmutz und Aufwand eine Doppelverglasung im Do-it-youself-Verfahren *(DIY)* »zaubern« kann.

Das Problem: Das alles kommt bei den Kiwis – schon wegen der höheren Kosten – einfach nicht so richtig an, auch wenn es doppelt so gut ist.

Wieder drang aus unsichtbaren Lautsprechern dezente Jazzmusik in brillanter Qualität und angenehmer Lautstärke. Im Rahmen des allgemeinen Begrüßungsrituals, das als Pflichtstandard immer »How are you?« enthält, fühlte sich Peter diesmal ermutigt, genauer zu berichten, wann und wo er sich den Magen verdorben hatte. Aber Mary und Tim winkten ab und sagten, dass sie die ganzen Details bereits wüssten und nun zu seiner raschen Genesung beitragen möchten.

GROSSES HALLO

Die neuseeländische Begrüßungsformel enthält immer die Frage nach dem Befinden des Begrüßten. Als absoluter Neuseelandstandard gilt selbstverständlich: »How are you?«

Man darf darauf: »I'm very good, thanks«, »Thanks, I'm fine« oder etwas Ähnliches erwidern, aber im Grunde wird gar keine detaillierte Antwort erwartet. Daher genügt auch die einfachste Variante: »Thanks, how are you?«

Andere Varianten sind:

- *How are you going?*
- *How is it going?*
- *Good day (G'day* oder *Gidday, mate)*

Zum Abschied:

- *See you later (See ya)*
- *Bye bye*

Tim schenkte den Pinot Noir ein und Mary stellte eine Schale mit wunderbaren Oliven dazu, die sie von rund fünfzehn Olivenbäumen aus dem Garten von Freunden in Matakana geerntet und selbst eingelegt hatte. Mit den Worten: »Peter, ich will dir nur schnell den *pie* aufwärmen«, entschwand sie in Richtung Küche.

AUSGEQUETSCHT

Olivenbäume gedeihen in jedem neuseeländischen Vorgarten. Das herrschende Klima ist sehr günstig für die Aufzucht des Ölbaumes. Liebhaber dieser leckeren Früchte können ihren individuellen Speiseplan ohne viel Aufwand mit Oliven aus eigener Ernte bereichern.

Auch der kommerzielle Anbau ist mittlerweile, zwei Jahrzehnte nach seinen ersten Anfängen, zu einem beachtlichen Standard gelangt.

Neuseelands Olivenplantagen produzieren *Extra Virgin Olive Oil (EVOO)*, das international zunehmende Anerkennung genießt. Die Produktionsmengen neuseeländischer Olivenprodukte haben dementsprechend hohe Zuwachsraten.

Probiertipp: *»Virtuo« Extra Virgin Olive Oil* von *The Olive Place* in Wellsford, Northland.

Peter genoss Marys *mince pie* wie selten ein hausgemachtes Gericht. Nach anfänglichem Zögern kam sein Appetit sprichwörtlich beim Essen. Schließlich akzeptierte er sogar zwei Nachschläge. Als Zeichen der gelungenen Stärkung half er zu guter Letzt, das Geschirr abzutragen. Tim, der Peter offensichtlich etwas Gutes tun wollte, fragte:»Fühlst du dich schon stark genug und hast du Lust und Zeit, uns nachher zum *garage sale* (Garagenverkauf, aber auch: Garagenflohmarkt, privater Flohmarkt) nach Glenfield zu begleiten? Ein oder zwei Stündchen vielleicht – länger wird es sicher nicht dauern.«

›Zum *garage sale*?‹, dachte Peter und willigte ein, sich anzuschließen, ohne wirklich besonders erpicht darauf zu sein. Es schien ihm aber ein Gebot der Höflichkeit zu sein, mit den Connors loszuziehen und Garagen in Augenschein zu nehmen – und die Zeit dazu hatte er ja.

Peter wusste von den Connors, dass sie ihr Haus über Jahre hinweg Stück um Stück ausgebaut und modernisiert hatten, aber eine Garage für ihr Auto, einen Holden Captiva, fehlte tatsächlich noch. Der teure Wagen stand bei jedem Wetter draußen – unter einem Carport nur notdürftig geschützt. Aber ein hochwertiges Fahrzeug wie Mary und Tims Captiva hatte wohl durchaus eine schützende Behausung für Lack und Blech verdient. Tim hatte zuvor im Gespräch über die großen Automarken dieser Welt seinen Respekt vor der *German Ingenuity* (die Kunst des deutschen Ingenieurwesens) betont, und vielleicht legte er nun Wert auf Peters deutsche Meinung zu Technik, Form und Farbe einer Fertiggarage.

Als sie nach Glenfield losfuhren, sagte Mary:»Die besten Käufe macht man eigentlich nur frühmorgens. Wahrscheinlich sind wir für ein echtes Schnäppchen schon zu spät dran. Aber wir werden trotzdem unseren Spaß haben.«

Peter konnte mit Marys Feststellung überhaupt nichts anfangen, nickte aber höflich. Tim lenkte derweil den silberfarbenen Wagen durch das Wohngebiet, das sich am Nordwestrand von Glenfield erstreckt. Peter konnte weit und breit keine Mustergaragen sehen, und noch während er konzentriert Ausschau hielt, stoppte Tim den Wagen vor einem Haus, auf dessen Garagenvorplatz sechs Tapeziertische in Hufeisenform aufgebaut und brechend voll mit Flohmarktartikeln beladen waren. Erst jetzt fiel es Peter wie Schuppen von den Augen ...

Was man kritisieren könnte ...

Wo Garage drauf steht, muss nicht unbedingt ein Auto drin stehen.

Hin und wieder schnappt die Übersetzungsfalle schmerzhaft zu – selbstverständlich kann »*garage sale*« direkt mit »Garagenverkauf« übersetzt und folglich sinngemäß als Verkauf von Autobehausungen verstanden werden. Dennoch hat in diesem Fall der Garagenverkauf definitiv nichts mit der Veräußerung von Blech-, Holz- oder Steingaragen zu tun. Bei einem Fabrikverkauf wird schließlich auch keine Fabrik verkauft.

Der Begriff *garage sale* steht hierzulande für den privaten Flohmarkt, also die Entrümpelung nach Art des geschäftstüchtigen Hausherrn. In Neuseeland ist nämlich jeder sein eigener Flohmarktveranstalter.

Samstagvormittags verwandeln sich in den Wohngebieten viele Autobehausungen zu Schnäppchenquellen für Ramsch und Reste. Mary Connor sammelt altes englisches Geschirr aus der viktorianischen Zeit, und ihr Gatte Tim hat Spaß an antiquarischen Büchern.

Gut, dass Peter Obland den gedanklichen Holzweg, auf dem er sich befand, nicht weiter breit getreten hat. Die nächste Blamage wäre ihm sonst sicher gewesen ...

Aber woher wussten die Connors eigentlich von Peters Lebensmittelvergiftung? Kwan, der Medizinstudent hatte voller Stolz auf seiner Facebook-Seite gepostet, dass er an *flatmate* Peter seine erste *real-life* Diagnose stellen durfte und dafür sogar das Lob eines erfahrenen Doktors geerntet hatte. Mary und Tim wiederum, die einen kleinen Beratungsdienst für private und gewerbliche Webseiten betreiben, scannen aus primär beruflichen Gründen regelmäßig durch sämtliche sozialen Netzwerke – vor allem aber auch um ihrer Aufgabe als vorbildliche Leiter des *neighbourhood watch* mehr als gerecht zu werden. Mehr muss dazu wohl nicht gesagt werden.

37 SÜSSE GRÜSSE AUS RUSSLAND

AUF DEN SPUREN EINER BALLERINA

Es war einer der wirklich sehr seltenen Regentage, als Peter sich daran gemacht hatte, in Malcolms Haus für Sauberkeit und Ordnung zu sorgen, was sich allerdings im Wesentlichen auf den geräuschvollen Einsatz des Staubsaugers beschränkte. Es mussten wohl einige Versuche nötig gewesen sein, denn als er das Telefon abnahm, sagte Aroha: »Na endlich, ich dachte schon, ich muss im strömenden Regen zu dir rüber laufen. Was machst du denn, dass du das Telefon nicht hörst?«

»*I'm vacuum cleaning* – ich staubsauge. Das Gerät entwickelt allerdings den doppelten Lärm bei halber Saugkraft im Vergleich zu meinem Sauger zu Hause.«

»Was du nicht sagst! Ich möchte dich ja nicht bei wichtigen Tätigkeiten stören, aber wenn du eine Pause von dem Getöse brauchst, bist zu herzlich zum Tee eingeladen. Ich habe übrigens Pavlova hier – sie dürfte ganz nach deinem Geschmack sein.« Peter konnte Arohas Grinsen durch den Hörer sehen, wusste es aber nicht zu interpretieren.

Peter war gleichermaßen irritiert wie interessiert: »Pavlova?«

»Ja genau! Du solltest sie wirklich kennenzulernen, falls du sie nicht früher schon einmal hattest.«

Das kam Peter sehr zweideutig vor, fast zu zweideutig. Aber er konnte sich wirklich nicht vorstellen, dass ihn die wohlerzogene und eher zurückhaltende Aroha mit einer Russin oder Slawin zusammenbringen oder gar verkuppeln wollte. Andererseits war er neugierig geworden und sagte: »Okay, ich bin in zehn Minuten da!«

Peter fand im Kühlschrank noch einen Achterpack Schokoladenkugeln mit Haselnussstückchen, den er eigentlich für sich im Supermarkt gekauft hatte, der nun als kleines Mitbringsel aber bestens geeignet war. Während er durch den Regen zur *flat* lief, dachte er: ›Was heckt die brave Aroha da nur aus? Und wer genau soll diese Pavlova überhaupt sein? Na ja, wie auch immer: es ist jedenfalls recht spannend.‹

Aroha öffnete die Tür, noch bevor Peter anklopfen musste. Er reichte ihr die süßen Kugeln: »Hier! Die sind für dich und Pavlova!«

Wie auf ein Stichwort begann Aroha schallend zu lachen und konnte sich kaum noch beruhigen. Nichts ging mehr – sie fiel in einen regelrechten Lachkrampf, Tränen schossen ihr in die Augen – und Peter verstand nun gar nichts mehr. Es dauerte sehr lange, bis Aroha ganz allmählich die Fassung wiederfand. Schließlich lernte Peter die Pavlova doch noch kennen – er fand sie ausgesprochen süß!

Was man kritisieren könnte ...

Süße Versuchung – wehe dem, der Schlimmes dabei denkt ...

Die Pavlova (korrekt eigentlich »Pawlowa« geschrieben) ist nichts Unanständiges, sondern eine Verführung der kulinarischen Art: Es handelt sich um eine Baiser-Torte (es gibt sie in den Supermärkten fertig zu kaufen), die man zu Hause mit einer dicken Schicht Sahne krönt. Im Original dürfen allerdings frische Früchte nicht fehlen – idealerweise natürlich Kiwis.

Die Pavlova wird als neuseeländisches Kulturgut *(Kiwiana)* und dementsprechend als Nationalsüßspeise angesehen. Allerdings sehen die Australier das ganz anders, behaupten, es sei ihre Erfindung aus dem Jahr 1935, und beanspruchen die Baiser-Torte als ihre Landesikone.

Die Pavlova – da sind sich alle einig – ist nach der russischen Ballerina Anna Pawlowa benannt, die Ende der 1920er-Jahre in beiden Ländern Gastauftritte hatte. Nach gründlichen Recherchen gibt es inzwischen zahlreiche Belege, die darauf hindeuten, dass das Rezept für *Pavlova cakes* 1929 erstmals in einem Kochbuch aus Neuseeland (!) erschienen ist. Ha!

38 SCHÖNE WORTE

RATLOS IM LABYRINTH
DER REDENSARTEN

Auch in Neuseeland holt einen hin und wieder die Banalität des Alltags ein. Als Peter am nächsten Morgen frisch geduscht vor seinen Klamotten stand, stellte er fest, dass nur noch ein sauberes T-Shirt im Regal lag. Der Impuls, seine gesammelte Schmutzwäsche zu waschen, war geboren. Er hatte allerdings keine Idee, wie er das anstellen sollte, eine Waschmaschine war ihm im Haus noch nicht aufgefallen.

Glücklicherweise war die gute Aroha in ihrer *flat* und bot ihm auf seine entsprechende Frage hin umfassende Hilfestellung an. Sie wollte nur noch kurz ein Telefonat erledigen – Peter sollte derweil seine Sachen in Weißes und Buntes trennen. Das war schnell erledigt, aber Arohas Anruf zog sich in die Länge, was kein Problem war – Peter hatte keine Eile.

Beim Warten fiel sein Blick auf einen Flyer, den er zwischen anderer Post und Werbung hatte liegen lassen. Die größte Kiwifruchtplantage in Te Puke suchte mithilfe dieser Postwurfsendung Erntehelfer für die kommende Saison – Interessenten sollten, ganz unkompliziert, ihren *CV* an eine bestimmte E-Mail-Adresse schicken und würden binnen einer Woche Bescheid bekommen.

Peter hatte auf Riqis Anraten ein paar *CVs* als Kopien dabei und sich tatsächlich so ganz nebenher bei ein paar Geschäften und

Unternehmen beworben. Obwohl er keinen konkreten Plan für einen längerfristigen Verbleib in Neuseeland hatte, wollte er dennoch an die Zeit nach Malcolms Rückkehr aus London denken, in der seine Dienste als *house sitter* nicht mehr erforderlich sein würden.

DER LAUF DES LEBENS

CV steht für *Curriculum Vitae* und bedeutet Lebenslauf. Der *CV* ist in Neuseeland die Basis jeder Bewerbung und unterscheidet sich in Inhalt und Aufbau von seinem klassischen deutschen Pendant: er ist umgekehrt chronologisch geordnet, d. h. die jüngsten Daten kommen zuerst. Der Lebenslauf beginnt also mit der Beschreibung der momentanen Situation und geht dann rückwärts bis zur ersten Schulausbildung. Bei moderneren Bewerbungen findet sich diese Ordnung mittlerweile auch in Deutschland.

Darüber hinaus enthält der *CV* Dinge, die in einer Bewerbung, wie wir sie im deutschen Sprachraum kennen, eher selten anzutreffen sind: private Interessen, soziale, wohltätige und gemeinnützige Aktivitäten und persönliche Lebensziele.

Das *job interview* ist das klassische Bewerbungsgespräch, zu dem man nach der Abgabe des *CV* eingeladen wird – sofern man in die engere Wahl kommt, versteht sich.

Übrigens: Kaum jemand erscheint in Neuseeland zum *job interview* geschniegelt und gebügelt, geschweige denn mit Anzug und Krawatte, obwohl es natürlich auch hierzulande Unternehmen mit *dress code* (Kleiderordnung, Kleidervorschrift) (z. B. Banken, Versicherungen) gibt. Aber bei der ersten persönlichen Vorstellung sieht der Boss oder der Personalchef den Bewerbungskandidaten gerne unverkleidet und ohne sonstige Showattribute, die den wahren Typus nur störend verschleiern würden.

Nun las er also etwas über das Berufsbild des Kiwipflückers, aber auch Allgemeines aus der Welt der Kiwifrucht – beides fand Peter durchaus spannend. Die kleine Broschüre enthielt ein paar *testimo-*

nials (Referenz, Zeugnis), aus denen Peter viele Informationen direkt, aber auch zwischen den Zeilen lesen konnte.

SÜSSES FRÜCHTCHEN

Die kommerzielle Geschichte der vitaminreichen Frucht begann in den 1950er-Jahren unter ihrem damaligen Namen »Chinesische Stachelbeere«. Der wirklich große Erfolg stellte sich aber erst ein, als sie aus marketingtechnischen Gründen in »Kiwi« umbenannt wurde.

Die Bay Of Plenty ist aufgrund ihres idealen Klimas Neuseelands größtes Kiwi-Anbaugebiet. 80 Prozent aller Kiwifrüchte kommen aus dieser sonnenreichen Gegend im Osten der neuseeländischen Nordinsel. Das Oberzentrum der Region ist der Ort Te Puke.

Mehr als 80 Millionen Tonnen dieser kuriosen Früchte werden jährlich in 65 Länder der Erde exportiert, nachdem sie zuvor alle von Hand gepflückt wurden. Dafür sind jährlich 25.000 Kiwipflücker für knapp 3 Monate fast rund um die Uhr im Einsatz. Die meisten dieser Saisonarbeiter kommen aus Indonesien, Samoa, Thailand und Malaysia.

Auf den neuseeländischen Kiwiplantagen an der Bay of Plenty zieht man die Bäume wie Spalierobst, sodass sie mit ihren Ästen und Blättern ein praktisch geschlossenes Dach bilden, von dem die Früchte in Stehhöhe herabhängen und bequem geerntet werden können. Da die Mehrheit der Erntehelfer, wie erwähnt, schon immer aus Asien kam, hat man vermutlich die Höhe des Spaliers an die durchschnittliche Körpergröße der Pflücker aus Fernost angepasst. Peter, als hoch gewachsener Mensch, würde sich zum Greifen der Kiwifrüchte im wahrsten Sinne des Wortes krumm legen müssen, wenn er nicht mit dem Kopf ins dichte Blattwerk eintauchen wollte.

Ein interessantes Detail am Rande: Neuseeland ist »nur« die Nummer zwei der weltweiten Kiwiproduzenten. Spitzenreiter ist Italien! Man kann italienische Kiwis auch hierzulande kaufen – sie sind wesentlich billiger als die einheimischen Früchte! Übrigens: Kiwifrüchte erfolgreich zu züchten, gilt als schwierig. Die wahre »Bio-Erotik« liegt vielleicht in der Tatsache begründet, dass es männliche und weibliche

Kiwipflanzen gibt. Nur die weiblichen Bäume tragen die begehrten Früchte, aber wiederum nur, wenn sie zuvor von einer männlichen Pflanze befruchtet wurden.

Das wiederum funktioniert nur dann zuverlässig, wenn für 3 bis maximal 8 weibliche Kiwibäume ein männlicher zur Verfügung steht. In diesem Rhythmus müssen die Pflanzen also stehen, um einen nutzvollen Ertrag zu produzieren.

Hinzu kommt außerdem, dass – aus welchen Gründen auch immer – Kiwiblüten nicht besonders anziehend auf Bienen wirken. Die Züchter müssen sich deshalb allerhand Tricks und Kniffe einfallen lassen, um Kiwis kommerziell profitabel erzeugen zu können.

Peter versuchte, sich die Arbeit auf der Plantage vorzustellen, und bekam allein vom Gedanken daran bereits einen tauben Rücken, obwohl ihn der Job an sich, aber auch die Umgebung der BOP (Abkürzung für Bay of Plenty) sehr reizen würde.

Aroha riss Peter aus seinem fruchtigen Tagtraum: »Es kann losgehen, Peter! Nimm deine Sachen – Weißes zuerst. Komm mit in die Garage!«

»*Garage? Are you kidding me?* – Willst du mich auf den Arm nehmen, veräppeln?«, Peter war in seiner Unkenntnis eher von Handwäsche im Waschbecken ausgegangen, aber die Studentin ging zielstrebig in die hinterste Ecke der Garage voran.

Was Peter bei seiner Erstbegehung dieses Teils des Hauses eher als ausrangiertes Altgerät erachtet hatte, war anscheinend eine betriebsbereite Waschmaschine. Auf jeden Fall blieb die fürsorgliche Aroha vor der ziemlich alt und stark gebraucht aussehenden Maschine stehen und vermittelte mit ihrer Zielstrebigkeit den Eindruck, dass sie durchaus wusste, was sie tat.

»Wirf einfach deine Wäsche rein«, sagte Aroha so trocken, als ob es das Selbstverständlichste der Welt sei.

Peter kannte Waschmaschinen als weiß glänzende, für Männer relativ beeindruckende, aber unheimliche Geräte mit einer runden Tür wie ein Bullauge in der Front, mit Drehknöpfen für automatische Waschprogramme und Temperaturen und mit Schubladen fürs Einfüllen verschiedener Waschmittel. Aber jetzt sollte er seine gute

Markenwäsche von oben in eine primitive runde Trommel werfen, die von einem weißlichen Belag überzogen und im Prinzip nicht viel mehr als ein offener Bottich war. Peter zögerte.

»*What's wrong with you, Peter?* Was ist los mit dir? Wirf deine Wäsche rein!« General Aroha war unmissverständlich.

Peter warf er das Bündel unter stillem Protest in den grauen Schlund. Aroha legte einen Kippschalter an der Wand um, und sofort hörte man das Rauschen fließenden Wassers, das die Trommel zügig füllte. Peters flinke Mitbewohnerin nahm eine zerknautschte Waschmittelpackung aus einem Regal und streute nach Augenmaß eine gewisse Menge des leicht klumpigen Pulvers hinzu. Der Wasserzulauf stoppte kurz vorm Überlaufen, und die Trommel begann, sich langsam zu drehen.

Peter wollte wissen, welche Temperatur sie eigentlich eingestellt hatte. »Keine«, sagte Aroha lapidar, »die Maschine wäscht nur kalt!«

Als letzte Amtshandlung verschloss die Expertin die große runde Öffnung mit einem staubigen Deckel aus emailliertem Blech, der seitlich an der Maschine lehnte. »*Done!* Fertig!«, jubelte sie Peter zugewandt, »schau in einer Stunde nach. Wenn die Trommel steht und das Wasser abgelaufen ist, kannst du die Sachen rausnehmen und hier drüben in die Wäscheschleuder packen. Dort möglichst gleichmäßig verteilen und laufen lassen, bis kein Wasser mehr aus dem Ablauf kommt. Dann zum Trocknen aufhängen. Das kriegst du doch hin, oder?«

Aroha lief mit einem schwungvollen »*See you later!*« eilig aus der Garage, um vermutlich wieder ihren Studien in der *flat* nachzugehen.

»Moment mal, Aroha! Was meinst du mit ›später‹? Sehen wir uns also hier in einer Stunde wieder, oder ...«, rief er ihr noch hinterher, aber die Studentin konnte ihn nicht mehr hören.

Was man kritisieren könnte ...

Das Warten hat manchen schon zur Verzweiflung gebracht, vor allem dann, wenn es vergebens war.

Peter Obland kommt mit seinen Kenntnissen der englischen Sprache in Neuseeland sehr gut zurecht. Eng wird es aber immer dann, wenn spezielle Kiwifloskeln zu wortgetreu übersetzt werden. Dazu gehört die neuseeländische Standardabschiedsformel, die da lautet: »*See you later*«. Wobei er in diesem Fall wohl eher auf eine erneute Unterstützung beim Wäschethema hoffte.

Man sollte auf keinen Fall bis zum Abend auf einen Neuseeländer warten, der sich morgens wörtlich mit »wir sehen uns später« verabschiedet hat – er kommt garantiert nicht zurück.

»*See you later*« bedeutet tatsächlich nicht viel mehr als »tschüss«, »ade«, vielleicht »man sieht sich« oder höchstens unverbindlich »bis die Tage«.

Aber praktisch jeder Kiwi verwendet diesen Abschiedsgruß mit einer solchen Aufrichtigkeit, dass unbedarfte Reisende oder neue Einwanderer diesen vor Begeisterung wörtlich nehmen und sich wundern, dass der neuseeländische Gesprächspartner weder früher noch später wieder auf der Bildfläche erscheint.

Wichtiges Detail für SMSer: »*See you later*« ist im Handy-Textcode »CUL8R«.

39 STAND DER TECHNIK

DER ANSPRUCH REGELT DIE NACHFRAGE

Peter setzte sich etwas verloren auf einen Schemel zwischen Waschmaschine und Trockner, aber es war ihm, als säße er zwischen zwei Stühlen – die Einweisung in die Kiwiwelt des Waschens ging ihm viel zu schnell, und der Umgang mit alten Geräten war neu für ihn, so widersprüchlich es auch klingen mochte.

War das nun eine Museumsführung mit der Demonstration funktionsfähiger Exponate aus der Frühzeit der Waschmaschinentechnik? Es gab immerhin auch eine Wäscheschleuder; Peter sah sich das Teil näher an. Es war ein einfacher zylindrischer Behälter mit einer rotierenden Trommel aus Lochblech. Peter vermisste die intuitive Computersteuerung an den Geräten, und seine Zweifel an dieser rudimentären Technik wuchsen ins Unermessliche. Irgendwann schaltete er die Waschmaschine aus, aber das Wasser blieb in der Trommel und lief nicht ab. Es blieb ihm nichts anders übrig, als die Wäschestücke einzeln aus der kalten, schaumlosen Brühe zu fischen. Konnte er die Teile auch triefend nass schleudern? Peter war ratlos, sammelte die glitschig-nassen Textilien in einem Eimer und wählte Arohas Nummer: »Aroha, meinst du nicht, ich packe besser die ganzen Klamotten zusammen und fahre damit nach Auckland in einen Waschsalon?«

Was man kritisieren könnte ...

Männer und Wäschewaschen – zwei Welten prallen aufeinander.

Bottichwaschmaschinen *(top loader)* sind in Neuseeland sehr weit verbreitet. Sie sind absolut keine Museumsstücke und werden auch heute noch in großen Stückzahlen produziert. Sie entsprechen damit dem aktuellen Stand der Technik – wenn auch an der Modernität ihrer Technologie kräftig gezweifelt werden darf.

Der große neuseeländische Hersteller *Fisher & Paykel* hat erst spät seine Produktionslinie um Frontlader erweitert, die in Europa schon seit langem Standard sind. Kiwi-Hausfrauen sind aber von ihren Gewohnheiten offenbar schwer abzubringen und hängen nicht nur sehr an ihren Topladern, sondern darüber hinaus auch am Wäschewaschen mit kaltem Wasser. Die Basisausführung mancher Waschmaschinenmodelle hat von vornherein keine Heizvorrichtung, und in der Bedienungsanleitung wird vorgeschlagen, separat vorgewärmtes Wasser in den Bottich der Maschine zu schütten, wenn man denn unbedingt warm waschen will.

In vielen Häusern aller Baujahre, die man mieten kann, stehen (meistens in der Garage) solche Bottichwaschmaschinen als fester Teil der Grundausstattung, und manch ein mitteleuropäischer Neu-Neuseeländer erschrickt zunächst gewaltig bei deren Anblick. Zwar wird der Mieter, der dieses Gerät anfangs vielleicht tatsächlich benutzt, niemals Probleme mit verfärbter Wäsche haben, aber richtig sauber wird sie eben auch nicht.

In Verbindung mit dem hohen Prozentsatz an undichten, feuchten Wohnungen führt das binnen kurzer Zeit zu einem dichten Grauschleier, der sich mit säuerlich-muffigem Geruch im ganzen Haus auf Dauer ausbreitet.

Ehrenrettungshalber muss aber auch gesagt werden, dass Frontlader *(front loader),* die effizienter und sauberer waschen, mittlerweile auch auf dieser Doppelinsel immer mehr im Kommen sind. Selbst deutsche, italienische und freilich auch asiatische Markenfabrikate sind in Neuseeland überall in den *appliance stores* (Elektrofachgeschäft) erhältlich, oft jedoch zu höheren Preisen als inländische oder australische Maschinen.

40 RIESENSLALOM UND HÜRDEN-LAUF

EIN FUSSWEG MIT KOMMERZIELLEN HINDERNISSEN

Riqi hatte kurzfristig einen kleinen Auftritt angeboten bekommen, den er natürlich gerne annahm. Er sollte bei einem *black tie meeting* (Einladung mit Abendgarderobe) im Bruce Mason Centre drei seiner Songs spielen, und wie immer konnte er Helfer und Begleiter seiner Wahl mitbringen.

Da es sich in diesem Fall um einen eher formellen Auftritt an einem ebensolchen Veranstaltungsort handelte, wollte Riqi mit Peter bestimmte Einzelheiten des Gigs durchsprechen, um nichts dem Zufall überlassen zu müssen. Deshalb bat Riqi seinen deutschen Roadie noch am selben Tag zum »Briefing« ins Café Massimo.

Peter näherte sich rechtzeitig um kurz vor elf am Morgen dem verabredeten Treffpunkt. Schon von Weitem sah er Riqi, *aka »The Duke of Funk«,* an einem der Außentische des Cafés sitzen; zwei (!) große Tassen eines dampfenden Kaffeegetränkes standen vor ihm.

Als er Peter vom Parkplatz her kommen sah, winkte Riqi ihm fröhlich mit einer Bewegung, die »schnell, schnell« bedeutete, schon aus einiger Entfernung zu. Peter war längst noch nicht an Riqis Tisch angekommen, da rief dieser bereits ungeduldig: »*Hurry up!* Beeil dich, mach hin! Dein *flat white* wird sonst kalt, und ich muss außerdem bald wieder weiter!«

Peter kämpfte zwar dagegen an, konnte aber trotzdem nicht verhindern, dass er etwas hektisch wurde. Die vielen aufs Einkaufen fixierten Leute in der Hurstmere Road machten ihn zusätzlich nervös, sodass er, als er – von Riqi zur Eile genötigt – seinen Schritt beschleunigte, gegen eines dieser hüfthohen, tragbaren Werbeschilder rannte, die von den Ladenbetreibern hier in reicher Zahl auf den Gehweg gestellt wurden, um Kunden anzulocken oder – wenn es dumm läuft – Passanten zu Fall zu bringen. Vor buchstäblich jedem Geschäft stand solch ein *footpath sign,* und weil der Wind stramm genug durch die Straße wehte, waren einige davon längst umgekippt und bildeten gemeine Fußangeln.

In jenen Sekundenbruchteilen nach der Kollision mit dem Schild, in denen Peter praktisch frei durch die windige Luft von Takapuna flog, beschloss er – im Falle körperlichen Überlebens – nach dem Aufprall sofort den Eigentümer der Werbetafel zu verklagen. Mit dem Bild des stürzenden Ikarus vor Augen, schlug er hart auf – und überlebte ...

Ironie des Schicksals: Das gefährliche Reklameschild auf dem Gehweg gehörte zu einer Apotheke, trug die überdimensionale Abbildung eines Heftpflasters und einen Slogan, der Schutz und Linderung bei kleinen Verletzungen versprach. Überraschenderweise konnte sich Peter gut abrollen und überstand den Sturz ohne äußere Blessuren. Dafür hätte seine Seele ein großes Pflaster gut gebrauchen können, denn ihm war die Situation unendlich peinlich: Da hockte er nun in scheinbar bequemer Haltung auf seinem von bunten Gehwegtafeln eingerahmten »*Walk of Shame*«, als hätte er sich einfach nur zu einer kurzen Rast entschlossen.

Schließlich fand er seine Fassung wieder, lehnte sich demonstrativ gegen das Unfall verursachende Schild und gab ein bisschen den Coolen. Eine halbe Minute später streckte ihm jemand die Hand entgegen – es war natürlich der taffe Riqi, der Peter symbolisch aufhalf. Dann fragte er rein rhetorisch: »*Are you alright, mate?*«

Peter antwortete wahrheitsgetreu: »*Thanks, I'm alive!*«

Bei Riqis vorbestelltem, aber immer noch dampfend heißem *flat white* ließ Peter den Blick die Straße rauf und runter schweifen und konnte es einfach nicht fassen: Ein wahres Spalier aus mobilen Werbeständern jeglicher Provenienz behinderte den starken Storm der morgendlichen Einkaufswilligen: dachförmige zum Klappen, solche mit massivem Sockel oder schwenkbarem Kreuzfuß, einfarbige, bunte und viele andere Varianten. Peter verschloss sich der Sinn dieser Schilder vollkommen, und er sagte zu Riqi, der verschmitzt grinste: »In deutschen Städten wäre das undenkbar, die Ordnungsämter würden durchdrehen. Und außerdem: Da guckt doch eh keiner drauf ...«

Was man kritisieren könnte ...

»Wirb oder stirb« – heißt es recht drastisch. Auch neuseeländische Geschäfte wollen nicht untergehen und werben gerne für ihre Dienste.

Das *footpath sign* gehört genauso zum neuseeländischen Bild einer jeden Geschäftsstraße wie das Open-Schild im Schaufenster. Praktisch jeder Shop hat einen solchen Aufsteller vor der Tür stehen. Die tragbaren Werbeschilder werden morgens bei Ladenöffnung vors Geschäft auf den Gehweg gestellt und abends entsprechend wieder hereingeholt.

Neuseeländer sind ausgesprochen visuelle Menschen und beachten diese Schilder durchaus, auch wenn sich Peter Obland das kaum vorstellen kann.

Allein die Tatsache, dass das *footpath sign* vor der Ladentür steht – Werbebotschaft hin, Informationsgehalt her – signalisiert dem emsigen und eiligen Shopper über einige Distanz, dass dieses Geschäft geöffnet hat. Das macht Sinn, zumal die Ladenöffnungszeiten von Shop zu Shop extrem unterschiedlich sein können. Geschäfte oder Lokale auf höherliegenden Stockwerken könnten ohne ihr *footpath sign* unten auf der Straße im Grunde nicht überleben.

Andererseits stellen diese Werbeaufsteller auch Hindernisse dar, was in der Natur ihrer Sache liegt, aber ihre Platzierung auf dem Gehweg ist unter Einhaltung gewisser Abstände und Freibereiche, die natürlich – typisch Kiwi – nicht immer zentimetergenau beachtet werden, legal.

Tafeln, die morgens von einer Windböe umgeworfen werden, bleiben in der Regel bis zum Abend so liegen, die Kiwis laufen mit schlafwandlerischer Sicherheit im Slalom um sie herum – und alle sind zufrieden.

41 KURZSCHLUSS-REAKTION

JE SCHWÄCHER DAS STROMNETZ, DESTO STÄRKER DIE NERVEN

Riqi hatte Peter gebeten, nicht unbedingt in Räuberzivil zu der Veranstaltung im Bruce Mason Centre zu erscheinen. Deshalb war Peter ganz froh, seinen Anzug nach Neuseeland mitgebracht zu haben. Er hatte die feine Kleidung noch nicht ein einziges Mal gebraucht, aber an diesem Abend war es dann doch so weit. Wie der Untertitel des Abends – *black tie meeting* – vermuten ließ, herrscht bei solchen Treffen ein relativ strenger *dress code,* also Krawatten- und Anzugzwang.

KLEIDER MACHEN KIWIS

Kleidungsvorschriften *(dress codes)* sind in Neuseeland an sich eine Seltenheit. Wenn einem vereinzelt jemand mit Anzug und Schlips oder im Businesskostüm begegnet, gibt es mit einer 50:50-Trefferquote immer nur diese beiden Antwortmöglichkeiten: Banker oder Immobilienleute.

Nur freitags trifft man überhaupt niemanden im formellen Business-Outfit an, denn dieser Wochentag wird als der zwanglose, der lässige, der legere, kurz: *the casual friday* bezeichnet.

Mit großer Wahrscheinlichkeit darf ein Dresscode allerdings bei geschäftlichen Veranstaltungen *(corporate functions)* erwartet werden. Die Einzelheiten dazu werden meistens in der offiziellen Einladung genannt.

Bei dieser Veranstaltung handelte es sich um ein Treffen von Fachleuten aus der Kunststoffbranche, und es ging hauptsächlich ums Knüpfen und Aufwärmen neuer, respektive alter Kontakte; außerdem waren noch ein paar kurze Vorträge zu verschiedenen Fachthemen angekündigt. So etwas einmal in Neuseeland zu erleben, war völlig neu für Peter; dementsprechend gespannt sah er dem Abend entgegen. Manchmal werden zu solchen Events Promis aus Politik und Showbusiness eingeladen – so auch in diesem Fall, und Riqi hielt es für angemessen, dass er und seine Helfer sich dem Stil solcher Veranstaltungen einigermaßen anpassen sollten.

Schon nach zwei oder drei kurzen Begrüßungsreden durch branchenintern bekannte Verbandsleute hatte Riqi seinen Auftritt. Das war ein gelungenes Timing durch den Organisator des Abends, denn die anfänglich etwas verhaltene, um nicht zu sagen steife Stimmung, war nach den drei Liedern spürbar lockerer. Einige der Gäste hielten einen kurzen Plausch mit Riqi – da und dort durfte er auch Autogramme geben. Das Treffen war also in vollem Gange, das Buffet allerdings noch nicht eröffnet, weshalb sich die meisten zunächst an einem Gläschen Sekt festhielten. Der nächste Redner betrat die Bühne, ein grauhaariger George-Clooney-Typ, der von vornherein versprach, sich kurz zu fassen. Er erzählte etwas über Polymere in Lebensmittelverpackungen. Zumindest verstand Peter etwas in dieser Richtung.

Dann gab es einen gewaltigen Stromausfall. Es war plötzlich stockdunkel im Saal, aber mehr als das klassische Raunen war von den geschätzten 300 Gästen nicht zu hören. Niemand schien sich über den Blackout aufzuregen, manche prosteten sich wohl aus Gaudi noch extra zu. Peter, der die sprichwörtliche Hand vor Augen nicht mehr sah, wurde allerdings immer unruhiger. Seine Gedanken drehten sich im Kreise: »Unternimmt denn keiner etwas? Was ist der Grund für den *power cut* (Stromausfall)? Warum springt kein Notstromgenerator an? Und wo ist eigentlich Riqi?«

Peter hatte schon öfters von massenpanischen Reaktionen mit katastrophalem Ausgang bei technischen Notfällen in Sälen gehört. Ihm wurde mulmig zumute – allerdings als Einzigem vermutlich, denn alle anderen Anwesenden brummelten zwar zum Teil irgendetwas Missmutiges, aber die meisten plauderten recht entspannt in der Dunkelheit.

Als sich die Augen nach ein paar Minuten an die Schwärze gewöhnt hatten, konnte Peter den äußerst schwachen, blassgrünen Schein von ein paar wenigen batteriebetriebenen *Exit*-Leuchtschildern wahrnehmen. Er machte sich stolpernd und mit rasendem Puls auf die Suche nach Riqi; immerhin war er an diesem Abend sein offizieller Bühnenhelfer und trug damit auch eine gewisse Verantwortung für das Wohlbefinden des Künstlers. Peter bahnte sich den hindernisreichen Weg durchs Dunkel und konnte es dabei leider nicht vermeiden, einige der Gäste anzurempeln und anderen auf die Füße zu treten. Im Kielwasser seiner »Schwarzfahrt« hörte er immer wieder das an ihn adressierte: »*Easy, easy!* – Sachte, sachte! Bleib locker!«

Irgendwann, nach einer gefühlten Ewigkeit, fand er Riqi; er stand lachend und plaudernd bei einem musikinteressierten Paar in der Nähe des Buffets, mit dessen Bestückung die Mitarbeiter der Cateringfirma gerade begonnen hatten – wovon sie sich übrigens auch von der Dunkelheit nicht abhalten ließen.

Peter unterbrach Riqi und seine Bewunderer in ihrem Redefluss und schlug aufgeregt vor, dass besser alle schleunigst den Saal verlassen sollten: »Es kann doch ein Feuer, Flugzeugabsturz oder Erdbeben die Ursache für den Zwischenfall sein! Und überhaupt macht man das so bei einem totalen Stromausfall in öffentlichen Gebäuden!«

Riqi lachte aber nur, und seine beiden Gesprächspartner sagten fast im Chor: »*Easy, easy! There's nothing to worry about!* – Kein Grund zur Beunruhigung!«

Was man kritisieren könnte …

Ruhe ist des Bürgers erste Pflicht – auch in Neuseeland.

Stromausfälle sind in Neuseeland absolut nichts Seltenes. Vielleicht herrscht einfach zu wenig Spannung im Land. Doch im Ernst: Das neuseeländische Stromversorgungsnetz ist sehr labil und anfällig für

Störungen. Die meisten *power cuts* betreffen aber zum Glück nur kleine oder mittlere Gebiete. Oft sind die Ursachen dafür wetterbedingt, oder ein Possum hat in einem Umspannwerk die körperliche Verbindung zwischen Plus- und Minuspol hergestellt.

Totalausfälle in der Stromversorgung kommen mehrmals im Jahr vor (was in Mitteleuropa praktisch unvorstellbar geworden ist), und man sollte sich eher daran gewöhnen, als sich aufzuregen, wenn aus heiterem Himmel und ohne erkennbaren Grund plötzlich für ein paar Stunden der Strom weg ist. Rekordverdächtig dürfte das Ereignis von Auckland aus dem Jahre 1998 sein, als das Stromnetz des zentralen Stadtbereiches zusammenbrach. Selbst nach fieberhaften Reparaturversuchen konnten erst nach 5 Wochen (!) alle der 60.000 betroffenen Anschlüsse wieder mit Elektrizität versorgt werden.

Stromkabel werden in Neuseeland auch heute noch überwiegend oberirdisch von Mast zu Mast verlegt. Das sieht freilich schrecklich aus und fällt eigentlich jedem Besucher, der zum ersten Mal das Land der langen weißen Wolke bereist, sofort unangenehm auf. Er wähnt sich dann eher im Land der langen schwarzen Kabel.

Manch einer erinnert sich dabei an das Strippengewirr und die Stromstörungen im Deutschland der frühen sechziger Jahre. Viele Fachleute sehen in dieser Art der Leitungsführung den Hauptgrund für die häufigen Störungen in der Energieversorgung.

Andererseits jedoch ist diese an sich antiquierte Technik in einem Land, das auf dem sogenannten *Pacific Ring of Fire* (Pazifischer Feuerring (Vulkangürtel)) liegt, eine relativ erdbebensichere Angelegenheit.

Tatsächlich wird Neuseeland jährlich von Hunderten kleiner bis immerhin mittlerer Erdbeben geschüttelt, und es macht Sinn, ein zwar hässliches, aber dafür flexibleres und leichter zu reparierendes Kabelnetz zu haben, als es bei unterirdisch verlegten Leitungen der Fall wäre.

Der Stromausfall, der Peter Obland an den Rand des Nervenzusammenbruchs gebracht hat, war jedoch ein ganz besonderer. Vom hohen Norden, Cape Reinga, bis runter nach Waikato, Hamilton, waren mehr als 50.000 Haushalte, Geschäfte, Industrieunternehmen und auch fast alle Ampelanlagen für fast fünf Stunden stromlos. Die ersten Ausfälle begannen nachmittags um 3 Uhr und dauerten in manchen Orten bis abends gegen 8 Uhr.

Vermutlich durch einen Spannungsüberschlag (man will ja niemandem etwas Gemeines unterstellen) wurde auf einer Farm südlich von Hamilton eine Überlandleitung kurzgeschlossen und hatte eine Scheune in Brand gesetzt, die genau unterhalb der armdicken Kabel stand. Der Farmer – ein Bauer namens Steve Meier – hatte der Reparaturmannschaft des Energieversorgers stundenlang vehement den Zutritt zu seinem Grundstück verweigert. Der Landwirt lag seit Jahren mit der Firma Transpower im heftigen Clinch, nachdem sie riesige Strommasten angeblich gegen seinen Willen auf seinem Land errichtet hatte.

42 DIE ZWÄNGE DER FREIHEIT

SCHWACHE SOZIALLEISTUNGEN IM PARADIES

Peter hätte in dieser stromlosen Situation wirklich nicht in geradezu Funken sprühende Hochspannung geraten müssen. Noch während sich seine Herzfrequenz nahe der 180er-Marke befand, sprang der Notstromgenerator des Bruce Mason Centres an und die elektrische Normalität war nach wenigen Minuten der Dunkelheit wieder hergestellt. Freilich hatte Riqis Roadie-made-in-Germany auch daran etwas zu bemängeln, weil seiner Meinung nach ein Notfallgenerator in öffentlichen Gebäuden nach maximal einer einzigen Minute die volle Stromleistung liefern sollte, was einer der umstehenden Gäste lapidar quittierte: »*Nobody's perfect, my friend – at least no Kiwi!*«

Schon am nächsten Abend hatte Riqi einen seiner regelmäßigen Auftritte in der Takapuna Bar. Peter kam sozusagen »nur auf ein schnelles Bier« vorbei, geriet dann aber mit ein paar Leuten in eine lockere Plauderei. Nach etwas kreuz und quer gehaltenem Small Talk wurde die Unterhaltung mit einem sportlich wirkenden Gast, der jünger aussah, als er wahrscheinlich war, etwas intensiver und persönlicher. Der Mann fragte: »Bist du nicht Riqis Gast aus Deutschland?«

Peter hielt den Daumen der rechten Hand hoch: »Ja richtig, und ich hüte Malcolms Haus – halbprofessionell. Ich hoffe, Riqi hat weder zu viel Gutes noch Schlechtes von mir erzählt. Mein Name ist übrigens Peter Obland – *nice to meet you.*«

»*You too!* Gleichfalls! Ich heiße Glen Turnbull. Ich habe ein paar Maori unter meinen Vorfahren, aber weil ich wie ein Pakeha aussehe, definiere ich mich ethnisch genau in der Mitte und bezeichne mich daher gerne als ›Pakori‹.«

»Das ist ja originell!«

»Was machst du in Deutschland? Häuser hüten – vollprofessionell?«

»Nein, diesen Beruf gibt es in Deutschland nicht. Ich bin Freelancer bei einer etwas größeren Frankfurter Werbeagentur.«

»Ich glaube, das ist ähnlich wie das, was ich mache. Ich arbeite als *personal trainer* in einem großen Fitnesstempel in der Victoria Street und drei weiteren Filialen. Weißt du, was *personal training* ist?«

»Klar, ich habe davon schon in Deutschland gehört. Im großen Ganzen weiß ich sicherlich, um was es dabei geht, obwohl ich selbst nicht in Fitnessstudios gehe.«

HILFESTELLUNG

Personal Training (wörtlich: persönliche Übung, Individualübung) bezeichnet das körperliche Fitnesstraining im Rahmen einer persönlichen und individuellen Betreuung einzelner Klienten durch jeweils einen Trainer. Diese 1:1-Betreuung unterscheidet sich vom Training in Gruppen. Dennoch betreuen viele *Personal Trainer* zusätzlich auch Kleingruppen, zum Beispiel Mitarbeiter einer Firma oder Vereinsmitglieder.

Glen betonte seine starke Affinität zu seinem Job: »*PT* ist mein Traumberuf. Ich gehe völlig darin auf.«

Derweil kam nach *No Regrets* Riqi in einer Pause zu den beiden, begrüßte sie kurz und flüsterte im Weitergehen Peter zu: »Glen ist ein etwas schräger Vogel, aber auch ein sehr interessanter Mensch – und er ist ein *dark horse* (stilles Wasser, im übertragenen Sinne). Du wirst schon sehen.«

Jedenfalls erwies sich Glen schnell als netter Kerl. Den Wölbungen unter seinem T-Shirt nach zu urteilen, hatte er einen Körper wie aus einem Katalog für Fitnessgeräte. Immer mal wieder nahm er an

Wettbewerben teil, bei denen es darum ging, die Muskeln bei einem *posing* zu präsentieren und dafür Punkte zu ernten, wobei er schon mehrere Pokale, *silver ware,* wie er es nannte, gewonnen hat.

Aber es gab auch ein Problem: »Mein Traumjob zeigt sich leider viel zu oft von seiner Albtraumseite. Als *personal trainer* bin nämlich die meiste Zeit des Tages nicht mit dem Trainieren figurbewusster Personen beschäftigt, vielmehr sitze ich stundenlang da und telefoniere meine Kundenliste ab, um ein paar Jobs an Land zu ziehen.«

Peter wollte ein bestimmtes Detail von Glen wissen: »Du bist um diese Akquisitionstätigkeit natürlich nicht zu beneiden. Aber wenn du als *PT* genug verdienst, musst du es vielleicht als notwendiges Übel akzeptieren.«

»Das ist es ja gerade! Mit dem, was mir der Job einbringt, kann ich nicht einmal meine laufenden Kosten decken. Gib mir doch mal einen *german* Tipp – von Freelancer zu Freelancer sozusagen.«

Glens Bitte um einen Rat öffnete bei Peter, der sich mit freien Arbeitsverträgen recht gut auskannte, alle Schleusen; er begann mit einer Art Situationsanalyse und wollte von Glen wissen, ob er wenigstens ein ordentliches Grundgehalt hätte und ob in seinem arbeitgebenden Betrieb eigentlich keine dafür ausgewählte Person die Neukundenakquisition – und zwar vom Telefon der Firma aus – betreiben würde? Falls das nicht der Fall sei, sollte Glen dringend ein Gespräch mit der Geschäftsleitung suchen. Damit war Peter allerdings noch längst nicht am Ende der Bestandsaufnahme: »Bekommst du eigentlich eine Provision für jeden Neukunden, den du ins Studio holst? Dann wäre noch zu klären, ob dir wenigstens eine Weihnachtsgratifikation oder sogar ein dreizehntes Monatsgrundgehalt zusteht.«

Spätestens an dieser Stelle klappte Glens Kinnlade zumindest sinnbildlich sehr weit nach unten. Aber Peter setzte in seinem Eifer noch eines oben drauf: »Wenn du wirklich geschickt vorgehst, kannst du vielleicht noch einen Firmenwagen oder die anteilige Kostenübernahme für dein privates Auto aushandeln. Du musst ja sicher viel zwischen den Filialen!«

Was man kritisieren könnte …

Im Land der Kiwis vergleicht man nicht Äpfel mit Birnen, sondern apples with oranges …

Das Thema Körperertüchtigung hat bei den Kiwis einen enorm hohen Stellenwert – und alles strömt in die Fitnessstudios, um sich in Form zu bringen. Solche Studios gibt es hierzulande fast wie Sand am Meer; kleine und große; Einzelbetriebe wie auch (Franchise-)Ketten.

Um die sportlich ambitionierten Studiokunden kümmern sich sogenannte *Personal Trainer*. Diese treten zwar nach außen hin als Mitarbeiter eines Fitnessunternehmens auf, haben aber ihre eigenen Trainingskunden. Ihr einziger Vorteil ist die Benutzung der Räume und Geräte sowie der Werbeeffekt des Firmennamens, vor allem, wenn es sich um einen der großen der Branche handelt. Die meisten *PTs* haben allerdings nicht einmal ein Fixum oder einen Basislohn und werden ausschließlich von ihren persönlichen Kunden bezahlt. Und so etwas wie Weihnachtsgeld und dreizehntes Monatsgehalt gibt es in Neuseeland generell nur in ein paar wenigen großen Ausnahmebetrieben.

PTs agieren also in den neuseeländischen Sport- und Fitnessstudios wie Selbstständige und sind für ihren Erfolg oder Untergang ganz alleine verantwortlich. Aber sich einen *Personal Trainer* zu leisten, ist den meisten Leuten viel zu teuer, sodass sich ganze Heerscharen von persönlichen Trainern den relativ kleinen Kuchen der betuchten *workout freaks* (Trainingsfanatiker) aufteilen müssen. Da bleiben für die meisten nur ein paar Krümel übrig. So wundert es niemanden, dass Glen auf die Fragen eines arbeitssozial verwöhnten Deutschen etwas indigniert reagierte.

Zur Ehrenrettung der Fitnessbetriebe muss man allerdings hinzufügen, dass sie längst nicht die Einzigen sind, die ihr Personal auf diese Art rekrutieren, und dass dieses System in Neuseeland nicht als ungerecht, geschweige denn ausbeuterisch empfunden wird.

Selbst einige Franchisegeber aus dem Dienstleistungsbereich verfahren nach einem ähnlichen Schema und lassen gutgläubige Leute nicht nur in Scheinselbstständigkeit für sich arbeiten, sondern kassieren außerdem noch satte Einstiegsgebühren für die Geschäftsidee. Aber die meisten Kiwis sind geduldig und beklagen sich nicht: Wenn's nicht klappt, probiert man eben etwas anderes aus. Reklamationen sind selten.

43 WADENKRAMPF

AUF SCHMALEN REIFEN
DURCHS GANZE LAND

Auch wenn sich Peter mit seinen deutsch-verwöhnten Vorstellungen etwas in die Sportnesseln gesetzt hatte, entpuppte sich Glen tatsächlich als sehr netter Kerl. Die beiden unterhielten sich an dem Abend noch lange miteinander, tauschten ihre Kontaktdaten aus und beschlossen, sich alsbald wieder mal zu treffen. Diesmal war es auch nicht als *»See you later«*-Floskel gemeint gewesen.

*

Wenige Tage nach Riqis Auftritt in der Takapuna Bar stand Peter gerade in der Küche und machte sich einen Guten-Morgen-Kaffee, als er hörte, dass irgendjemand etwas in seinen Briefkasten geworfen hatte. Peter schaute nach und fand eine Gratisausgabe des *New Zealand Herald.* Auf der Titelseite sah er den Hinweis auf einen Artikel über den Saisonauftakt für Austern aus Bluff, die so frisch und so gut seien, wie sonst keine anderen auf der Welt. Nicht dass er ein besonderes Faible für Austern hatte, aber irgendetwas an dem Thema interessierte ihn und er schlug die entsprechende Seite des *Herald* auf.

Peter hatte sich gerade in den Text über Bluff und die leckeren Austern vertieft, als es an der Tür klopfte. Peter wusste mittlerweile, dass das vormittags in der Sanders Avenue entweder auf den Kurier mit Paketpost oder einen Vertreter für irgendwelche Dienstleistungen rund ums Haus schließen ließ.

In diesem Falle war es allerdings Glen, der selbst ernannte *Pakori,* den Peter erst auf den zweiten Blick erkannte, weil er sich tief gebeugt auf ein Fahrrad stützte und außerdem einen grell bunten, aerodynamischen Schutzhelm auf dem Kopf trug, der ihn ziemlich entstellte. Peter bat Glen herein und brachte sein Erstaunen zum Ausdruck, ihn erstens so früh am Tag und zweitens überhaupt hier zu sehen, dann bot er ihm einen Kaffee an.

Glen hatte mit einer solchen Reaktion gerechnet, lehnte den Kaffee aber dankend ab: »Ich beginne jeden Tag mit einer Radfahrt von Milford nach Takapuna und wieder zurück. Ich brauche das wie du deinen Kaffee. Übrigens suche ich einen zuverlässigen Partner für eine besondere Fahrradtour – ich nehme aber an, dass ich jemanden, der Fitnessstudios meidet, erst gar nicht zu fragen brauche, oder?«

Peter antwortete wahrheitsgemäß: »Richtig vermutet, Glen. Eine *bicycle tour* ist nichts für mich. Ich fürchte, es wird ein anderer in deinem Windschatten radeln müssen.«

Mehr aus Spaß bot ihm Glen sogar sein Zweit- oder Drittrad, ein Strada WA2, zur Benutzung an. Peter blieb natürlich bei seiner Ablehnung, wollte aber doch gerne wissen, was hinter der kraftzehrenden Idee steckte, und was das Besondere an der Fahrt sein sollte.

Glen sagte, dass er schon seit langer Zeit für die Teilnahme an einer Aktion der *National Heart Foundation* trainierte. Die NHF plante »*Cycle for Heart – Tour of New Zealand*«, wo sich zum Zwecke des Fundraising Ärzte, Sportler, Prominente und Normalos zu einer medienwirksamen Radtour durch Neuseeland zusammenschließen wollten.

Peter fand diese Idee wirklich bestechend, wenn auch in hohem Maße lebensgefährlich – jedenfalls aus seiner subjektiven Sicht. Aber er kündigte sogleich eine Spende an, ohne jedoch, so seine einzige Bedingung, dafür auch nur einen einzigen Kilometer radeln zu müssen.

SPENDIERHOSEN

In Neuseeland findet praktisch immer und überall irgendeine Spendensammelaktion statt. Das Land gehört mit zu den fleißigsten Geldsammelnationen der Welt, und die Neuseeländer sind es gewohnt, gelegentlich einen kleinen Obolus für wohltätige und gemeinnützige Zwecke zu geben.

Veranstalter der Aktionen sind meistens (und sehr regelmäßig) Gesundheitsinstitutionen wie die *Breast Cancer Foundation, Mental Health Foundation,* die von Glen erwähnte *National Heart Foundation* und natürlich viele andere mehr.

Darüber hinaus gibt es – wie weltweit überall – die Spendenaufrufe der Organisationen für Katastrophen-, Kriegs- und Seuchenhilfe. Aber auch um die finanzielle Unterstützung von in Not geratenen Familien oder Einzelpersonen wird die neuseeländische Bevölkerung oft gebeten. Ständig finden durchaus interessante nationale und regionale Wohltätigkeitsveranstaltungen *(charities)* statt, die man auch als Gast gerne besuchen darf.

Die Seriosität dieser Aktionen und ihrer Veranstalter kann als garantiert angesehen werden. Missbrauchs- oder gar Betrugsfälle sind äußerst selten. Und auch die Balance ist gewahrt: Kiwis sammeln gerne Spenden, aber sie spenden auch recht gerne.

Dann berichtete Glen, der wohl seit Kindesbeinen eine starke Affinität zum Radsport entwickelt hatte, von einem sensationellen Plan der neuseeländischen Regierung: »Unser damaliger Premierminister John Key, hatte das Projekt *New Zealand National Cycleway,* zur Chefsache erklärt. Es sollte der ultimative Radweg von oben bis unten werden. Von Cape Reinga an der Nordspitze der Nordinsel bis Bluff, dem südlichsten Ort auf der Südinsel.«

Das war es: Jetzt wusste Peter wieder, welches Alleinstellungsmerkmal Bluff außer Austern hatte.

Glen redete sich heiß: »Es ist selbstverständlich nicht so, dass hier ein Fahrradweg wie ein 1.600 Kilometer langes Band in die neuseeländische Natur geteert, asphaltiert oder betoniert wurde. Die ursprüngliche Idee wurde fallen gelassen und in *New Zealand Cycle Trail* umbenannt. Neue Radwege, *Great Rides* (in Anlehnung an *New Zealand Great Walks*), wurden mit sogenannten Touring Routes (bestehenden Straßen abseits der Hauptrouten) verbunden. Somit entstand ein ganzes Netzwerk von Weltklasseradwegen quer durch die meist beeindruckensten Landschaften Neuseelands.«

Der schlecht verdienende Personal Trainer wurde präziser: »Der Bau dieser Radwege ist auf dem Höhepunkt der großen Wirtschaftskrise im Rahmen eines Arbeitsmarktgipfeltreffens als Arbeitbeschaffungsmaßnahme beschlossen worden, weil irgendjemand errechnet hatte, dass damit 500 neue Arbeitsplätze generiert werden.«

Peter versuchte sich vorzustellen, wie die deutsche Kanzlerin den Bau eines durchgängigen Radweges von Sylt bis Oberstdorf, sozusagen als Konjunkturschwungrad, durch Bundestag und Bundesrat paukt. Dieser Gedanke erschien ihm so absurd, dass er begann, am Wahrheitsgehalt von Glens Geschichte zu zweifeln.

Glen kam immer mehr in Fahrt und kreierte in seiner Fantasie bereits einen *Iron Cycleman New Zealand* (Wortschöpfung auf Basis des Ironman, der Bezeichnung für die längste ausgetragene Langstrecken-Distanz im Triathlon auf kommerzieller Basis).

Nun beschlich Peter das leise Gefühl, Glen wollte sich ein klein wenig für seine deutsch geprägten Ausführungen zum Freelance-Vertrag rächen, jedenfalls rundete er das Thema politisch superkorrekt ab: »Aber auch der ganz normale Neuseeländer soll durch den *New Zealand Cycle Trail* motiviert werden, den Wagen stehen zu lassen und möglichst regelmäßig, am besten sogar für den täglichen Weg zur Arbeitsstelle, das Fahrrad zum Wohle von Umwelt und Gesundheit zu nutzen ...«

An dieser Stelle konnte Peter nicht mehr anders, als den immer hochtouriger redenden Fahrradenthusiasten scharf herunterzubremsen und ihn zu fragen, ob er vielleicht etwas Illegales eingenommen oder geraucht hätte. Natürlich wollte er keinesfalls die anbahnende Freundschaft zu diesem an sich sehr sympathischen Menschen aufs Spiel setzen. Andererseits wollte Peter sicher sein, dass sich Glen nicht als notorischer Sprücheklopfer entpuppte. Immerhin hatte Riqi angedeutet, dass es sich bei ihm um ein »stilles Wasser« handelte ...

Mit der großen Bitte, ihn nur nicht misszuverstehen, sagte Peter schließlich: »Bitte sei so gut, Glen, und inzeniere hier kein politisches Kabarett.«

Was man kritisieren könnte ...

Ernsthaftes Radsportprojekt oder alberne Drahteselei – das ist hier die Frage.

So seltsam es auch klingt: Es ist ungefähr zehn Jahre her, seit der erste Radweg von *New Zealand Cycle Trail* eröffnet wurde. Inzwischen sind es *22 Great Rides* mit mehr als 2.500 Kilometern – abseits der Hauptstecken und durch die schönsten Landschaften, die Neuseeland zu bieten hat. Einige folgen alten Pfaden von früheren Entdeckern und Reisenden, deshalb wird der Trail in Maori auch »*Nga Haerenga*« genannt, was *The Journeys* (Die Reisen) bedeutet.

Die Hauptnutzer der *22 Great Rides* sind in erster Linie Touristen. Biker aller Nationen, die die gesamte länge Neuseelands erstrampeln, sind mindestens einen Monat unterwegs. Mit nur einer Unterbrechung zwischen der Nord- und Südinsel durch die *Cook Strait* – hier werden selbst die eifrigsten Radler die Fähre buchen müssen. Wahr ist außerdem, dass der damalige Premierminister Neuseelands das Projekt persönlich vorangetrieben hat.

Nach anfänglicher Skepsis sind nach und nach viele Städte, Gemeinden und Regionen begeistert auf dieses arbeitsschaffende Stahlross aufgesprungen, und auch die allzeit bereiten Wissenschenschaftler der Auckland University waren äußerst angetan von der Idee. Namentlich Dr. Graeme Lindsey hat eine blendende Berechnung vorgelegt: Wenn alle Kiwis Strecken bis 7 Kilometer Länge statt mit dem Auto per Fahrrad zurücklegen, entspricht dies einem Kalorienverbrennungsäquivalent von 40 Millionen Dosen Cola.

Dr. Lindsey stellte außerdem fest: Diese gigantische Menge vernichteter Kalorien kommt einem Fettverlust von 675.000 Kilogramm gleich, und – immer noch nicht genug Frohbotschaft – aufgrund der durchs Radfahren enorm verbesserten Gesundheit dürfen minus 116 Todesfälle pro Jahr als sicher gelten.

Schlussendlich: Auch der Umwelt kommt das Projekt in hohem Maße zugute, denn wenn viele radeln, lassen sie öfter ihre Autos stehen, was den Abgasausstoß dramatisch veringern würde.

Besonders gutes Marketing wird aber nötig sein, um Neuseeländer auf den schmalen Sattel zu hieven. Die Krux: Radelnde Kiwis sind fast so selten wie der flugunfähige Kiwi geworden. Wurden 1989/90 in Neuseeland noch 3,6 Prozent der täglichen Wege per Fahrrad zurückgelegt, so war es mit dem Beginn der Zehnerjahre des neuen Jahrtausends gerade noch 1 Prozent. (Zum Vergleich: In nordeuropäischen Ländern sind es aktuell 20 bis 30 Prozent.) Hin und wieder liest man, die in den neunziger Jahren eingeführte Helmpflicht sei die Ursache für diesen Rückgang. Das ist nicht ganz abwegig, denn der Neuseeländer liebt seine persönliche Freiheit über alles und kann sehr beleidigt reagieren, wenn er sich vom Staat bevormundet fühlt.

Wer das Kiwiland erstrampeln will, sollte dennoch viel befahrene Straßen meiden und den *State Highway 1* im Speziellen. Das latent letale Problem sind die Berufskraftfahrer in ihren *trucks*. Lkw aller Tonnagen rauschen legal mit 100 km/h (oft illegal auch schneller) über Neuseelands Highways, und am Lenkrad sitzen – viele Unfalluntersuchungen kommen leider zu dem Ergebnis – überwiegend Rücksichtslose.

Die Abstände beim Überholen sind fast immer unter einem Meter, und die Wirkung des aerodynamischen Sogs kann verheerend sein. Vorsicht ist in jedem Fall geboten!

44 AUF DER KIPPE

KEINE FRIEDENSPFEIFE FÜR RAUCHER

Glen lachte und sagte: »*Peter, believe it or not,* du bist einer der wenigen, die auf Anhieb meine schauspielerischen Qualitäten erkennen – das freut mich sehr! Ich habe zwar noch nie politisches Kabarett gespielt, aber ich durfte tatsächlich vor ein paar Jahren eine Statistenrolle in *Der Herr der Ringe* spielen, und zwar in allen drei Teilen. Wenn du willst, kann ich dir die genauen Stellen beschreiben. Ich bin insgesamt siebzehn Mal zu sehen, davon sechs Mal in Großaufnahme.«

»Glen, ist das wirklich wahr?«

»Ja, es ist wahr! Alles! Nur eine kleine Anmerkung noch: Meine Großaufnahmen sind entweder nur einen Sekundenbruchteil kurz – oder ich bin nur von schräg hinten zu sehen. Aber alles ist wirklich wahr. Regisseur Peter Jackson hat sich sogar per Handschlag für meine Leistung bedankt.«

GROSSES KINO

Sir Peter Jackson ist ein neuseeländischer Filmregisseur, Filmproduzent und Drehbuchautor.

Bekannt wurde er besonders durch seine Regiearbeit bei der Trilogie *Der Herr der Ringe*, die 17 Oscars erhielt, drei davon gingen an Peter Jackson persönlich. Alle drei Teile wurden an diversen Drehorten in

Neuseeland gedreht. Die Filme kamen 2001 *(Der Herr der Ringe: Die Gefährten)*, 2002 *(Der Herr der Ringe: Die zwei Türme)* und 2003 *(Der Herr der Ringe: Die Rückkehr des Königs)* weltweit in die Kinos.

Durch die Filme wurde Jackson praktisch über Nacht von einem eher belächelten Horrorfilmregisseur zu einem der erfolgreichsten und bekanntesten Filmemacher der Gegenwart.

Ein weiterer Erfolg Sir Peter Jacksons war die Verfilmung von Tolkiens *Der Hobbit* als Dreiteiler: Die einzelnen Filme kamen 2012 *(Eine unerwartete Reise)*, 2013 *(Smaugs Einöde)* und 2014 *(Die Schlacht der Fünf Heere)* in die Kinos.

»Gilt der gleiche Wahrheitsgehalt auch für deine Story zum *New Zealand Cycle Trail?*«

»*I see*, du glaubst nicht an meinen Plan, bei der *Tour of New Zealand* mitzumachen, und denkst sicher, ich wollte dir damit eine Retourkutsche für deine Neid erweckende Schilderung deutscher Arbeitsverhältnisse schicken, bei der ja auch nicht gerade die Glaubwürdigkeit zwischen den Zeilen hervor quoll!«

»Ich glaube jetzt sind wir mit unserer Konversation in einer Sackgasse gelandet. Wie kriegen wir denn diese Kuh wieder vom Eis?«

Glen blieb ziemlich gelassen, nahm endlich seinen Fahrradhelm vom Kopf und sagte, dass er nun doch einen Kaffee, am liebsten einen *flat white* vertragen könnte.

KOFFEINSCHOCK

Der *flat white* ist eine typisch neuseeländische Zubereitungsart für Kaffee und wurde tatsächlich sogar in NZ erfunden. Die Basis bildet ein einfacher (oder auf Wunsch doppelter) Espresso, über den die heiße, nur schwach-schaumige Milch vom unteren Bereich des Aufschäumgefäßes gegossen wird. So erzielt man das *flat,* nämlich die glatte, weiche und sanfte Struktur dieser Kaffeespezialität.

Damit kommt der *flat white* dem italienischen Caffè Latte sehr nahe.

Mit seiner Kaffeetasse in der Hand sagte Glen, nachdem er eine Weile schweigend den Blick auf Rangitoto genossen hatte: »Ich will dir mal reinen Wein einschenken: Tatsache ist, dass mir solide Einnahmen aus meiner Tätigkeit als *PT* natürlich gut gefallen würden. Aber mir machen fünfzehnhundert Dollar Verlust pro Monat nichts aus – *I hope that doesn't sound too cocky* (großspurig).«

Peter dämmerte allmählich, was Riqi wirklich damit gemeint haben könnte, als er Glen als *dark horse* bezeichnet hatte. Und seine Vermutung bestätigte sich gleich darauf: »Weißt du, mein Vater war eine recht große Nummer in der Immobilienbranche im Großraum Auckland, und sein Büro in der *CBD* besteht heute noch, obwohl er sich längst aus dem operativen Geschäft zurückgezogen hat.«

HERZSTÜCK

Mit *CBD* wird der *Central Business District* von Auckland bezeichnet. Damit ist der geografisch-wirtschaftliche Kern, vor allem jedoch das Geschäftszentrum der größten Stadt Neuseelands gemeint. Innerhalb eines Vierecks, das im Norden vom Hafenbereich des Waitemata Harbour und an den anderen drei Seiten von den städtischen *motorways* begrenzt wird, befinden sich 9.500 Geschäfte, in denen rund 79.000 Menschen beschäftigt sind. Die Hauptachse wird von der Queen Street gebildet. Das Zentrum Aucklands hat einen täglichen Durchsatz von ungefähr 270.000 Personen zu bewältigen, die in den *CBD* zu 60 Prozent per Auto an- und abfahren. In Ermangelung eines adäquaten öffentlichen Verkehrssystems führt diese Verkehrsbelastung jeden Werktag zu den berühmt-berüchtigten Staus auf den

Glen wurde präziser: »Mein Vater hat mich auf ein sehr weiches finanzielles Polster gebettet. Ich kann also die Dinge tun, die mir Spaß machen, ohne dass mir die Bank den Hahn zudreht, wenn ich wirtschaftlich nicht erfolgreich bin. Im Moment ist das eben *personal training*. Im nächsten Jahr ist es vielleicht etwas anderes.«

Peter war über den »plötzlichen« Reichtum seines Besuchers sehr erstaunt: »Obwohl ich den besseren Arbeitsvertrag habe, bist nun du der Glückliche, der zu beneiden ist!«

»Du glaubst also auch, dass Geld glücklich macht, oder?«

»Ja, das heißt, ich bilde es mir zumindest ein. Aber jetzt kann ich endlich jemanden fragen, ob das wirklich so ist?«

»Darf ich dir die Antwort bei einer Zigarette draußen auf dem *deck* geben?«

»Bitte sag, dass ich mich verhört habe! Du als überzeugter Sportler rauchst? Das darf doch nicht wahr sein!«

Was man kritisieren könnte ...

Auch in Neuseeland gibt es genügend offizielle Stellen, die wirklich alles tun, um den Bürgern ihre smoko (Zigarettenpause) zu vergällen, wo immer es nur geht.

Grundsätzlich verboten ist das Rauchen in allen gastronomischen Betrieben wie Restaurants, Cafés und Bars etc. Auch in allen öffentlichen Gebäuden, Ämtern etc. darf nicht geraucht werden – und die Neuseeländer halten sich auch daran.

Peter Obland kann es als politisch korrekter Deutscher kaum fassen, dass jemand überhaupt eine Packung Zigaretten bei sich trägt. Aber als das Rauchen Ende 2004 an den oben genannten Orten gesetzlich unter Strafe gestellt wurde, war immerhin rund ein Viertel aller Neuseeländer Raucher – Sportler waren dabei keine Ausnahme.

Für alle, die dem Nikotin bis heute treu geblieben sind, gilt selbstverständlich: Rauchen nur im Freien!

Die Forderung einer bestimmten, etwas übereifrigen Antitabaklobby, das Rauchen auch im Freien, zum Beispiel an Picknickplätzen, Bushaltestellen und am Strand ebenfalls rigoros zu verbieten, wurde allerdings abgeschmettert.

Trotzdem gibt es tatsächlich auch Freibereiche, in denen Rauchen untersagt ist: Aktuell wurde der gesamte Zoo von Auckland zur *no-smoking area* erklärt. Womöglich aus Tierschutzgründen?

45

NOT MIT BROT

DIE HARTE REALITÄT DER WEICHEN TATSACHEN

»Es ist alles wahr, was ich sage – wann glaubst du mir das endlich?«

»Dann lüfte bitte das Geheimnis: Macht Geld glücklich oder nicht?«

Glen, der durchtrainierte *PT,* steckte sich wirklich eine Zigarette an und sagte nach dem ersten Zug: »Geld macht nicht glücklich, aber es macht mein persönliches Unglück erträglicher.«

»Darf ich fragen, um was es sich bei deinem persönlichen Unglück handelt?« Peter konnte sich nicht erinnern, jemals mit einem neuen Bekannten im ersten ausführlichen Gespräch so tiefenpsychologisch geworden zu sein.

»Selbstverständlich darfst du fragen. Ich hätte ja sonst nicht mit dem Thema angefangen. Die Sache ist, dass ich unter schweren Depressionsschüben leide.«

SCHWERMUT

Unter den Ländern mit hohem Einkommen rangiert Neuseeland durchweg im oberen Bereich, wenn es um Vergleichszahlen von Depressionserkrankungen unter der jeweiligen Bevölkerung geht. Eine jüngst in dem internationalen medizinischen Organ *BMC Medicine* veröffentlichte Statistik zeigte Neuseeland beispielsweise auf Platz 2 bei der Anzahl der

Menschen, die innerhalb der letzten 12 Monate unter schweren Anzeichen einer Depression gelitten haben, und Rang 4 in der Rubrik »Personen, die mindestens einmal in ihrem bisherigen Leben Anzeichen starker Depression zeigten.« Diese Statistik ist das Ergebnis eines Vergleich der Daten von weltweit 89.000 Personen. In der Übersicht zeigt die Studie, dass 15 Prozent der Einwohner in Ländern mit hohem Einkommen von signifikanten Depressionserkrankungen betroffen sind, während es in den Ländern mit schwachem Einkommen »nur« 11 Prozent sind.

Kate Scott, Professor der Psychologie an der Otago University Wellington und Co-Herausgeber des *New Zealand Mental Health Survey* sagte in einer Stellungnahme: »Aus dem Ergebnis dieser Studie lässt sich in gewisser Weise folgern, dass es sich bei Depression um eine Wohlstandskrankheit handelt.«

Die Psychologin ist außerdem der Ansicht, dass die Frage, warum Neuseeland eine derart hohe Rate an Depressionskrankheiten hat, nur schwer zu beantworten sei, aber eine unglückliche Kindheit und Abhängigkeit vom Alkohol könnten dabei eine Rolle spielen.

»Das tut mir leid, Glen! Wenn ich irgendetwas Positives zur Linderung beitragen kann, so lass es mich bitte wissen.«

»Danke, Peter, das ist wirklich nett von dir. Ich habe das Problem insgesamt gut im Griff. Das Wichtigste ist, dass ich aktiv bleibe. Und wenn ich außerdem regelmäßig etwas mit Freunden unternehme, kann es sein, dass ich monatelang symptomfrei bleibe.«

»Ich würde prinzipiell gerne meinen kleinen Beitrag dazu leisten, wirklich. Aber leider bin ich der schlechteste Sportpartner, den man sich denken kann.«

Glen gab noch lange nicht auf: »*No problem, mate!* Darf ich dich dafür zu einer Bootsfahrt einladen?«

»Sorry, damit sieht es auch nicht besser aus! Kajak, Kanu, Kanadier und wie sie alle heißen – das wird nichts mit mir! Ich bremse beim Paddeln eher, als dass ich Vortrieb erzeuge. Und ein Segelboot würde ich selbst bei Windstille glatt zum Kentern bringen.«

»Du hast das *waka* in deiner Aufzählung vergessen. Du weißt doch, dass ich mich einen ›Pakori‹ nenne, und als solcher habe ich ein starkes Faible für ein *waka*!«

Peter wusste erwartungsgemäß nicht, was Glen meinte: »Was ist denn bitte ein *waka?*«

WASSERVERKEHR

Ein *waka* ist das traditionelle Boot der Maori. Auch im neuseeländischen Englisch wird das Wort *waka* häufig unverändert übernommen, wobei es in der Übersetzung meist als Kanu *(canoe)* bezeichnet wird.

Waka gibt es in sehr unterschiedlichen Größen, von leichten Kanus wie das *waka tiwai* der Fischer oder solche für Fahrten von Einzelpersonen oder kleinen Gruppen. Die beeindruckend großen Kriegskanus, die bis zu 80 Paddler tragen und bis zu 40 Meter lang sein können, heißen *waka taua*.

Üblicherweise bestehen *waka* aus ausgehöhlten Baumstämmen, wobei die kleineren als Einbaum aus einem Stück gefertigt sind, während die großen aus mehreren Teilstämmen zusammengesetzt werden.

Hochseetaugliche *waka* wurden normalerweise mit Segeln ausgestattet und allgemein als Auslegerkanu *(waka ama)* konzipiert.

Kriegskanus *(waka taua)* waren grundsätzlich Ruderboote, wahrscheinlich um dem Gegner die Stärke der Krieger zu demonstrieren.

Viele der großen *waka*, besonders die Kriegskanus, waren bzw. sind mit kunstvollen Schnitzereien verziert.

Übrigens: Wie bei vielen Lehnwörtern aus der Sprache der Maori ist der Plural des Wortes *waka*, nicht *wakas*.

Schließlich hatte Glen ein Einsehen mit Peter, und er lüftete ein weiteres Geheimnis: »Peter, entschuldige bitte, es war zu verlockend, dich ins sportliche Bockshorn zu jagen. Aber jetzt im Ernst: Es geht nicht ums Rudern oder Segeln – es geht um ein Motorboot. Ich weiß, das klingt nun wieder völlig unsportlich und ist es letzten Endes auch. Aber genau deshalb müsste es für dich in höchstem Maße interessant sein. Was sagst du nun?«

»Hmm, ein richtiges Motorboot?«

»Manche bezeichnen es sogar als Jacht. Aber mit knapp acht Metern Länge ist es für mich immer noch ein Boot.«

VOLLE KRAFT VORAUS

Eine Motorjacht ist ein Sportboot, das durch einen Motor angetrieben wird und über ein Deck und eine Kajüte verfügt. Der Übergang zwischen einem Motorboot und einer Motorjacht ist allerdings fließend. Unter einer Länge von 7 Metern wird von einem Boot gesprochen, bei einer Länge ab 10 Metern spricht man von einer Jacht. Es bleibt also ein undefiniertes Stück von 3 Metern übrig.

Ab einer Länge von 15 Metern gilt eine Motorjacht als Maxijacht. Wenn eine Jacht länger als 24 Meter ist, spricht man von einer Megajacht oder Superjacht, hier wird der Wert nicht mehr auf den sportlichen Charakter des Bootes gelegt, sondern auf puren Luxus.

»Glen, sieh mir mal bitte in die Augen und sage das noch einmal.«

Glen blies Peter etwas Zigarettenrauch knapp am Gesicht vorbei und sagte fast flüsternd: »Es hat 300 PS!«

»Zugegeben – du hast mich mit deiner Salamitaktik jetzt wirklich angefixt.«

Glen schnürte das Paket: »Also, das Boot liegt in der Marina von Milford. Treffen wir uns doch dort morgen gegen zwei Uhr am Nachmittag. Wenn du möchtest, kannst du deine beiden Mitbewohner aus der *flat* mitbringen!«

*

Aroha und Kwan waren von der Idee, den Nachmittag auf dem Meer zu verbringen, mehr als begeistert. Der Blick auf die Uhr sagte Peter, dass sie sich auf den Weg nach Milford machen sollten. Es genügte das bereits gestern vereinbarte Klopfzeichen an der Tür zur *flat* und seine beiden *mates* waren zur Stelle. Aroha schleppte eine große Kühlbox mit sich: »Seeluft macht hungrig und ich denke, gegen einen kleinen Snack hat keiner etwas einzuwenden.«

Mit offenen Seitenfenstern – den Fahrtwind genießend – brauste das Trio bei nautisch optimalem Wetter gen Milford und traf Glen an der verabredeten Anlegestelle am schmucken Jachthafen. Glen hatte das in Peters Wahrnehmung sehr große Motorboot bereits so gut wie klar zum Ablegen gemacht. Dann die Überraschung: Peter kannte das Boot bereits – es war die Seascape aus der Bucht von Waiheke. Glen bejahte seine entsprechende Frage, und während er erzählte, ließ er schon den Motor an und bat Kwan, die letzte Leine vom Poller zu ziehen. Während Glen die Seascape mit langsamer Fahrt zwischen den anderen Booten und Jachten hindurch navigierte, richteten sich Aroha und Kwan bequem auf den Polstern des Achterdecks ein und schossen ein paar Fotos.

Peter erfuhr, dass er sich auf einer *Rayglass Legend 2500* befand, einer in Neuseeland gebauten 25-Fuss-Motorjacht, die Glen nicht alleine, sondern zusammen mit zwei Partnern als *syndicate* (Interessensgemeinschaft, hier: Haltergemeinschaft eines Bootes) besaß.

»Anders ist solch ein Vergnügen wirklich viel zu teuer«, erklärte er, »außerdem wird die Jacht gelegentlich an gute Bekannte verchartert, um die laufenden Kosten niedrig zu halten.«

Peter war überrascht: »Hört, hört! Der wohlhabende Pakori spricht von Kostenteilung.«

»Das habe ich von meinem Vater gelernt – es ist weniger des Geldes wegen; es kommt auch dem Boot zugute. Vater kannte Leute mit echten Luxusjachten, die sie monatelang im Hafen dümpeln ließen, um dann einmal im Jahr eine dreitägige Ausfahrt zu machen und mit Motorschaden zurückgeschleppt zu werden. Vater sagte, ›ein Motorboot muss laufen, langes Liegen schadet nur. Such' dir ein paar passende Leute und teile den Spaß mit ihnen!‹ Und genau das mache ich.«

Die Seascape hatte wirklich alles, was das Herz begehrte: Sogar Kochgelegenheit und Dusche waren vorhanden, Schlafkojen sowieso.

»Peter, Herr Obland – still gestanden ...«, rief Glen gut gelaunt, als sie gerade die vorletzte Boje der Hafenausfahrt passiert hatten, »... übernimm das Ruder! Du bist jetzt der Steuermann. Ich lege mich auf dem Vordeck in die Sonne und bin nur noch dein Steuerberater – sozusagen!«

Wie vom *skipper* (Mannschaftskapitän, Kapitän eines kleinen Schiffes) befohlen, nahm Peter Haltung an, versuchte dann aber, Glen klarzumachen, dass sein Sonnenbad noch zu warten hätte, zumal er kein Bootspatent besaß, kein deutsches und schon gar kein internationales, und dass er deshalb leider nicht das Ruder übernehmen konnte.

ZWANGLOS

Um in Neuseeland eine Jacht chartern und selbst steuern zu können, ist kein Bootspatent erforderlich.

Freilich erleichtert ein eventuell vorhandener Bootsführerschein das Fahren einer Jacht ganz im Allgemeinen, aber gefordert wird ein solcher nur, wenn man Überseefahrten (z. B. nach Australien oder Fidschi) durchführen oder das Wasserfahrzeug beruflich führen will.

Gewerblichen Charterunternehmen reicht es, wenn man eine ausreichende Erfahrung mittels eines nautischen Lebenslaufes belegen kann.

»*Come on, Peter!* Wir sind in N-e-u-s-e-e-l-a-n-d!«, erinnerte ihn Glen und fügte hinzu, dass man hier keinen Bootsführerschein brauche, »... wenn du Auto fahren kannst, kannst du auch ein Boot steuern.«

Er schickte die navigatorischen, nautischen und technischen Details gleich hinterher: »Siehst du die große Insel dort am Horizont? Gut! Das ist Great Barrier Island. Halte auf das linke Ende zu und sag eine halbe Meile davor Bescheid.«

»Ich weiß nicht so recht ... das teure Boot ...«

»*Give it a try!* – Versuch es einfach mal! Übrigens, wenn du gleich die letzte Hafenmarkierung passiert hast, kannst du kräftig Gas geben.«

Während dessen hatte Aroha Glen bereits ein *Speight's Traverse* in die Hand gedrückt, und er machte es sich wie angekündigt auf dem Vordeck gemütlich.

Nach einer gefühlten Ewigkeit, die faktisch höchstens eine viertel Stunde gedauert hatte, spürte Peter allmählich, wie er Herr der Situation wurde: Die Seascape tat, was er per Steuerruder und Leistungshebel befahl – nur die Insel kam kaum näher. Also nahm er allen Mut zusammen und gab Vollgas – der Mercury-Motor brummte wie entfesselt.

›Glen wird mir den Hebel schon zurückreißen, wenn's nicht recht sein sollte‹, dachte Peter und schaute verstohlen, aber auch ein bisschen stolz nach vorn zu seinem Skipper, der inzwischen das meiste seiner Oberbekleidung abgelegt und sich präzise sonnenwärts ausgerichtet hatten, um ein Maximum der bräunenden Strahlen auf seiner ohnehin schon getönten Haut einfangen zu können. Wie auf Kommando hatte der dösende Sonnenanbeter die Augen leicht geöffnet, als das Motorgeräusch plötzlich anschwoll. Zum Zeichen seines Einverständnisses zuckten seine beiden Daumen völlig synchron senkrecht nach oben.

Peter machte die Fahrt mehr und mehr Spaß, und als Great Barrier Island vor ihm immer größer wurde, fragte er sich, was ungefähr eine halbe Meile sein könnte. Der Zahl nach sind es gute 900 Meter, soweit klar, doch wie schätzt man diese Strecke als optische Distanz zwischen Boot und einer Uferlinie? Peter wollte nach achtern fragen, ob vielleicht der zukünftige Arzt Kwan dafür einen wertvollen Tipp parat hätte, aber sein Blick wurde durch einen Lichtreflex auf das Display des GPS-Navigationsgerätes gelenkt. In der glänzenden Fläche des Bildschirms spiegelten sich Kwan und Aroha, die offensichtlich beide in die Ecken des Sitzbank gesunken und eingeschlafen waren. Peter blieb dem GPS zugewandt, weil er durch diesen kleinen Zufall auf dem Gerät erkannt hatte, dass das Ziel der Fahrt Kaikoura Island sein sollte. Die Strecke war zuvor von Glen eingegeben worden, und Peter konnte sehen, dass er gar nicht schlecht auf Kurs lag. Alle weiteren Fragen erübrigten sich also, und es gelang ihm unter höchster Konzentration, die Seascape in eine kleine Bucht der Insel zu steuern. Beim Näherkommen konnte er einen Anlegesteg sehen.

Die letzten Meter und das Anlegen übernahm natürlich Peters »Steuerberater«, der schon minutenlang neben ihm gestanden und ihm aufmerksam über die Schulter geschaut hatte. Auch die mittlerweile wieder erwachten Aroha und Kwan gesellten sich zu den

Bootsführern. Alle waren bester Stimmung und stießen zum Wachwechsel auf der Brücke klingend mit ihren Bierflaschen an.

Glen erklärte ein paar Details zu dieser kleinen Insel, die vor allem als gut geschütztes Naturparadies gilt und von *boaties* (Bootsbesitzer) und *yachties* (Jachtbesitzer) als Geheimtipp gehandelt wird.

Glen hatte vor, an einer nahegelegenen öffentlichen Grillstelle ein kleines Barbecue für die Besatzung abzuhalten, und freute sich, dass Aroha ebenfalls etwas Essbares mitgebracht hatte. Danach wollte sich Glen noch eine Weile in die Sonne legen, wobei das dezente Braun seiner Haut bereits jetzt einen unübersehbaren Stich ins Rötliche bekommen hatte. Am Abend würde sein Sonnenbrand in der Dunkelheit leuchten – dessen war sich Peter sicher. Aroha und Kwan planten einen erfrischenden Sprung ins klare Wasser der kleinen Bucht.

Glen konnte an Peters Mienenspiel erkennen, dass er weder vom Bad in der Sonne noch im Meer spontan begeistert war, und schlug ihm den Plan einer Inselerkundung per pedes vor: seltene Tiere und Pflanzen, Ruhe und frische Luft – das wäre doch sicher etwas für ihn, meinte Glen augenzwinkernd. Peter blieb weiterhin unentschlossen und gab offen zu, dass Wandern in Wald und Wiese nicht ganz sein Ding seien. Aber da gab es noch ein anderes Problem ...

SONNENANBETER

Kiwis neigen zum exzessiven Sonnenbaden. Schon als Kinder und Jugendliche gehören regelmäßige und häufige Sonnenbrände – bis der Hautarzt kommt – zum festen Bestandteil eines *iconic kiwi summer*.

Dazu hielten und halten die Kids Wettbewerbe ab: Wer den größten Hautfetzen abzieht, gewinnt.

Heute sind die Kiwis (zusammen mit den Australiern) Weltmeister in der Zahl der Hautkrebsfälle. Aber sie wollen das Sonnen-bis-zur-Blasenbildung nicht aufgeben. Auch die bedauernswert hilflosen Versuche der *NZ Cancer Society* (Krebsgesellschaft Neuseeland), mit teilweise unfreiwillig komischen TV-Spots Aufklärung zu betreiben, verpuffen unbeachtet in der starken Neuseelandsonne.

Die einzigen Profiteure sind dabei nur die Hersteller von Sonnenschutz-
cremes mit zweifelhafter Wirkung und fragwürdigen Inhaltsstoffen.

Aroha hatte Hühnerteile mitgebracht, die in einer dunklen, dicken
Marinade eingelegt waren, dazu kleine, ganze Kartoffeln, die sie
nass in gewürztem, geflocktem Meersalz wälzte. Von der Basis der
Zutaten war es somit ein klassisches Kiwi-BBQ, aber durch Arohas
Verfeinerungen und Glens präzise Grillgarung wurde eine überraschend schmackhafte Mahlzeit daraus. Glens Getränkeauswahl fiel
auf einen fruchtig-süffigen Pinot Gris von Villa Maria Estate. Peter
lobte dieses Barbecue aus voller Überzeugung und fand, es war ein
Volltreffer – mit einer winzigen Einschränkung: »*I really don't want
to be annoying!* – Ich will ja wirklich nicht nerven! Alles war super,
aber euer Brot – das wollte ich schon längst mal loswerden – würde in Deutschland glatt als Schaumstoff durchgehen. So etwas wie
Holzofenbrot gibt es hier wohl nicht!?«

Was man kritisieren könnte ...

*Kiwis haben generell ein weiches Herz. Leider scheint sich das
auch auf den Charakter ihres Brotes übertragen zu haben ...*

Für viele Neuseelandreisende und Einwanderer stellt das verfügbare
Brotsortiment ein großes Problem dar – Peter Obland ist hier keine
nölende Ausnahme.

In den Supermärkten des Landes wird überwiegend Toastbrot
(Weizen weiß und Vollkorn) mit der bekannten »flauschigen« Konsistenz angeboten.

Natürlich findet man dort auch klassische Brotlaibe oder Stangen-
brote, die aber praktisch alle lediglich Formvariationen des vorher
erwähnten Toastbrots darstellen.

Deutsche, Schweizer und Österreicher nennen Neuseelands Back-
werk verächtlich Schaumgummi- oder Ziehharmonikabrot. Aber
die Kiwis lieben ihr weißes, weiches Brot über die Maßen und finden
ein Holzofenbrot, wie wir es schätzen, einfach nur grob, hart und
überwürzt.

Zum guten Glück hat aber die Trendwende längst begonnen: Inzwischen gibt es einige Bäckereien (zumindest in den größeren Städten), die eine erstaunlich große Bandbreite verschiedener Brotarten anbieten – es ist mittlerweile wirklich für jeden Geschmack etwas Genießbares erhältlich.

Und wer sein Traumbrot trotzdem nicht finden sollte, kann sich bei *Briscoes,* im *Warehouse* oder sonstwo eine Brotbackmaschine kaufen und sein teigiges Glück selbst versuchen.

46

INSEL DER VERBORGENEN ÄNGSTE

DIE GEFAHREN DER FREIEN NATUR

Aroha hatte die Lösung für Peters Problem: Es dauerte nur zwei Minuten, und schon war das weiche Neuseelandtoastbrot durch vorsichtiges Anrösten auf dem Barbie und der Krönung mit einem würzigen Kräuterbutteraufstrich regelrecht geadelt – der deutsche Brotkritiker war glücklich und satt.

Als die vier Freunde gerade begannen, Reste und Utensilien wegzuräumen, fuhr flott und mit markantem Motorbrummen der *island ranger* (Inselaufseher, Inselförster) auf einem wuchtigen Quad Bike heran.

Großes Hallo: Glen und der Inselhüter kannten sich bereits von früheren Begegnungen. Er war der einzige dauerhafte Bewohner von Kaikoura Island und hieß Rob, ein knorriger, ungepflegt wirkender, aber dennoch sympathischer Typ unschätzbaren Alters.

Tatsächlich schien der Ranger Glens ausgeprägte Affinität zur Sonne zu kennen und schlug Peter ebenfalls – als hätten sie es abgesprochen – eine Erkundungstour durch Fauna und Flora vor. Mit etwas Glück könnte er seltene Spezies, wie *brown teal duck, north island kaka, sacred kingfisher* und andere beobachten; die seltenen Vögel seien im Übrigen gerade in der Balz.

Das hörte sich für Peter an sich nicht uninteressant an. Aber mit etwas flatterndem Federvieh war es in diesem Dschungel möglicherweise nicht getan – Peter musste Farbe bekennen: Sie alle konnten ja nicht wissen, dass er eine regelrechte Phobie vor allen giftigen Tieren hatte. Peter würde sich irgendwie auch aus dieser aufkommenden Situation herauswinden müssen – hatte aber noch keinen Plan ...

GEZWITSCHER

Nicht nur auf Motu Kaikoura gibt es viele spezifisch neuseeländische Vogelarten zu beobachten. Ein paar Beispiele für den interessierten Freizeitornithologen und Hobby-Oologen:

Brown teal (duck) (Maori: Pateke): Die Aucklandente ist eine vom Aussterben bedrohte Entenart und von der Nordinsel bereits größtenteils verschwunden.

North island kaka: Der Kaka ist ein neuseelandtypischer Papagei. Er wird etwa 45 Zentimeter lang, ein halbes Kilo schwer und gehört zur Gattung der Nestorpapageien.

Sacred kingfisher (Maori: Kotare): Der Kingfisher gehört zur Gattung der Eisvögel und fällt besonders durch sein leuchtend türkisblaues Rückengefieder auf. Er wird bis circa 25 Zentimeter lang.

Tui: Der Tui gehört zur Gattung der Honigfresser und kommt auf der neuseeländischen Nordinsel recht häufig vor. Sein fast schwarzes Gefieder schimmert grünlich bis bläulich im Licht. Auffallend sind ein weißes Federbüschel am Hals und der laute, melodiöse Gesang. Wichtig: 2005 wurde der Tui Sieger bei der Neuseelandwahl zum Vogel des Jahres!

»*Sorry*«, begann Peter seine Bekennerrede, »aber ich falle mausetot um, wenn ich irgendwo eine Schlange, Kreuzspinne oder einen Skorpion sehe. Schon beim Gedanken an das giftige Getier kriege eine Gänsehaut. Wald und Unterholz sind nichts für mich. Ich setze mich besser einfach hier hin und schaue übers Meer oder blättere im Handbuch für das Motorboot.«

Da musste *ranger* Rob lachen und schlug kräftig auf Peters Schulter. Peter fühlte, dass Rob bestimmt etwas Unschmeichelhaftes über die Großstadteuropäer und die Stadtmenschen aus Auckland dachte. Doch weit gefehlt – der knorrige Typ rief ihm aufmunternd zu: »*Come on, mate,* sitz' schon auf. Ich spendiere dir einen *quad ride* um die Insel. Und keine Sorge – dich wird schon nichts Giftiges beißen ...«

Was man kritisieren könnte ...

Wohl dem, der ganz ohne Phobien ist. Aber was wäre ein Paradies ganz ohne Schlangen?

Gute Nachricht für Ophidiophobiker (Schangenhasser): Es gibt tatsächlich keine Schlangen in Neuseeland. Diese haben sich wohl allesamt in Australien niedergelassen. Auch gibt es im neuseeländischen Inselparadies keine Skorpione und keine giftigen Wassertiere.

Aber wie immer in solchen Fällen, bestätigt auch hier die Ausnahme die Regel: Obwohl sich *Aotearoa* selbst dafür rühmt, kein giftiges Getier zu beheimaten, muss dennoch erwähnt werden, dass es zwei Spinnenarten in freier Natur gibt, deren Biss recht schmerzhaft sein soll: die *black katipo* und die *katipo* oder *redback*. Diese Spinnen sind Verwandte der Schwarzen Witwe und kommen in einigen (hauptsächlich nördlichen) Küstengegenden Neuseelands vor.

Es sind in den Gewässern nahe Neuseeland vereinzelt auch schon kleine Seeschlangen gesichtet worden, die mit warmen Meeresströmungen zu weit nach Süden getrieben wurden. Als Schwimmer wird man allerdings wohl nie in deren Nähe gelangen. Das (ebenfalls eher geringe) Risiko, am Strand in die Scherben einer Bierflasche zu treten, ist bedeutend größer.

Alarm jedoch für Herpetophobiker (Krabbeltierhasser): Es ist ein großes Krabbeln. Nicht nur normale Spinnen, sondern auch alle erdenklichen Arten von Insekten bevölkern die Doppelinsel so zahlreich, dass die berühmten vierzig Millionen Schafe dagegen eine echte Minderheit darstellen.

47 AUF SCHWANKENDEM GRUND

SEISMISCHER ALBTRAUM IN EINEM TRAUMHAFTEN LAND

Die Rückfahrt von Motu Kaikoura am Abend war wie eine jener Filmszenen, in denen der Protagonist am Steuer der Jacht mit seiner Liebsten im Arm – das Abenteuer bestanden und endlich allein – in den tiefroten Sonnenuntergang fährt. Die Kamera umkreist das Boot, dessen Kielwasser eine endlose lange, schneeweiße Spur durch das tiefblaue Wasser des Meeres zieht. Dann zieht die Kamera immer weiter auf, bis die Jacht nur noch ein kleiner Punkt und der Film zu Ende ist.

Genau so war es – nur eine Liebste hatte Peter freilich nicht im Arm, dafür aber waren drei Freunde an Bord, mit denen er Kiwis stehlen könnte – im übertragenen Sinne versteht sich.

Kein Zweifel: Es war ein besonderer Tag. Dass Peter seine verborgenen Ängste offenlegen musste, konnte daran genauso wenig ändern wie die Tatsache, dass er auf der Fahrt zurück zum Heimathafen der Seascape ohne GPS-Navigation auskommen musste. Glen hatte das Gerät »nur zum Zwecke der Übung« mit einem Handtuch abgedeckt. Tatsächlich funktionierten Orientierung und Beherrschung des Bootes noch besser und präziser als auf der Hinfahrt.

Glen gesellte sich zu Peter ans Steuer: »Mit kleinen nautischen Törns wie diesem lade ich meine Batterien auf höchste Kapazität für den Kampf gegen die Schwermut. Ähnlich wie beim körperlichen Sport werden dabei Hormone freigesetzt, die es gut mit mir meinen. Na ja, jedenfalls hat mir mein Arzt das so erklärt.«

Ein angenehmer Schlussakkord erwartete Peter noch zu guter Letzt. Gerade als er die Geschwindigkeit zur Hafeneinfahrt von Milford deutlich reduzieren mussten, rief ihn Riqi an: »*Ay bro*, für Wellington ist alles festgemacht; der Flug ist gebucht, ich hole dich morgen früh gegen acht Uhr ab. *Take care!*«

... ein sanfter, aber bestimmter Schlag auf den Hinterkopf holte Peter aus seiner Ohnmacht zurück. Die seismische Realität hatte ihn wieder – er schaute sich hastig um und sah, dass er unter einem Tisch in einem Tagungsraum kauerte.

»Peter, du *German weichei* – da braucht man doch nicht gleich besinnungslos zu werden. Natürlich muss man Erdbeben ernstnehmen, daher habe ich dich ja auch entsprechend angepflaumt, aber sich einfach so aus der Realität zu verabschieden, ist dann wirklich etwas übertrieben.« Riqi grinste breit und tätschelte Peter den Kopf, der just in diesem Moment bereute, Riqi das deutsche Wort »Weichei« beigebracht zu haben.

Peter erinnerte sich, dass er unter den Tisch gehechtet war und panisch das nahende Ende der Welt vorhergesehen hatte. Jetzt wurde ihm auch klar, dass er anscheinend vor Schreck in eine leichte Ohnmacht gefallen war. Das war ihm noch nie zuvor passiert. Nun war der unheimliche Spuk aber genauso schnell vorbei, wie er gekommen war. Hier »unten« ist aber auch wirklich alles ein bisschen seltsam!

RICHTERSKALA

Die erste Erschütterung dieses Erdbebens hatte nur eine knappe halbe Minute gedauert. Es folgten noch ein paar schwächere Nachbeben *(aftershocks)*, die von Riqi kaum und von Peter praktisch gar nicht mehr wahrgenommen wurden.

Das Zentrum der Erschütterung lag allerdings nicht direkt bei Wellington, sondern ein gutes Stück entfernt auf der Südinsel ganz in der Nähe des kleinen Ortes Seddon (südlich von Blenheim). Das Beben war dort 6,6 Punkte auf der Richterskala stark.

Obwohl es in seinem Zentrum stärker als das verheerende und Menschenleben fordernde Christchurch-Erdbeben (Stärke 6,3) im Februar 2011 war, hat es dennoch »nur« Schäden an einigen Gebäuden in Seddon verursacht und glücklicherweise keine Personen ernsthaft verletzt.

In Wellington war das Beben immerhin noch mit einer Stärke von 5,1 deutlich zu spüren, aber es ging dort kaum etwas Nenneswertes zu Bruch, geschweige denn, dass es zu Verletzungen unter den Wellingtonians kam.

Riqi rollte sich unter dem Tisch hervor und sprang im sportlichem Schwung in die Senkrechte. Peter tat leicht zeitversetzt, allerdings weniger schwungvoll, das Gleiche – der Schreck hatte ihm die Knie etwas weich werden lassen. Ein bisschen loser Gips war durch die Schwingungen des Bebens aus der Kassettendecke herausgerieselt und hatte das prasselnde Geräusch auf der Tischplatte verursacht; ein paar Gläser, die dort ebenfalls standen, schlugen klirrend gegeneinander; wirkliche Schäden waren aber offenbar keine entstanden.

Peter lief zu einem Fenster, von wo er sehen konnte, dass aus vielen Gebäuden des Lambton Quay Leute auf die Straße gelaufen waren, und es fühlte sich an, als ob etwas Staub in der Luft schwebte. Riqi packte Peter am Oberarm und zog ihn energisch zum Treppenhaus: »Halte dich in einer Erdbebensituation unbedingt fern von Glasscheiben – es könnte sonst dein letzter Blick aus einem Fenster gewesen sein!«

Riqi schlug vor, das Hotel wieder zu verlassen und auf der Straße abzuwarten, ob weitere Erdstöße folgen würden; dabei erwähnte er »Christchurch 2011« und Peter war klar, was er damit meinte. Ihr Gepäck ließen sie einfach im Korridor liegen. Auf dem Weg nach unten gab Peter zu, immer noch stark irritiert zu sein, und sagte, dass dieses Beben ganz sicher so etwas wie eine *once in a lifetime experience* (einmaliges Erlebnis) für ihn gewesen sei und er natürlich auf einen glimpflichen Ausgang hoffe.

Dann versuchte er von Riqi ein paar hilfreiche Informationen zu bekommen: »War das nun ein schwaches oder ein starkes Erdbeben? Ich kann das selbst überhaupt nicht einschätzen, ich habe noch nie ein Erdbeben miterlebt ...«

Riqi wunderte sich etwas: »*I see!* Das erklärt immerhin deine träge Reaktion – du hast also zunächst überhaupt nicht gewusst, dass es sich um ein *quake* gehandelt hat?«

»Na ja, so ungefähr. Wer rechnet denn schon mit so etwas?«

Riqis Antwort darauf fiel recht trocken aus: »In Deutschland wahrscheinlich niemand, aber hier in Neuseeland rechnet so ziemlich jeder damit.«

PAZIFISCHER FEUERRING

In einem Land, das auf dem sogenannten »*Ring of Fire*« liegt, muss man ständig mit einem Erdbeben rechnen. Tatsächlich wird Neuseeland jährlich von hunderten kleiner bis mittlerer Erdbeben geschüttelt, und es macht Sinn, dieses Phänomen mental abzuspeichern, um nicht zur Salzsäule zu erstarren, wenn der Boden unter den eigenen Füßen wirklich einmal deutlich spürbar zu zittern beginnt. Sollte man

Draußen vor dem Hotel gesellten sich beide zu einer kleinen Gruppe schweigender und etwas betreten um sich schauender Leute, die sich zwischen den Fahrbahnen des Lambton Quay auf einer Verkehrsinsel versammelt hatten. Der Platz war gut gewählt, weil er im schlimmsten aller anzunehmenden Fälle relativ sicher vor umstürzenden Masten und herabfallenden Gebäudeteile war. Peter fragte in die Runde, ob sie alle vor dem Erdbeben aus den Häusern geflüchtet seien. Allen Gesichtern war abzulesen, dass keiner wusste, ob er die Frage wirklich ernst gemeint hat.

Nach einer kleinen Pause antwortete ein knorriger älterer Herr in kurzen Hosen und Sandalen, der oben herum mit einer sehr dicken Daunenjacke bekleidet war: »Na klar, mein Freund, was sollten wir sonst hier tun? Die Bushaltestelle ist doch dort drüben auf der anderen Straßenseite.«

Mit seinem unfreiwilligen Humor und der schlagfertigen Antwort des kontrastreich bekleideten Herrn hatte es Peter immerhin geschafft, die allgemein spürbare Anspannung etwas zu lockern. Dann aber war tatsächlich er es, der kurz darauf rief: »Oh, ich glaube es bebt schon wieder!«

Tatsächlich war in diesem Moment ein leichtes Nachbeben zu spüren, nur dass es im Vergleich zur ersten Erschütterung glücklicherweise wesentlich schwächer war und auch nur wenige Sekunden andauerte. Riqi sagte, dass das eigentlich ein gutes Zeichen sei und sie wohl davon ausgehen könnten, dass kein schweres Beben in nächster Zeit folgen würde – jedenfalls sei das seine Erfahrung aus der Gegend um Auckland. Das wiederum war wie ein Zeichen für einen anderen aus der kleinen Gruppe, halblaut, aber dennoch sehr gut hörbar nur ein einziges kurzes Wort zu murmeln: »*Jafa!*«

Peter hatte diesen kryptisch anmutenden Begriff noch nie zuvor gehört. Als plötzlich fast alle aus der Gruppe laut auflachten, empfand er seine Bildungslücken so tief und zahlreich wie die Fjorde des Milford Sounds auf der Südinsel.

Als Riqi und Peter ein paar Minuten später das Hotel wieder betraten, gab die freundliche junge Frau an der Rezeption ein paar Details zum Erdbeben, die sie aus dem Radio oder Fernsehen erfahren hatte, an die beiden weiter. Die Nachrichten bestätigten Riqis Vermutung, dass wohl noch mit einigen Nachbeben zu rechnen sei, aber zumindest kurzfristig keine stärkeren Erdstöße mehr zu erwarten seien.

Auf dem Weg zu den Zimmern sagte Peter: »Entschuldige, Riqi, aber ich komme noch längst nicht los davon. Dieses Ereignis wird mir sicher noch einige Zeit in den Knochen stecken bleiben. Aber sag' mal, und nimm es mir bitte nicht übel: War der Sprung unter den Tisch angesichts der gigantisch großen potenziellen Zerstörungskraft eines Erdbebens nicht ein bisschen lächerlich?«

Was man kritisieren könnte ...

Da hilft das beste Fitnesstraining nicht. Wenn die Natur die Muskeln spielen lässt, kann sich der Mensch nur wegducken.

Peter Obland und Riqi Harawira haben in Wellington zusammen ein mittleres Erdbeben erlebt, oder überlebt, wenn man es etwas stärker dramatisieren wollte. Peter, der noch nie zuvor in ein solches Naturereignis involviert war, wurde dabei starr vor Schreck – und es schwanden ihm die Sinne. Das kann man ihm natürlich nicht zum Vorwurf machen, aber er hätte es besser spontan seinem neuseeländischen Freund Riqi gleichtun und sich schneller unter einen Tisch retten sollen, ohne lange auf dessen Aufforderung zu warten. Auch wenn Peter den Sinn dieser Schutzmaßnahme im Nachhinein als lächerlich infrage stellte, ist sie doch die einzig vernünftige Verhaltensregel bei Erdbeben.

Civil Defence (etwa: ziviler Bevölkerungsschutz) ist eine Regierungsbehörde, die in Zusammenarbeit mit Geologen und anderen Wissenschaftlern einige Ratschläge und Tipps für das Verhalten bei Katastrophen herausgegeben hat.

Bei Erdbeben gilt prinzipiell: *Drop! Cover! Hold!*

Im Klartext: Runter (hinlegen, zusammenkauern)! Schützen (unter einem möglichst stabilen Tisch oder einem anderen geeigneten Möbel)! Abwarten (bis die Erschütterungen vollständig abgeklungen sind)!

Gut war, dass die beiden nicht versucht haben, das Gebäude während des Bebens in Panik zu verlassen – nur wer sich in der unmittelbaren Nähe einer Außentür befindet, sollte das tun. Und besonders wichtig: Fenster und sonstige Glasflächen unbedingt meiden – sie könnten wie Splitterbomben zerbersten. Auch wenn das Schlimmste offenbar vorüber war, hat Riqi klug gehandelt, als er Peter vor dem Fenster wegzog.

Apropos »*Jafa*«: Entstanden auf Basis der nicht völlig falschen Behauptung, dass Auckland nicht Neuseeland sei, ist *Jafa* die Kurzform für das derbe »*Just Another F***ing Aucklander*«, was sicher nicht übersetzt werden muss.

Kurioserweise hat sich im Laufe der Jahre der ursprünglich stark negativ belegte Inhalt dieses Kürzels deutlich ins Humorvolle und von dort praktisch vollständig ins Positive gewandelt: Spätestens seit Auckland Ende des vergangenen Jahrtausends im Rahmen der eigenen Stadtwerbung *Jafa* zum »*Just Amazing Fun-filled Auckland*« transformierte, ist der Begriff schlimmstenfalls ironisch, in aller Regel aber augenzwinkernd positiv zu verstehen.

48 EINE LANGE LISTE

DANN BIS ZUM NÄCHSTEN MAL

Nicht zuletzt durch Glens Präsentation des *New Zealand Cycle Trail – Great Rides* war in Peter die Idee herangereift, Neuseeland einmal komplett von Nord nach Süd, *or vice versa* (umgekehrt), zu durchreisen. Vielleicht hatte ihm der »Pakori« damit einen Floh ins Ohr gesetzt, allerdings wird er dieses Vorhaben nicht auf dem Sattel eines Fahrrads antreten.

Aber Peter wusste auch, dass für ein solches Projekt viel Zeit und Kosten aufzuwenden wären. Trotzdem war ihm, vielleicht im Nachklang der vorangegangenen Erdbebenerfahrung, dieser Plan plötzlich wieder sehr gegenwärtig geworden.

*

Der Rückflug nach Auckland musste nicht verschoben werden – das Erdbeben hatte das tägliche Leben in der Hauptstadt in keiner Weise beeinträchtigt und am Tag danach sprach schon kein Mensch mehr davon. Als das Flugzeug seine Reiseflughöhe erreicht hatte, ließ sich Peter von der Flugbegleiterin einen Kaffee reichen, dann fragte er Riqi: »Du hast doch bestimmt schon alles von Neuseeland gesehen, Riqi. Oder gibt es Orte und Plätze, an denen du noch nicht gewesen bist?«

»Ich könnte deine Frage mit einem einfachen ›Ja‹ beantworten, Peter. Aber es ist irgendwie eine sehr typische Frage und ich denke, ich sollte dir das ein bisschen erklären.«

»Nun bin ich aber mal gespannt ...«

»*Easy, easy!* Dich erwarten keine großen Enthüllungen. Ich kann mir übrigens den Hintergrund deiner Frage sehr gut vorstellen. Aber der Reihe nach: Du weißt ja, dass ich bei meinen Auftritten immer mit vielen Leuten zusammenkomme, darunter sind auch immer wieder Touristen. Und wenn sie mit den Fragen nach meiner Musik durch sind, dann wollen sie meistens wissen – weil ich mein *Aotearoa* doch sicher in- und auswendig kenne – ob ich ihnen vielleicht die schönsten und geheimsten Reiseziele verraten könnte.«

»Und du gibst ihnen sicher super Tipps, so nett wie du bist?!«

»Soll ich dir mal etwas sagen? Die meisten der Backpacker haben bei ihrem kurzen Aufenthalt schon mehr von Neuseeland gesehen, als ich in meinem ganzen bisherigen Leben. Weder Maori noch Pakeha reisen hier permanent durchs Land, bis sie restlos alles gesehen haben.«

»Das heißt, du bist auch den State Highway 1 noch nicht in seiner ganzen Länge abgefahren?«

»*Here we are!* – Bitteschön! Da haben wir's! Ich habe gewusst, dass das irgendwie dein Plan ist. Natürlich war ich schon viel auf dem SH 1 unterwegs – Nordinsel, Südinsel – mit dem Auto, mit dem *bike* – wirklich viel, aber nicht die vollen zweitausend Kilometer. Glaube mir, die wenigsten Kiwis haben solch eine Neuseeland-von-oben-bis-unten-Tour jemals absolviert.«

LANGSTRECKE

Der State Highway 1 (SH 1) ist der längste und wichtigste der State Highways Neuseelands. Er verläuft in Nord-Süd-Richtung längs über beide Hauptinseln, als SH 1N auf der Nordinsel und als SH 1S auf der Südinsel. Die Gesamtlänge des Highways beträgt 2.047 Kilometer, davon 1.106 auf der Nord- und 941 auf der Südinsel.

Der SH 1 ist zum größten Teil eine Straße mit nur einem Fahrstreifen pro Fahrtrichtung. Es gibt außerdem Kreuzungen und Grundstückszufahrten – straßenverkehrstechnisch entspricht der SH 1 also etwa einer deutschen Bundesstraße.

Auf einigen Abschnitten gibt es zwar in Abständen wechselseitig an-
gelegte Überholspuren, aber nur rund 5 Prozent der Strecke sind auf
zwei Fahrstreifen ausgebaut. Besser sieht es diesbezüglich in den Groß-
räumen Auckland, Wellington, Christchurch und Dunedin aus: Dort ist
der SH 1 in weiten Teilen als Schnellstraße oder Autobahn ausgebaut.

»Das überrascht mich ein bisschen. Meiner Vorstellung nach müsste
jeder heranwachsende Kiwi spätestens nach bestandener Führer-
scheinprüfung geradezu darauf brennen, einmal die berühmte und
längste Straße seines Landes komplett gefahren zu sein.«

»Okay, dann erlaube mir mal die Frage, ob du mit frischem Führerschein sämtliche Autobahnen Deutschlands befahren hast, Peter?
Oder wenigstens die in Nord-Süd-Richtung? Und warst du schon
einmal in Hamburg in der ... *oh, bugger me!* – leck mich am Är-
mel! ... jetzt wird es schwierig ... Ro-then-baum-chau-ssee?«

»Wie kommst du denn auf die Hamburger Rothenbaumchaussee?«

»Ganz einfach, weil es dort ein authentisches *wharenui* gibt, ein
Versammlungshaus der Maori. Es kommt ursprünglich aus Rotorua
und trägt den Namen *Rauru*.«

HAUSWANDERUNG

Im Hamburger Museum für Völkerkunde steht seit mehr als 100 Jahren das Maorihaus *(wharenui)* Rauru. Es gilt als ein Meisterwerk der
Mal-, Schnitz- und Flechtkunst.

Das Haus wurde im Jahr 1904 in Rotorua abgebaut und nach Hamburg verschifft, wo es wegen unklarer Besitzverhältnisse und Zoll-
schwierigkeiten jahrelang eingelagert blieb. Erst drei Jahre später
gelangte es schließlich ins Völkerkundemuseum der Hansestadt.

In 2012 waren acht Maori auf Dienstreise in Hamburg, um dringende
Instandhaltungs- und Pflegearbeiten am Haus Rauru auszuführen.
Bei den Gästen aus Neuseeland handelte es sich um ausgebildete
Restauratoren, Webkünstlerinnen und junge Handwerker, die Rauru

»Riqi – du hast mich eiskalt erwischt! Ich kenne natürlich nur einen Bruchteil der deutschen Autobahnen und in Hamburg war ich auch noch nicht.«

»Siehst du, die Kirschen in Nachbars Garten sind eben oft verlockender als die eigenen. Ich kenne mindestens zwei *cousins,* die schon einmal das *wharenui Rauru* besucht haben, womit sie dir, lieber Peter, den Hamburg-Trip voraushaben. Und vielleicht sind sie sogar mit 180 über eine der Autobahnen gerauscht, deren feinen Asphalt die Räder deines Autos noch nie berührt haben.«

»*That's mean, man!* – Das ist gemein, Mensch! Aber was genau willst du mir damit sagen?»

»Ich wollte dir mit diesem Beispiel eigentlich nur verdeutlichen, dass wir Neuseeländer unser Land natürlich mit anderen Augen sehen als ihr Nicht-Kiwis.«

»Wenn ich dich richtig verstehe, dann sieht der Kiwi-Normalverbraucher sein Land, trotz objektiver Schönheit, eher nüchtern neutral, während wir Touristen zur romantisch verklärten, idealisierten Sichtweise neigen.«

MUSTERMANN

Der Otto Normalverbraucher Neuseelands heißt »Joe Bloggs«. Wie in Deutschland ist er eine fiktive Person mit den durchschnittlichen Bedürfnissen der Gesamtbevölkerung. Der Name Joe Bloggs beschreibt somit in der neuseeländischen Marktforschung den durchschnittlichen Verbraucher. Manchmal ist auch von Fred Bloggs die Rede – gemeint ist damit aber derselbe, respektive dasselbe.

»Na ja, ein wenig komplizierter ist die Sache wahrscheinlich doch. Aber es gibt hier einen Spruch, der lautet: ›They don't know how lucky they are.‹ Vielleicht hat es damit zu tun, dass ein wirklich großer Teil der jungen Leute sich kaum etwas sehnlicher wünscht als die OE – also die *overseas experience* – von der habe ich dir ja schon mal erzählt. London steht dabei auf Platz Nummer eins der Liste, wo sich junge Kiwis am liebsten ihre Erfahrungen im Ausland machen. Sie leben und arbeiten dort für ein paar Monate, oder auch Jahre, und wenn sie irgendwann wieder hierher zurückkommen, dann sind sie meist überglücklich und können plötzlich den Spruch sehr gut verstehen.«

SELBSTIRONIE

»*We Don't Know How Lucky We Are*« ist mehr als nur eine allgemeine Floskel. Fred Dagg ist ein fiktionaler neuseeländischer Satiriker, der von dem Komödianten und Autor John Clarke erschaffen und gespielt wurde. Der Künstler hat daraus immerhin einen bleibenden Song mit eben diesem Titel geschaffen. In der zweiten Hälfte der 1970er-Jahre führte Clarke im neuseeländischen Fernsehen Sketche auf, die sich über den *bloke* lustig machten – den typischen neuseeländischen Kerl, der Rugby als eine Art Religion ansieht, niemals ein rosa Hemd trüge und alles mit dem legendären »Draht Nr. 8« *(wire no. 8)* reparieren kann.

Sein Song *We Don't Know How Lucky We Are* machte Fred Dagg in Neuseeland allgemein bekannt. Seine Possen und Lieder werden immer noch benutzt, um das *Kiwiana,* das typisch Neuseeländische, zu betonen.

»Und was ist mit denen, die Neuseeland zeitlebens nicht verlassen haben?«

»Nun, das gibt es – zum Glück – nur selten. Zumindest nach Aussie geht jeder einmal. Manche machen eine kleine *OE* daraus und kehren danach wieder zurück. Die meisten machen wenigstens eine Urlaubsreise, um einmal etwas anderes kennenzulernen – auch Fidschi und andere Südseeinseln eignen sich recht gut dazu.«

»Okay, das kann ich ungefähr nachvollziehen. Aber was ist dann mit den wenigen, die Neuseeland zeitlebens nicht verlassen haben – werden die Ärmsten also zwangsläufig depressiv und bekommen den ultimativen Inselkoller?«

»Keineswegs! Ich habe tatsächlich vor ein paar Jahren einen knorrigen, alten Farmer in Otago getroffen. Seine Farm liegt mitten auf einer weiten Hochebene, man kann im Westen die Berge sehen und das Meer ist gerade mal gute 100 Kilometer entfernt. Und was er erzählt hat, klang klug und weise, und es hatte überhaupt nicht den Anschein, dass er unzufrieden war oder ihm dort draußen in der Abgeschiedenheit seiner Farm etwas fehlen würde. Aber weißt du was? Er hat den Pazifik in den ganzen 82 Jahren seines Lebens noch nicht ein einziges Mal gesehen!«

*

Als die Maschine von Air New Zealand zum Landeanflug in Auckland ansetzte, hatte Peter wieder dieses Gefühl, zu Hause anzukommen. Freilich wusste er zu diesem Zeitpunkt nicht, wie lange er noch in Neuseeland bleiben würde. Früher oder später musste er nach Deutschland zurückkehren. Aber durch Riqis Worte war ihm eines schon jetzt klar geworden: Egal, wann er die Insel verlässt, er wird wiederkommen! Dann wird er den SH 1 entlang fahren – N und S – von oben nach unten oder umgekehrt. Und Riqi Harawira wird sein Begleiter sein. Peter wird sich nur noch eine geschickte Wette einfallen lassen müssen ...

Haere ra! Ka kite ano Aotearoa!

RIQI HARAWIRA

... UND SEINE WEITERE »REISE«

Riqi Harawira teilte sich die Bühne mit Showbusiness-Größen: Er spielte in den Vorprogrammen von Anastacia, Guns 'n' Roses, Pearl Jam, Living Color, Faith No More u. v. m. Sein Debüt hatte er als Lead-Gitarrist der neuseeländischen Rockband *Dead Flowers,* die er 2006 zugunsten seines Projektes *TruReal* verließ. Bei *TruReal* kombinierte er Livemusik und Gesang mit Klangelementen von DJs, um daraus einen neuen, funkigen House-Sound zu kreieren. Die Auftritte von *TruReal* in den USA ernteten Begeisterung, vor allem wegen des vollkommen innovativen Sounds.

Seit 2012 wandelt Riqi Harawira auf Solo-Pfaden. Seine erste Single war die Coverversion von *Gutter Black,* eine bewusste Wahl fürs Debut: Die Botschaft der *Hello-Sailor*-Komposition, dass jeder mit eigenem Willen, Mut und Selbstvertrauen den Weg aus der »Gosse« schaffen und an seinen Träumen arbeiten kann, hat für ihn eine starke persönliche Bedeutung. Es folgte die Veröffentlichung seiner ersten selbst komponierten Single *Greenstone and Gold*, eines symbolträchtigen Titels, der mit Begeisterung aufgenommen wurde.

Nach weiteren Aufnahmen, unzähligen Gigs und der Veröffentlichung des Albums *Sound of the Long White Cloud* im Jahr 2016 kann Riqis zweites Album *Mauri* (2019) als vorläufiger Höhepunkt seiner Solo-Laufbahn bezeichnet werden. Vor Kurzem ist Riqi in den Norden Neuseelands gezogen. Dort, in seinem – wie er es nennt – *»spiritual home«*, ist auch *Mauri* entstanden. In diesem Album behandelt er soziale Themen wie psychische Probleme, Gewalttätigkeit, Selbstmord und Sucht, die ihm sehr am Herzen liegen. Seine Botschaft ist positiv und kraftvoll, und er hofft, andere zu inspirieren, einen Weg aus ihren Problemen herauszufinden. Riqi ist ein Mann mit einer Mission. Wie wichtig ihm das ist, zeigt sich auch in seiner Unterstützung für bei Safe Man Safe Family Aoteroa-NZ, einer Organisation, die Neuseeländern nach häuslicher Gewalt, Missbrauch und Suchterkrankung hilft.

Riqi kombiniert traditionelle Maori-Instrumente mit einer Lead-Rock-Gitarre und kreiert einen Sound, den er »Maori-Fusion« nennt. Sein Stil lässt sich beschreiben als Stadionrock trifft Upbeat trifft Feel-Good-Jams, verbunden mit einer starken Botschaft und dem Einfluss von Rock, Reggae und Funk.

WEITERE INFOS ÜBER RIQI

Facebook: https://www.facebook.com/Riqiharawira/
Instagram: https://www.instagram.com/creativ_native/?hl=en
Soundcloud: https://soundcloud.com/riqi-harawira

ANHANG

GLOSSAR

anklebiter	Wadenbeißer; damit ist ein Kleinkind gemeint, das auf Knöchelhöhe herumkrabbelt
Aotearoa	Name für Neuseeland in Maori, »das Land der langen weißen Wolke«
arvo	*afternoon*, Nachmittag
Aussie	Australier oder auch Australien als Kontinent
awesome	fantastisch, echt geil
bach	kleines Ferienhaus, meist am Strand, wobei es auf der Südinsel *crib* genannt wird
bangers	Würstchen, beliebt mit Kartoffelpüree als *bangers and mash*
barbie	Barbecue, Gasgrill, wichtiger Bestandteil des neuseeländischen Lifestyles
big smoke	Stadt, Großstadt
bite your bum	*»You're being annoying! Why don't you go and bite your bum!«* heißt so viel wie: »Du nervst! Lass mich in Ruhe!«
bloke	Mann, Kerl, Typ
booze bus	Alkoholkontrolle
box of fluffy ducks	gesund und glücklich: Wenn man gefragt wird, wie es einem geht, kann man antworten: »*I feel like a box of fluffy ducks*«, was wörtlich übersetzt so viel bedeutet wie »Ich fühle mich wie eine Kiste flauschiger Enten«.
boy racer	Jugendliche mit aufgemotzten Autos und lauter Stereoanlage, die einen Hang zum Rasen haben

bring a plate	»Einen Teller mitbringen« bedeutet nicht, dass dem Gastgeber das Geschirr ausgeht, sondern dass man zu einer Party oder einem Grillfest einen Salat, kleine Häppchen oder einen Nachtisch mitbringt.
bro	Bruder, aber auch Kumpel
bugger	verdammt, so ein Mist aber auch!
buggered	müde, erschöpft
bugger off	verschwinde, hau ab!
cheerio	tschüss; aber auch kleine Cocktail-Würstchen
cheers	tschüss; aber auch: danke
chick	in salopper Umgangssprache ist eine junge attraktive Frau gemeint
chilly bin	Kühlbox für Strand-, Parkpicknick oder Grillfeste, dann natürlich mit Bier und Wein gefüllt, darf in keinem Kiwi-Haushalt fehlen
choice	super gut, großartig, fantastisch
choka	*choc-a-block;* wenn etwas überfüllt ist, voll, überlaufen
Chrissy pressies	Weihnachtsgeschenke
couch kumara	jemand, der Stunden vor dem Fernseher verbringt (Kumara ist das Maori-Wort für Süßkartoffel)
crack up	sich wegschmeißen vor Lachen
crash here	»Du musst heute nicht mehr heimfahren, schlaf einfach hier auf dem Sofa.«
cuppa	eine Tasse Tee oder Kaffee (»Tass' Kaff'«)
cuz	Cousin, Vetter
dag	Witzbold, Spaßvogel
dear	teuer; »*gosh, that's dear*« bedeutet: »oje, das ist aber sehr teuer«
dodgy	nicht gut, schlecht, nicht verlässlich: »*Dodgy car salesman*« heißt, dem Autoverkäufer kann man nicht trauen.

down the gurgler	Fehlschlag, danebengegangen
dunny	Toilette
fair enough	in Ordnung; schön und gut; verständlich; na gut
(well that's) fair enough	dagegen ist nichts einzuwenden; nichts dagegen
fair enough, but ...	meinetwegen, aber...
flat	Wohnung, Apartment; *to share a flat* ist die Wohngemeinschaft (WG)
g'day	auch *gidday* geschrieben; allgemeine Kiwi-Begrüßung (von *good day* für: guten Tag)
gizza	»*give us a ...*«, »Gib uns mal bitte ...«
go hard out	in die Vollen gehen, alles geben
good as gold	einverstanden, kein Problem, gut gemacht
good on ya	Gratulation, allen Respekt, bin Stolz auf dich!
hangi	traditonelles Maori-Essen, meist im Erdofen gegart
happy as Larry	sehr glücklich, quietschvergnügt
hard case	eine ulkige, amüsante oder auch eigenbrötlerische Person
hard yakka	harte Arbeit
hosing down	starker Regen
How's it going?	»Wie geht's, wie steht's?«, abgekürzt auch: »*How's it?*«, ist im Wesentlichen die Kiwi-Begrüßung.
I'll give you a ring.	Ich ruf dich an.
JAFA	steht für »*just another f**** Aucklander*« (auf Deutsch: noch ein verdammter Auckländer), denn Auckland ist nach Ansicht der Nicht-Auckländer nicht Neuseeland; nicht zu verwechseln mit Jaffa (Schokokugeln mit Orangengeschmack)
jandal	Flipflops, Zehensandalen
loo	ein weiterer Kiwi-Slangausdruck für Toilette

LPG	Flüssiggas *(liquefied petroleum gas)*
mate	Freund, Kumpel; wird meist unter Männern gesagt: »*What's up mate?*« – »Was gibt's, Kumpel, was ist los?«
metal road	Schotterstraße, meist auf dem Lande
no worries	es ist okay, kein Problem
OE	*overseas experience* oder auch the *big OE*: Nach dem Schulabschluss oder Uniabschluss gehen viele Kiwis für ein oder zwei Jahre nach England zum Arbeiten und Reisen.
once in a blue moon	sehr selten
pav	Pavlova, eine Baisertorte mit Sahne und Früchten (oftmals mit Kiwis): Neuseeland und Australien beanspruchen es als ihre Nationalsüßspeise. Traditionell gibt es sie an Weihnachten als leckeren Nachtisch.
piss	P..., ja genau, aber vor allem auch: Bier
pissed	betrunken
pissed off	verärgert, sauer, aufgebracht
piss up	Party, Saufgelage
pudding	Nachtisch
rellies	Familienmitglieder
shake hands with the unemployed	aufs Klo gehen; wörtlich: den Arbeitslosen die Hand geben; »*Excuse me, I'm just going to shake hands with the unemployed*« bedeutet »Entschuldigt mich, ich muss kurz auf die Toilette« und beinhaltet bei Männern einen witzig gemeinten Hinweis darauf, nicht oft Sex zu haben.
shandy	Radler, Bier mit Limonade
Sheila	Slang für Frau/weiblich
she'll be right	es wird schon klappen, alles wird gut
shout	»*It's my shout*« bedeutet »das Mittagessen geht auf mich« oder dass man in einer Kneipe eine Runde Bier bezahlt

sickie	einen Tag krank feiern, wenn man eigentlich gar nicht krank ist
spit the dummy	wenn jemand ausrastet
spud	Kartoffel
stoked	überglücklich, total begeistert
suss	Kurzversion für »*suspect*«, verdächtig; auch: etwas herausfinden, dahinterkommen
sweet	gut; klasse; super; krass
sweet as	sehr cool, großartig, kann aber auch als »es ist okay« oder »alles kein Problem« benutzt werden
ta	danke (Kurzform für *thanks*)
tiki tour	einen unnötigen Umweg fahren
veges	*vegetables,* Gemüse
wally	Clown, Kasper oder auch Dummerchen
West Island	Scherzhaft für Australien
whinge	beschweren, jammern

Auf dem Holzweg durch die Highlands

Wer nur ein bisschen Englisch spricht, findet sich in Schottland bestimmt ganz schnell zurecht – schließlich hat doch jeder schon mal von Dudelsäcken, Whisky und Loch Ness gehört, oder? Auch Franziska fühlt sich schon ganz trittsicher, als sie von München nach Inverness zieht.

Doch in ihrem privaten und beruflichen Alltag und während eines Trips durch die Highlands stapft Franziska in jede Menge Fettnäpfchen. Aber aus Fehlern lernt man bekanntlich …

Ulrike Köhler
Fettnäpfchenführer Schottland
Auf dem Holzweg durch die Highlands

📱 ISBN 978-3-95889-248-4
📖 ISBN 978-3-95889-301-6

CON BOOK.

Eine Ode an das Moin

Nach dem Abi zieht Sonja aus dem Ländle nach Leer, um beim *Oostfresen-Blattje* ihr Volontariat zu absolvieren. Über die Einheimischen – und ihre Eigenarten – hat sie sich vorher nicht informiert. Ostfriesland ist schließlich ein Teil von Deutschland, so anders kann es da gar nicht sein.

Wie sehr sich Sonja doch irrt! Zum Glück schließt sie schnell Freundschaft mit Grietje, die sie so manches Mal davor bewahrt, ins nächste Fettnäpfchen zu hüpfen. Mit der Zeit scheint Sonja die neue Heimat gar nicht mehr so fremd – sie ertappt sich sogar dabei, wie sie ihren heiß geliebten Kaffee am Morgen gegen Ostfriesentee mit Wulkjes eintauscht.

Sylvie Gühmann
Fettnäpfchenführer Ostfriesland
Eine Ode an das Moin

ISBN 978-3-95889-256-9
ISBN 978-3-95889-297-2

Mut zur Lücke – der geilsten Lücke im Lebenslauf!

Er wurde angeschossen und ausgeraubt, durchsegelte einen Hurrikan auf dem Pazifik, war als Schmuggler unterwegs, wurde verhaftet und verdiente ein paar Dollar als Stripper in Las Vegas – Nick Martin hat in sechs Jahren knapp 60 Länder auf fünf Kontinenten bereist und damit mehr fürs Leben gelernt als mit jeder noch so steilen Karriere.

Aus all diesen Erfahrungen hat Nick ein besonderes Werk erschaffen: Gemeinsam mit der Berliner Autorin Anita Vetter hält er sein Leben in einem erzählerischen Bildband fest.

Nick Martin
Die geilste Lücke im Lebenslauf
6 Jahre Weltreisen

ISBN 978-3-95889-249-1
ISBN 978-3-95889-273-6